내일을여는지식 법 7

북한 국제법 연구

김찬규 · 이규창 지음

한국학술정보㈜

머리말

    필자는 2년 전 김일성종합대학 학보인 '력사법학'에 게재된 북한 학자들의 논문들과 그 밖에 정치법률연구와 북한 신문들인 노동신문과 민주조선에 실려 있는 글들, 그리고 국제법관련 북한의 국내법령들을 편집하여 북한의 국제법관을 출간한 바 있습니다. 이 책은 자료집으로서 필자가 계획하고 있는 북한 국제법 연구의 제1탄이라고 할 수 있습니다. 필자는 이 책이 발간된 후 심층적인 연구를 통해 수년 후 북한 국제법 연구의 제2탄이라고 할 수 있는 북한국제법연구 이론서를 발간할 계획을 세운 바 있습니다. 이를 위해 2006년부터 일 년에 한편 또는 두 편씩 북한 국제법 관련 논문을 발표해오고 있습니다. 그런데 북한 해양법 논문을 써야겠다고 마음먹고 국내에서 발표된 논문을 수집하는 과정에서 김찬규 교수님의 논문들을 접하게 되었습니다. 교수님은 이미 1970년 후반부터 북한 국제법, 특히 북한의 해양법 문제들에 관심을 가지시고 여러 훌륭한 논문들을 발표하셨습니다. 그래서 필자는 북한 해양법 문제들을 따로 연구할 필요를 느끼지 못하였습니다. 김찬규 교수님이 논문을 발표하신 후 해양법과 관련된 북한의 실행이 크게 달라진 것도 없었습니다. 새로운 내용이라고 한다면 북한이 서해안에 직선기선을 설정하여 운용하고 있다는 것 정도를 들 수 있는데 책 속에 관련된 내용을 포함시켰습니다. 그리고 필자가 통일연구원에서 업무에 쫓겨

좋은 논문을 발표할 자신도 없었습니다. 그래서 올해 초 용기를 내어 김찬규 교수님에게 북한국제법연구를 공동으로 출간할 것을 제의하게 되었고 감사하게도 교수님께서 흔쾌히 응해 주셨습니다. 이로 인해 필자가 원래 계획했던 것보다 빨리 이 책이 세상에 나올 수 있었습니다.

이 책은 김찬규 교수님과 필자가 그동안 북한 국제법과 관련해 발표한 논문들을 단행본 형태로 발간한 것입니다. 이 책은 모두 8장으로 구성되어 있습니다. 먼저 제1장에서 국제법 일반에 대한 북한의 태도를 다루었고 제2장에서는 국내법과 국제법의 관계에 대한 북한의 태도를 분석하였습니다. 제1장과 제2장이 국제법 총론에 해당한다면 제3장부터 제8장까지는 국제법 각론에 해당하는 것들로서 조약법(제3장), 북한의 국제인권조약 실행과 인권관(제4장), 해양법(제5장, 제6장, 제7장), 항공법(제8장)을 다루어 보았습니다. 한 가지 아쉬운 것은 우주법에 관한 내용이 포함되었으면 좋았을 걸 하는 점입니다. 주지하는 바와 같이 4월 5일 북한이 함경북도 화대군 무수단리에서 장거리 로켓을 발사한 시점을 전후하여 이 발사체가 미사일이냐 인공위성이냐의 여부를 둘러싸고 안보리 결의 1718 위반 여부에 대한 논쟁이 있었고 제재조치의 일환으로 유엔 안전보장이사회는 4월 13일(현지시각) 의장성명을 발표하였습니다. 북한은 장거리 로켓 발사에 앞서 3월에는 외기권조약과 우주물체 등록협약에 가입한 바도 있습니다. 북한의 장거리 로켓 발사와 관련하여 대량살상무기 확산방지구상(PSI) 전면참여 문제, 미사일 주권문제 등도 논의되고 있습니다. 이러한 내용을 묶어서 분석한다면 하나의 좋은 논문이 될 수 있지 않을까 생각합니다.

필자가 생각하고 있는 북한 국제법 연구 제3탄은 북한조약법 특수문제연구입니다. 주요 연구 대상은 영토 및 국경과 관련된 북한의 조약들을 분석하는 것입니다. 2008년에는 북한과 러시아가 북한 쪽으로 영토를 앞당기는 내용의 조약체결 협상에 착수했다는 언론보도도 있었습니다. 중국과 북한 간의 서해해상경계획정 문제도 관심 있게 지켜봐야 할 중요한 문제 가운데 하나입니다. 그러나 생각대로 될 것 같지 않다는 걱정이 앞섭니다. 왜냐하면 국경이나 영토문제는 비밀리에 이루어지기 때문에 자료 입수가 매우 어렵기 때문입니다. 그러나 영토와 국경문제는 우리 민족의 장래가 달린 중차대한 문제이기 때문에 누군가는 반드시 연구해야 할 일이고 그것을 필자가 할 수만 있다면 감사할 따름이라는 생각을 해봅니다. 구원의 주이신 나의 주님께서 이 일을 할 수 있도록 지혜와 용기를 주시기를 기도합니다.

아무쪼록 이 책이 북한 국제법에 대한 관심과 이해를 높이는 데

일조했으면 하는 소망을 가져봅니다. 이번에도 출간을 허락하여 주신 채종준 사장님과 출판을 위해 수고해 주신 한국학술정보(주) 관계자 여러분께 깊은 감사의 말씀을 전합니다. 교정을 위해 수고해 주신 통일연구원 정재은 연구원께도 감사의 말씀을 전하며 그의 앞길에 행운과 무궁한 발전이 있기를 기원합니다.

2009년 4월
통일연구원 연구실에서
저자들을 대표하여

이 규 창

★ 목 차

제3장　조약법: 남북한 조약법의 비교를 중심으로 / 103

제4장   국제인권조약 실행과 인권관 / 147

제1장

국제법 일반에 대한 태도 *

Ⅰ. 서론

북한에 공산정권이 들어선 후 60여 년이라는 세월이 흘렀다. 그 동안 그들은 공산제국(共産諸國) 및 비동맹국 제국과는 물론, 오스트리아와 스칸디나비아의 몇몇 나라 등 일부 자유세계 국가들과도 외교관계를 맺어 왔다. 그들은 UN에 옵서버를 파견한 바 있으며 많은 국제기구에 가입하고 있고 또한 각종 국제회의에 대표를 파견하고 있다. 그들은 1991년에는 UN에도 가입한 바 있다.

어떤 권력 주체가 국제적 활동을 함에 있어 따라야 할 기준이 국제법임은 말할 나위도 없는 것이기에 그들도 국제법을 인정할 뿐 아니라 필요한 때는 이를 원용하기도 한다. 김일성 교시에 다음과 같은 구절이 있다.

> 조선에 대한 미제의 무력침범은 유엔헌장과 국제법의 란폭한 위반입니다. 유엔은 세계의 항구한 평화와 안전을 위하여 창설된 것이지, 미제국주의자들이 타국 령토를 침범하여 타민족의 독립과 자유를 유린하며 약소민족들을 식민지노예로 만들려는 침략적 목적에 리용하라고 창설된 것이 아닙니다.[1]

이것은 그들도 역시 UN헌장과 국제법을 인정하고 또한 원용하고 있다는 데 대한 하나의 증좌(證左)이다. 1953년 7월 27일에 조인된 'UN군총사령부를 일방으로 하고 조선인민군최고사령관 및

---

* 본 장은 김찬규, 「북한의 국제법」, 경남대학교 극동문제연구소, 『북한의 법과 법이론』(서울: 경남대학교 출판부, 1988), pp.267 – 290; 김찬규, 「북한의 국제법 및 그 실천」, 『북한법률행정논총』, 제8집(1990), pp.193 – 215; 김찬규, 「북한 국제법의 추세」, 『북한법률행정논총』, 제9집(1992), pp.301 – 317을 이 책의 체제에 맞게 재구성하고 최근의 상황을 반영하여 내용을 일부 수정, 보완한 것입니다.
1) 『김일성저작집』, 6권, p.64.

중국인민지원군사령관을 타방으로 하는 한국군사정전에 관한 협정'(한국휴전협정)에는 중립국감시위원회와 중립국송환위원회의 전체 위원 및 기타 인원에 대해 그들의 적당한 임무수행에 필요한 자유와 편의를 제공하며 이러한 자유와 편의에는 '인가된 외교인원이 국제관례에 따라 통상적으로 향유하는 바와 동등한 특권 대우 및 면제권'(privileges, treatment, and immunities equivalent to those ordinary enjoyed by accredited diplomatic personnel under international usage)이 포함된다는 규정이 있다(제2조 제13항 8 참조).2) 여기서도 우리는 북한이 국제관례를 인정하고 또한 원용하고 있음을 보게 된다.

1978년 5월 21일 평양에서 북한과 모잠비크 사이에 '친선 및 협조에 관한 조약'이 체결된 바 있다. 이 조약에는 체약고위쌍방이 그들과의 관계에 있어서 뿐 아니라 타국과의 관계에 있어서도 '국제적으로 공인'된 다음과 같은 원칙에 따르겠다는 점이 천명되고 있다.

첫째, "매개 나라 인민은 자기 운명을 자신이 결정하여 그 어떤 외부의 간섭과 압력을 받음이 없이 자기 나라의 실정에 맞게 정책을 결정할 확고한 권리를 가진다."는 것(제2조 제1항). 이것은 자기결정권과 독립권을 규정한 것이다.

둘째, "나라의 크기와 발전수준, 사회·경제제도에 관계없이 모든 국가들은 평등한 권리를 가지며 매개 나라는 자연자원을 비롯한 모든 자원을 민족적 리익에 맞게 리용할 권리를 가진다."는 것(제2조 제2항). 이것은 평등권과 천연의 부 및 자원에 대한 주권을

---

2) 협정의 영문텍스트에 대해서는 47 *American Journal of International Law*(1953), Supp., pp.186 – 206.

천명한 것이다.

셋째, "매개 나라는 국제문제를, 특히 자기에게 관계되는 문제들을 심의하고 해결하는 데 완전히 평등한 조건에서 참가할 권리를 가진다."는 것(제2조 제3항). 이것은 주권평등의 원칙을 구가(謳歌)한 것이다.

넷째, "매개 나라는 다른 나라의 자유권과 령토완정을 철저히 존중하며 평등과 상호 존중, 호혜, 내정불간섭의 원칙을 준수할 의무를 지닌다."는 것(제2조 제4항). 이것은 국내문제불간섭의 원칙을 노래한 것이다.

다섯째, "매개 나라는 다른 나라의 민족적 단결을 반대하거나 령토완정을 침해하려는 어떠한 기도도 세계평화와 안전에 대한 엄중한 위협으로 인정한다."는 것(제2조 제5항). 이것은 영토보전과 정치적 독립에 대한 조항이다.

여섯째, "매개 나라는 자유의 권리를 가진다."는 것(제2조 제6항). 이것은 자유권을 규정한 것이다.

그리고 일곱째, "매개 나라는 유엔헌장의 목적과 원칙, 국제법의 공인된 원칙과 규범들을 존중한다."는 것(제2조 제7항). 이것은 유엔헌장과 국제법의 존중에 관한 규정이다.

1974년 6월 27일에서 8월 29일까지 베네수엘라의 수도 카라카스에서 있은 제3차 UN해양법회의 제2회기 때 이 회의에 참석한 각국 대표들은 해양법에 관한 각자의 정책을 표명한 바 있었다. 이때 북한 대표 김국훈(金國薰, 당시 주쿠바 대사)은 동년 6월 28일에 있는 기조연설에서 현대를 '세계의 정치적·경제적 관계에 대변혁이 일어난 때'로 파악하고 이에 따라 제3차 UN해양법회의도 해양법과 관련하여 발생된 여러 가지 문제를 법전화해야 할 긴

급한 필요성에 직면하고 있다고 지적하면서 다음과 같이 말했다.[3]

> 본 회의는 새로운 경향 및 변경된 국제관계에 따라 국제해양법 분야에서 일어
> 나는 모든 문제를 토의해야 하며 모든 나라와 국민의 포부에 따라 그것을 해
> 결해야 한다. 개발도상국가의 인민들은 침략과 제국주의적·식민주의적 간섭
> 에 대한 투쟁의 일환으로서 그들의 영해 및 천연자원을 수호하기 위해 열렬한
> 투쟁을 전개하고 있다. 특히 해양법 분야에서 제3세계의 인민들은 그들의 영
> 해 및 그 관할권하에 있는 수역의 범위를 자기들 나라의 현실적 여건에 따라
> 독자적으로 획정하고 있으며 그렇게 함으로써 영해를 불과 3해리로 국한시키
> 려는 제국주의자들의 노력을 좌절시키고 있다. 제3세계 나라들에 의해 올바르
> 게 제기된 200해리 한계의 문제는 세계 여러 나라들의 지지를 얻고 있다.

이어 그는 영해와 국가관할권하에 있는 수역의 범위는 '해당 국가의 지리적 여건, 경제적 현실, 국방상의 안전 및 연안국의 이익을 고려한 타당한 기준'(a proper standard taking into account its geographical conditions, economic realities, defence security and the interests of neighbouring coastal states)에 의해 독자적으로 정해야 한다는 제3세계 여러 나라들의 요구를 전면적으로 지지한다고 하고,[4] 국가관할권 이원의 국제해저지역에 대해서는 평등한 기초 위에서 국제해저기구에 의한 단일방식으로 개발되어야 한다는 것과 거기서 얻은 수익은 개발도상국들의 발전을 위해 유효적절하게 사용되어야 한다고 주장했다.[5]

그리고 "이 회의가 모든 국가의 포부(抱負), 소망 및 사익(私益)에 따라 그것에 부여된 임무를 만족스럽게 해결하기 위해서는 제국주의자들과 식민주의자들의 '해양독점'에 반대해야 하며 전 세계

---

3) *Official Records of Third United Nations Conference on the Law of the Sea*(1975), Vol. I, p.67.

4) *Loc. cit.*

5) *Loc. cit.*

의 바다와 해양은 모두에게 개방되어야 한다.”고도 했다.[6]

　이어 동년 8월 5일 제2위원회의 제27차 회의에서 다음과 같은 그들의 구체적인 견해를 표명하고 있다. 첫째, 그들은 대부분의 대표단이 지지하고 있는 200해리 경제수역의 설정을 전면적으로 지지한다는 것, 둘째, 일부 제국주의 국가들은 영해 이원의 일정수역에 있어서의 어업자원에 대한 배타적 권리에 반대하고 다른 일부는 연안국의 그 경제수역 내에서 자원의 완전이용을 하지 못할 때에는 외국 어부에게 비차별적 어업권을 인정해야 한다고 제안함으로써 동 제도를 반대하고 있으나, 이것은 개발도상 연안국을 위협하는 것이라는 것, 셋째, 새로이 제정된 조약에 포함되어야 할 경제수역 개념의 ‘중요하고도 본질적인 요소’(important and essential elements)는 ① 연안국은 그 경제수역 내에서 생물자원 및 비생물자원의 보존과 보호를 포함하여 동 자원에 대해 ‘주권적 권리’(sovereign rights)를 가져야 하고 과학적 조사와 해양오염의 규제에 대해서는 ‘관할권’(jurisdiction)을 가져야 한다는 것, ② 내륙국은 인접 연안국의 경제수역 내에서 ‘합리적인 권리와 이익’(reasonable right and interest)을 가져야 하며 생물자원의 채취에 참가할 기회가 부여되어야 한다는 것, 그러한 권리 및 이익은 쌍무적 또는 지역적 협정을 통해 규정되어야 한다는 것, ③ 연안국은 동 수역에 대한 그 주권적 권리 및 배타적 관할권이 저해되지 않는 범위 내에서 항행과 상공비행 및 해저전선과 도관(導管)부설의 자유를 허용해야 한다는 것, 다만 해전전선 및 도관부설에 있어서는 그 노정(路程)에 관해 연안국의 동의를 얻어야 한다는 것, ④ 인접국 또는 대향국 간의 경제수역의 경계획정은 등거리선 또

---

6) *Ibid.*, pp.67 - 68.

는 중간선의 원칙에 따라 '협의에 의해'(by consultation) 결정되어
야 한다는 그것이다.7)

이상에서 우리는 북한도 국제법을 인정하고 있고 또한 이를 원
용하고 있음을 보았거니와, 그러나 국제법에 대한 그들의 전반적
태도를 살피는 작업은 현재로서는 지난지사(至難之事)에 속한다.
왜냐하면 국제법에 대한 그들의 실천에도 불구하고 이에 대한 문
헌입수가 거의 불가능하기 때문이다.

북한에서도 국제법에 대한 연구가 이루어지고 또한 이에 대한
교육이 있을 것임은 말할 것도 없다. 그것이 없이는 대외정책의
입안과 수행이 어려워지기 때문이다. 학문적 연구는 결과의 발표를
수반하는 법이지만 북한 학자들이 쓴 국제법 논문이 외부에서 입
수되기는 대단히 어렵다.

아래에서는 지금까지 발간된 몇몇 북한 문헌과 논문을 통해 국
제법 일반에 대한 북한의 태도를 살펴보고자 한다. 먼저 북한에서
의 국제법의 정의(Ⅱ), 국제법 주체 및 국가승인(Ⅲ)에 대해 살펴보
고 이어 북한 국제법의 특성에 대해 살펴본다(Ⅳ). 그리고 이를 토
대로 북한 국제법의 태도에 대한 전망을 한다(Ⅴ).

Ⅱ. 국제법의 정의

북한에서는 국제법을 어떻게 정의하고 있는가? 이를 알기 위해

___
7) *Official Records of Third United Nations Conference on the Law of the Sea*(1975),
   Vol. Ⅱ, p.215.

서는 중국의 경우와 대비해 봄이 바람직하다고 생각된다. 1950년대, 중국 학자들은 일반적으로 소련식 국제법 정의에 따랐다.[8] 그러던 것이 1960년대에 이르러 중·소관계의 악화 및 1957년 중국에서 일어난 반우익운동으로 말미암은 국제법의 경시경향은 중국학자들의 견해를 불투명한 것으로 만들었다.

그 후 1964년에 완성되어 1976년에 간행된 저서에서 한 중국학자는 국제법을 다음과 같이 정의하고 있다.

> 국제법은 국제적 거래과정에서 형성되어 제 국가에 의해 일반적으로 승인된 것이다. 그것은 이들 국가의 지배계급의 의사를 표현하는 것이며 원칙, 규칙 및 제도를 포함하여 그들의 국제관계에서 국가에 대해 법적 구속력을 가진 행동규범의 총체이다.[9]

또 한 사람의 국제법 학자 Zhu Qiwu(朱奇武)는 1981년 上記 정의를 비판하고 나섰다. 상이한 사회적·경제적 제도를 가진 제 국가 간의 투쟁과 협력관계를 규율하는 현대국제법의 역할을 제대로 설명하지 못하고 있다는 것이 그 이유였다. 그에 따르면 上記 정의는 국제법의 구속력에 관하여 언급하고 있을 따름이라는 것이었다. 즉 법규범의 실시를 확보하기 위해 국제법이 여하히 활용되는가에 대한 설명 없이 국제법의 구속력에 관하여 언급하고 있을 따름이라는 것이다. 그리하여 다음과 같은 국제법의 정의를 시도한다.

---

8) Hungdah Chiu, "Communist China's Attitude Toward International Law", 60 *American Journal of International Law*(1966), pp.250 – 251.

9) See Zhou Gengsheng(周鯁生), *Guoju Fa(International Law)*(Beijing: The Commercial Press, 1981), Vol. I , p.3, reviewed by Hungdah Chiu, in 77 *American Journal of International Law*(1983), pp.977 – 978. 이 책은 1976년에는 한정판으로 나왔다가 1981년에 復刻版이 나왔다.

국제법은 국제적 거래에 있어서의 합의를 통해 창설되며 제 국가의 지배계급의 통합된 의사를 표현하고 그리고 제 국가가 개별적으로 또는 집단적으로 취하는 강제적 조치에 의해 그 실시가 보장된다. 그것은 제 국가 간의 투쟁과 협력의 관계를 조성함에 있어 각 국가가 일반적으로 승인한 법적 구속력 있는 행위규범의 총체이다.[10]

중국에서 Wang Tieya(王鐵崖) 교수가 또 한 사람의 학자와 공저한 전형적 국제법 교과서에서는 Zhu Qiwu(朱奇武)의 것과는 다른 정의가 채택되고 있다. 그 정의는 다음과 같다.

국제법은 주로 국가 간의 법이다. 즉 그것은 주로 국가 간의 관계를 조정하는 일체의 구속력 있는 원칙 및 규정이다. 여기서 '주로'(primarily)라는 말을 쓰고 있음은 국가 이외에도 국가와 유사한 정치적 실체 및 국가들에 의해 설립된 국제기구가 있기 때문이다. 그들은 특정한 조건 및 범위 내에서 국제법의 주체이며 그들의 관계도 또한 국제법의 원칙 규칙 및 규정의 제약을 받는다.[11]

이 정의는 지금 서유럽에서 통용되고 있는 국제법의 정의와 아주 흡사하다. 예컨대 호주 출신의 국제법 학자 J. G. Starke의 저서에는 국제법에 관한 정의가 다음과 같이 되어 있다.[12]

국제법은 그 대부분이 제 국가가 스스로 준수해야 할 의사가 있다고 생각함으로써 그들 상호간의 관계에서 통상적으로 준수하는 행위에 관한 원칙 및 규칙으로 구성되는 일체의 법이라고 정의할 수 있으며 다음의 것을 포함한다.
a. 국제기구의 활동, 그들 상호간의 관계 그리고 그들과 국가 및 개인과의 관계에 관한 법규.

---

10) Quoted by Hungdah Chiu, "Chinese Attitudes Toward International Law in the Post-Mao Era, 1978~1987", 21 *International Lawyer*(1987), p.1132.

11) Wang Tieya and Wei Min, *Guoji Fa(International Law)*(Beijing: Law Press, 1981), p.1, reviewed by Hungdah Chiu, in 77 *American Journal of International Law*(1983), p.977.

12) J. G. Starke, *Introduction to International Law*(10th ed., 1989), p.3.

b. 개인 및 비국가단체의 권의의무가 국제사회의 관심사항일 것을 조건으로
그와 같은 개인 및 비국가단체에 관한 일정한 법규.

　양 정의 간의 차이는 중국의 경우에는 개인에 대한 언급이 없다
는 점이다. 그 이유는 인권의 증진 또는 재중국 외국인들의 보호
라는 명목하에 서방제국이 중국의 국내문제에 간섭하려 할지 모른
다는 우려에서 나온 것이라 한다.[13] 중국 문헌에서는 일반적으로
인권문제가 크게 다루어지고 있지 않다. 오늘날 자유세계에서 통용
되고 있는 국제법에 관한 몇몇 정의를 살펴보면 다음과 같이 되어
있다.

국제법은 주권국가 및 국제적 인격이 허여(許與)된 그 밖의 실체 간에 적용되
는 법규체계이다.[14]

국제법은 주권국가 및 국제적 인격이 허여된 그 밖의 실체들에 의해 구속력
있는 의무로 인정된 원칙, 관습 및 규칙의 일체이다. 이 법은 또한 점차 개인
과 국가와의 관계에서 개인에 대해서도 적용된다.[15]

국제법은 국가 간의 관계를 규율하는 법체계이다. 한때 국가가 국제법상 권리
의무를 가지는 유일한 단체였으나 오늘날에는 국제기구, 회사 및 개인도 때로
국제법상 권리의무를 가진다. 그러나 국제법이 주로 국가와 관련되고 있다는
것은 여전히 진실이다.[16]

오늘날 국제법은 많고도 복잡한 규칙 및 관습의 체계이다. 그것은 사실상 국
경을 넘어서는 모든 인간활동에 널리 확대되고 있다. 상업과 금융, 공중 및 해

---

13) Hungdah Chiu, "Chinese Attitudes Toward International Law in the Post-Mao
Era, 1978~1987", p.1133.

14) Georg Schwarzenberger and E. D. Brown, *A Manual of International Law*(6th ed.,
1976), p.3

15) Gerhard von Glahn, *Law Among Nations: An Introduction to Public International
Law*(5th ed., 1986), p.3

16) Michael Akehurst, *A Modern Introduction to International Law*(6th ed., 1987), p.1.

상운송, 자원개발, 텔레비전과 라디오, 보건, 부녀자와 아동의 권리, 전쟁의 수행, 예술품의 활동 — 열거하면 한이 없다 — 이 모두 어떤 형태로든 국제법에 의해 규율되고 있다.[17]

그렇다면 북한에서는 국제법에 대한 정의를 어떻게 하고 있는가? 다음에서는 북한에서 발간된 문헌들을 통해 이를 알아보려 한다. 먼저 1971년 조선민주주의인민공화국 사회과학원 법학연구소가 펴낸 법학사전에는 '국제법'이란 항목을 통해 다음과 같이 설명되고 있다.

> 국가들 간의 투쟁과 협조과정에서 이루어지는 관계를 규제하며 개별적 국가 혹은 여러 국가들의 강제에 의하여 그 준수가 보장되는 행위준칙. 국제법은 국제관계를 규제하는 법인 만큼 국내법과 구별되는 일련의 특징을 가진다. 국제법의 당사자는 자주적인 독립국가와 그의 창건을 위하여 투쟁하는 민족의 유일한 대표기관만이 될 수 있다. 그러나 국제법의 경우에는 국가뿐만 아니라 자연인과 법인도 그의 당사자로 될 수 있다. 또한 국내법에서 강제하는 국가의 강제기구(사회안전, 사법기관 등)를 통하여 실현되나 국제법의 경우는 매개 국가 자신이 국제법에서 확정된 형식에 따라서 개별적으로 혹은 집단적으로 강제(외교관계의 단절, 자위권에 기초한 무력의 사용 등)를 행사한다. 국제법은 자주적인 국가들 간의 정상적인 관계 그리고 국제평화와 안전을 보장할 데 대한 사명으로부터 자주권의 존중, 내정불간섭, 령토완정, 평등호혜, 침략전쟁금지, 국제조약의 준수 등을 그 원칙으로 삼고 있다. 이 원칙들 중에서 자주권의 존중은 국제법의 기본원칙이며 이 원칙이 엄격히 준수됨으로써 다른 원칙들도 성과적으로 담보될 수 있다. 국가들 간의 자주적이며 평등한 관계에서 형성되는 국제조약과 국제관례는 국제법을 이루는 규범형태들이다. 특히 국제조약은 국제법규범의 주되는 형태이다. 그것은 국제조약에는 자주적인 국가들의 의사와 체약국들 사이의 권리와 의무관계가 명백하게 규정되어 있기 때문이다. 국제관례는 일부지역에서가 아니라 전 세계적 범위에서 적용되는 전반적인 관례인 경우에 국제법의 규범으로 된다. 국제법의 규범형식으로서의 국제조약과 국제관례는 국제법의 공인된 원칙에 립각하여 형성될 때만이 합법적인 것으로 된다. 국제법의 규제대상은 국제법의 당사자, 국제법에서의 주민과 령역, 국제

---

17) Oscar Schachter, *International Law in Theory and Practice*(1991), p.1.

조약, 국가의 대외교섭기관, 국제기구, 국제분쟁해결의 국제법적 수단들, 전쟁법규와 관습 등이다. 경애하는 수령 김일성 동지의 령도 밑에 공화국 정부는 국제법을 통하여 미제를 두목으로 하는 제국주의자들의 침략책동을 폭로 분쇄하고 그들을 최대한으로 고립시키며 사회주의 국가를 비롯한 신생독립국가들과의 친선관계를 부단히 도모하고 그들과의 국제적 련대성을 강화함으로써 우리 혁명위업을 성과적으로 수행하며 나아가서 세계혁명의 종국적 승리를 달성하는 데 이바지하고 있다. 공화국 정부는 또한 자주적이며 반제적인 대외정책의 본질로부터 출발하여 현대국제법의 공인된 원칙들을 면밀히 고수하고 있다. 공화국 정부는 다른 사회주의 나라들과 자주성과 프롤레타리아 국제주의 원칙에 기초한 새형의 국제관계를 형성하고 그에 적응한 일련의 국제법적 원칙과 규범들을 제정하여 적용하고 있으며 제국주의자들에 의하여 조작된 불평등적인 국제관계와 침략적인 '국제법규범'을 철폐하며 국제법의 공인된 원칙에 기초한 국제관계와 국제법규범의 형성을 위하여 적극 투쟁하고 있다. 오늘 미제를 괴수로 하는 제국주의자들은 그 침략과 략탈적 본성으로부터 현대국제법의 공인된 원칙과 규범들을 란폭하게 유린하고 일방적인 예속과 복종관계를 강요하고 있으며 수다한 비법적인 '국제법적규범'을 조작하여 사회주의 나라들과 신생독립국가들을 반대하는 침략책동을 감행하고 있다. 미제를 두목으로 하는 제국주의자들이 현대국제법의 공인된 원칙을 짓밟고 조작한 일체 '국제법적규범'들은 현대국제법과 량립될 수 없으며 국제법규범으로 인정될 수 없다.[18]

국제법을 '국가들 간의 투쟁과 협조과정에서 이루어지는 관계를 규제하며 개별적 국가 혹은 여러 국가들의 강제에 의하여 그 준수가 보장되는 행위준칙'이라고 한 위 정의는 1960년대식 소련에서 통용되었던 그것과 유사하다. 이 당시 소련에서 가장 유권적인 국제법 교과서에는 국제법에 대한 정의가 다음과 같이 되어 있었다. "국제법이란 제 국가의 충돌과 협력의 과정 중에서 그들 사이의 관계를 규율하고 그들의 평화공존의 확보를 도모하며 이들 제국의 지배계급의 의사를 표명하고 그리고 필요한 경우에는 제국이 개별적으로 또는 집단적으로 가하는 강제에 의해 유지되는 법규의 총체라고 정의할 수 있다."는 것이 그것이다.[19]

---

18) 사회과학원 법학연구소, 『법학사전』(평양: 사회과학출판사, 1971), pp.83-84.

　1988년 평양 과학백과사전종합출판사에서 간행된 『현대국제법연구』라는 단행본 및 1984년 ≪사회과학≫지에 실린 「자주시대의 국제법의 본질에 대한 리해」라는 논문에는 국제법에 관한 각각 다음과 같은 설명이 있다.

> 국제법은 국가들 간의 호상관계에서 지켜야 할 행위규범들을 규제하고 있다. 국제법규범들은 국가의 대외정책을 실현하기 위한 외교활동과 직접 관련되어 있기 때문에 모든 나라는 국제법의 규범을 제정하는 데 커다란 관심을 가지고 있다. 이와 함께 국제법규범들을 해석적용하는 데서도 자기의 계급적 민족적 리익의 견지에서 출발하여 모든 나라가 다 같이 동일하게 이해하지 않고 있다.[20]

> 국제법은 세계에 존재하는 독립국가들, 민족들 간의 행위를 호상 한계 지우고 그들 간의 관계를 권리와 의무 관계로 전환시킨다. 독립국가와 민족들의 법적 권리는 국제관계에서 그들의 자주적인 지위를 보장하며 법적 의무는 대외관계에서 독립국가와 민족들이 수행하여야 할 역할을 규정한다. 매개 독립국가와 민족은 국제법의 규제에 따라 서로 대응한 권리와 의무를 가지며 국제관계에서 자주적이며 평등한 지위를 차지하게 된다.[21]

　1992년 김일성종합대학출판사에서 간행한 『국제법학(법학부용)』은 국제법을 다음과 같이 설명하고 있다.[22]

> 국내법이 국내에 있는 공민, 기관, 기업소, 사회협동단체들이 지켜야 할 행동규범이며 준칙이라면 국제법은 국제관계에서 국가들이 지켜야 할 행동규범이며 행동준칙이다.

---

19) Academy of Sciences of U. S. S. R., Institute of State and Law, *International Law: A Textbook for Use in Law Schools*(Moscow: Foreign Languages Publishing House, n. d.), p.7; 安井 郁 감수, 岩淵節雄・長尾賢三 번역, ソ連科學アカデミ法律研究所, 『國際法 上卷』, 昭和 37년, 日本評論新社, p.1.

20) 김영철・서철원, 『현대국제법연구』, p.4.

21) 김영철, 「자주시대의 국제법의 본질에 대한 리해」, ≪사회과학≫(평양 과학백과사전 출판사), 1984년 3호, pp.47 - 48.

22) 김일성종합대학출판사, 『국제법학(법학부용)』(1992), p.11.

국제무대에는 수많은 국가들과 민족들이 존재하고 있다. 이 많은 국가들과 민족들은 괴리되어 존재하는 것이 아니라 호상 련관 속에서, 즉 다른 국가와 민족들과의 관계 속에서 존재하며 발전한다. 그런데 수많은 국가들과 민족들이 호상 련관 속에서 존재하는 국제무대에 그 어떤 통일적인 행동준칙이 없거나 일정한 행동준칙에 따라 국가들이 움직이지 않고 제멋대로 행동한다면 무질서가 조성되고 국가들 간에 정상적인 국제관계가 이루어질 수도 유지공고화될 수도 없다.

가장 최근인 2002년에 발간된 국제법사전은 국제법을 "국제관계에서 국가들이 반드시 지켜야 할 행위규범들의 총체"라고 정의하고 있다.[23]

Ⅲ. 국제법 주체 및 국가승인

1971년 조선민주주의인민공화국 사회과학원 법학연구소가 법학사전을 발간했다. 도합 800면에 이르는 이 법학사전에는 국제법에 관한 것을 비롯한 수많은 항목이 수록되어 있는데 '국제법의 당사자'라는 항목에 대해서는 다음과 같은 설명이 나온다.

국제법률관계에서 발생하는 권리와 의무의 담당자, 국제법의 당사자의 주요 징표는 자주권이다. 여기로부터 국제법의 당사자로는 1) 국제법상의 권리와 의무를 자유로이 실현할 자주권을 가지며 2) 물질적 기초로서의 일정한 지역과 령토를 가지며 3) 전체 민족의 의사와 리익을 대표하는 자주적인 독립국가와 자주적 독립국가를 창건하기 위하여 투쟁하는 혁명조직 또는 전 민족적 대표기관만이 될 수 있다. 국제법의 당사자는 다른 나라들이 그를 국제법의 당사자로 승인한 결과에 의하여 이루어지는 것이 아니라 자주독립국가, 자주적인 인

---

23) 사회과학원 법학연구소, 『국제법사전』(평양: 사회과학출판사, 2002), p.65.

민정권, 전 민족적 대표기관으로 출현한 그 사실 자체로써 국제법의 당사자로 된다. 이것은 국제법률관계에서 권리와 의무의 담당능력이 국제법의 당사자로서 인정된 결과에 의하여서가 아니라 그 당사자들의 자주권 실천 여부에 의하여 이루어지기 때문이다. 경애하는 수령 김일성 동지에 의하여 항일무장투쟁시기 유격근거지－해방지구들에서 창설된 인민혁명정부는 일제를 반대하고 전체 조선인민의 민족적 및 계급적 해방을 이룩하며 진정한 자주독립국가를 건설하기 위하여 결연히 투쟁한 국제법의 당사자였다. 혁명의 위대한 수령이신 김일성 동지에 의하여 이룩된 우리 당의 빛나는 혁명전통을 이어받았으며 그이의 현명한 령도 밑에 해방 후 창건된 조선민주주의인민공화국은 전체 남북조선인민의 유일한 국가이다.

경애하는 수령 김일성 동지께서는 다음과 같이 교시하시였다.

"조선인민은 단일한 민족으로서 하나의 국가, 하나의 정부를 가지고 있을 뿐입니다. 조선민족의 유일한 국가는 조선민주주의인민공화국이며 오직 조선민주주의인민공화국 정부만이 전체 남북조선인민의 참다운 민족적 리익과 의사를 대표하고 있습니다."("조선민주주의인민공화국은 우리 인민의 자유와 독립의 기치이며 사회주의, 공산주의 건설의 강력한 무기이다." 76페이지)

조선민주주의인민공화국은 남북조선인민의 총의에 의하여 창건된 유일하게 합법적인 자주독립국가로서 자기의 모든 로선과 정책을 자주적으로 규정하며 대외관계에서 완전한 평등권과 자주권을 행사하고 있다. 따라서 조선민주주의인민공화국만이 전체 조선인민의 의사와 리익을 대표하는 국제법의 당사자이다. 남조선의 이른바 '대한민국 정부'는 그 어떤 자주권도 행사하지 못하는 허수아비정권이다. 남조선괴뢰정권은 미제의 총칼에 의하여 꾸며진 '정권'이며 남조선에서 미제의 식민지예속화정책을 충실히 집행하는 도구에 불과하다. 이 '정권'은 하나로부터 열까지 모두 미제국주의자들의 지령에 따라 움직이며 미제의 전쟁정책을 위하여 남조선의 모든 것을 송두리째 내맡기고 있다. 그러므로 남조선괴뢰정권은 국제법의 당사자로 될 수 없다. 미제를 우두머리로 하는 제국주의자들이 꾸며 낸 괴뢰정권뿐만 아니라 자연인, 법인, 유엔, '로마법왕청' 등도 국제법의 당사자로 될 수 없다. 국제법은 국가들 간의 관계를 규제하는 법인 것만큼 자연인이나 법인은 응당 국제법의 당사자에서 제외된다. 유엔은 한갓 하나의 국제기구에 불과하기 때문에 국제법의 당사자로 될 수 없다. 그럼에도 불구하고 미제를 괴수로 하는 제국주의자들은 유엔대표들이 향유하는 외교특권을 구실로 하여 유엔이 국제법의 당사자로 되는 것처럼 떠벌이고 있다. 그러나 유엔대표들이 향유하는 외교특권은 유엔대표뿐만 아니라 일반국제회의에 참가하는 외교대표들도 모두 향유하는 특권으로서 국제법의 당사자의 징표로는 될 수 없다. 또한 제국주의자들은 '로마법왕청'을 국제법의 당사자로 묘사해 보려고 책동하고 있으나 '로마법왕청'은 미제국주의자들의 간섭의 소굴이며 세계카토릭교의 반동적 중심지이다. 이는 국가도 아니며 그가 파견하는 '사절'은 국제법규범에 의해서가 아니라 종교적 규칙에 립각하여 활동한다. 그러므로 종교단체인 '로마법왕청'은 국제법의 당사자로 될 수 없다. 미제를 괴수로 하는 제국주의자들이 유엔이나 '로마법왕청'을 국제법의 당사자로 묘사하려는 이러한 책동은 국제법의 당사자의 중요 징표인 자주권을 거세하며 특히 미제의 침략도구인 유엔이나 '로마법왕청'이 국제문제해결에서 그 어떤 역할을 노는 듯이 환상을 조성하여 그를 통한 저들의 침략책동을 '합법화'하려는 데 그 목적이 있다.[24]

위의 설명을 통해 추단(推斷)컨대, '국제법의 당사자'라 함은 국제법의 주체를 일컫는 것으로 짐작된다. 上記 법학사전에 나오는 설명에 따르면 국제법의 주체는 '국제법률관계에서 발생하는 권리와 의무의 담당자'이되 반드시 자주권을 가지는 것이어야 한다. 그리고 이에 해당하는 것으로는 '전체 민족의 의사와 리익을 대표하는 자주적인 독립국가'와 '자주적 독립국가를 창건하기 위하여 투쟁하는 혁명조직 또는 전 민족적 대표기관'이 있을 뿐이다.

여기서 '자주적 독립국가를 창건하기 위하여 투쟁하는 혁명조직 또는 전 민족적 대표기관'이라 함은 이른바 민족해방운동단체(national liberation movements)를 가리키는 것으로 생각된다.[25] 따라서 북한에서는 국제기구와 개인의 국제법 주체성이 인정되지 아니하였다. 더욱 흥미로운 것은 上記 법학사전이 로마법왕청에 대

---

24) 사회과학원 법학연구소, 『법학사전』, pp.85 - 86.

25) 민족해방운동단체로서의 PLO의 지위에 대해서는 김찬규, 「PLO의 법적 지위」, 『고시연구』, 1984년 4월호, pp.161 - 177 참조. For further see Anis F. Kasssim, "The Palestine Liberation Organization's Claim to Status: A Juridical Analysis Under International Law", 9 *Denver Journal of International Law and Policy*(1980), pp.1 - 33; Robert A. Friedlander, "The PLO and the Rule of Law: A Reply to Dr. Anis Kassim", 10 *Denver Journal of International Law and Policy*(1981), pp.221 - 235; Anis F. Kasssim, "A Response to Professor Robert A. Friedlander", ibid., pp.237 - 241; William V. O'Brien, "The PLO in International Law", 2 *Boston University International Law Journal*(1984), pp.349 - 413; William V. O'Brien, *Law and Morality in Israel's War with the PLO*(1991), pp.13 - 14.

해 특별히 언급하면서 그것은 종교단체이지 자주적인 국가가 아니므로 국제법의 주체가 될 수 없다고 하는 점이다.

그런데 주목해야 할 부분은 이 법학사전이 "국제법은 국가들 간의 관계를 규제하는 법인 것만큼 자연인이나 법인은 응당 국제법의 당사자에서 제외된다. 유엔은 한갓 하나의 국제기구에 불과하기 때문에 국제법의 당사자로 될 수 없다."고 하고 있는 대목이다. 법학사전에 쓰여 있듯이 국제법이 '국가들 간의 관계를 규제하는 법'이기에 자연인 또는 UN이 그 주체가 될 수 없다면 동일한 이유로 민족해방운동단체에도 그 주체성이 인정되지 않아야 할 터인데 후자에 대해서는 그것을 인정하고 있다.

더구나 법학사전은 국제법의 주체가 되기 위한 3가지 요건을 제시하고 있다. "1) 국제법상의 권리와 의무를 자유로이 실현할 자주권을 가지며 2) 물질적 기초로서의 일정한 지역과 령토를 가지며 3) 전체 민족의 의사와 리익을 대표하는 자주적인 독립국가와 자주적 독립국가를 창건하기 위하여 투쟁하는 혁명조직 또는 전 민족적 대표기관"이어야 한다는 것이 그것이다. 그런데 '물질적 기초로서의 일정한 지역과 령토'가 있어야 한다고 하면서 민족해방운동단체의 국제법 주체성을 인정하려 함은 정상적인 논리에서 크게 이탈하는 것이라고 하지 않을 수 없다.

1992년의 국제법학은 독립국가, 민족해방투쟁조직 외에 교전단체를 국제법의 당사자에 추가하여 설명하고 있다.[26] 2002년의 국제법사전은 국가와 민족해방투쟁조직만을 국제법의 당사자로 규정하고 있다. 그러나 주목할 만한 변화를 보이고 있는데 국제기구도 제한된 범위에서 국제법의 당사자로 등장하는 경우가 있다고 함으

---

26) 김일성종합대학출판사, 『국제법학(법학부용)』, pp.40 – 45.

로써 국제기구를 국제법의 주체로 인정하고 있다.[27] 그러나 개인의 국제법 주체성은 여전히 부인되고 있다.[28]

한편, 법학사전은 국제법의 주체에 관한 설명에서 "국제법의 당사자는 다른 나라들이 그를 국제법의 당사자로 승인한 결과에 의하여 이루어지는 것이 아니라 자주독립국가, 자주적인 인민정권, 전 민족적 대표기관으로 출현한 그 사실 자체로써 국제법의 당사자로 된다."고 함으로써 또한 국가승인에 있어서의 창설적 효과설을 배제하고 선언적 효과설에 좌단(左袒)하고 있다.

주지하는 바와 같이 종래 국제법학에서는 국가승인과 관련하여 창설적 효과설과 선언적 효과설의 대립이 있었다.[29] 북한 국제법은 여기서 창설적 효과설을 정면으로 배척하고 선언적 효과설에 좌단함으로써 그들의 특이한 입장을 보여주고 있다.

더 한층 흥미로운 것은 법학사전이 국제법의 주체에 관한 설명에 곁들여 대한민국의 실체성을 부인하고 있다는 점이다. 그렇게 함에 있어 법학사전은 김일성 교시를 인용하고 있는데 한 나라의 실체성 여부가 어떤 개인의 판단에 좌우되는 것이 아니라는 면을 감안할 때 이것 역시 우리가 친숙한 학문적 태도와는 전연 다른 것이라 하지 않을 수 없다. 1992년의 국제법학(법학부용)도 북한이 전체 조선인민을 대표하는 유일한 국제법관계의 당사자임을 강조하고 있다.[30]

---

27) 사회과학원 법학연구소, 『국제법사전』, p.66, p.68.

28) 위의 책, p.68.

29) Ian Brownlie, *Principles of Public International Law*(4th ed., 1990), p.90, Malcolm N. Shaw, *International Law*(3rd ed., 1991), p.144 and 243; Louis Henkin *et al.*, *International Law: Cases and Materials*(2nd ed., 1987), p.231.

30) 김일성종합대학출판사, 『국제법학(법학부용)』, p.43.

Ⅳ. 북한 국제법의 특성

1. 자주권의 강조

  북한에서는 주권이란 용어 이외에 자주권이란 말도 쓴다. 1977년 5월 21일 북한은 중앙인민위원회 정령으로서 200해리 경제수역제도를 채택하고 8월 1일부터 이를 실시했으며 8월 1일에는 인민군 최고사령부가 또한 동해 및 서해에 50해리 해상군사경계선을 설치하여 같은 날부터 이를 실시했다. 그렇게 함에 있어 북한은 경제수역제도와 관련해서는 수중 해저 및 지하를 포함하는 동 수역 안의 생물자원과 비생물자원에 대해 '자주권'을 행사한다고 했고 해상군사경계선과 관련해서는 경제수역을 보호하고 민족이익 및 '자주권'을 군사적으로 철저히 수호하기 위해 이를 실시한다고 언명했다.

  1984년 북한에서 발표된 한 논문에는 다음과 같은 구절이 있다.

> 국제법이 국가들, 민족들 간의 자주적인 관계를 규제하는 법이라는 것은 자주권이 없는 다음과 같은 3가지 대상을 규제하지 않는다는 데서 표현된다.
> 첫째로, 국제법은 제국주의자들의 강요에 의하여 조작된 '국가'를 규제대상으로 삼지 않는다.
> 제국주의자들이 조작한 '국가'는 그 나라 주민의 의사와는 관계없이 꾸며진 괴뢰국가이며 그 나라 주민을 대표할 수 없는 비법적인 국가이다. 이런 '국가'는 명색이 '국가'이지 실제에 있어서는 국가가 아니다. 괴뢰국가는 제국주의자들의 지령에 의하여 대내외 '정책'을 수립하고 집행하는 아무런 자주권도 없는 국가이며 국가들 간에 설정된 권리와 의무를 독자적으로 담당처리할 능력과 자격도 없는 허수아비국가이다.
> 이러한 괴뢰국가가 제국주의 국가, 다른 괴뢰국가 간에 설정하는 관계는 자주

권과 완전한 평등, 내정불간섭을 기초로 하여 형성되는 독립국가들 간의 관계와 근본적으로 다른 침략과 예속, 지배와 복종으로 일관된 종속적인 결탁관계이다. 따라서 이들 간에 조작된 모든 '국제법규범'들은 례외 없이 세계 평화와 안전, 나라와 민족 간의 자주성과 협조를 보장할 사명을 지닌 국제법과 직접 모순된다.[31]

이처럼 북한에서는 주권이라는 말 이외에 자주권이란 용어도 쓰고 있는데 이들 양자 간의 구별은 어떻게 되어 있을까? 이와 관련하여 우선 주목되는 것은 자주권을 영문으로 sovereignty로 번역하고 있다는 사실이다. 이에 대한 사례를 우리는 1977년 8월 1일의 조선중앙통신 및 1977년 8월 10일자의 *The People's Korea*지(紙)에서 보게 된다.[32]

그러나 사전에 나타난 이 2가지 말의 뜻은 전연 다르게 되어 있다. 1970년 북한 사회과학원에 의해 출판된 정치용어사전에는 주권과 자주권이 각각 다음과 같이 풀이되고 있다.

계급의 정치적 지배권을 말하는데 정권이라는 말과 같은 뜻으로 쓰인다. 주권이 어느 계급에 속하는가에 따라 정치의 계급적 성격이 규정된다. 주권이 로동계급에게 쥐어져 있으면 로동계급을 비롯한 광범한 인민대중의 리익을 옹호하며 부르죠아지에게 속하면 지주, 자본가 등 소수특권계급의 리익을 옹호한다.[33]

국가가 자기의 대내외정책을 밖으로부터 그 어떤 간섭도 받지 않고 자주적으로 규정할 수 있는 권리를 말한다. 자주권은 민족자결권에 기초한 국가의 고유한 속성의 하나이다. 국가주권은 국내에서는 최고권력으로 나타나며 대외적으로는 국가 자주권으로 표현된다. 자주권은 자기 나라의 대내외정책에 대하여 다른 나라의 간섭을 일체 허용하지 않는다. 자주권을 보장하기 위해서는 우선 정책규정에서 사대주의, 교조주의를 없애고 주체를 철저히 확립하여야 한다.

---

31) 김영철, 「자주시대의 국제법의 본질에 대한 리해」, p.48.

32) Choon-ho Park, "The 50-mile Military Boundary Zone of North Korea", 72 *American Journal of International Law*(1978), p.866, n.1.

33) 조선민주주의인민공화국 사회과학원, 『정치용어사전』(평양: 사회과학출판사, 1970), p.550.

또한 정치적 독립의 물질적 기초로 되는 자립적 민족경제를 건설하여야 하며 자주적 국방력을 가져야 한다. 국가 자주권은 그 국가의 신성한 권리로서 어떠한 외세의 간섭도 허용하지 않는다. 국가 자주권에 대한 침해는 곧 침략으로 된다. 공화국 정부는 김일성 동지의 주체사상에 철저히 의거하여 우리나라 혁명과 건설에서 제기되는 모든 문제를 자주적으로 풀어 나가는 원칙을 확고히 견지함으로써 대내외관계에서 완전한 자주권을 행사하고 있다.
미제를 우두머리로 하는 제국주의자들이 제놈들의 식민지에 만들어 놓은 괴뢰정권에는 자주권이란 있을 수 없다. 남조선괴뢰정권은 미제의 총칼에 의하여 꾸며진 허수아비정권으로서 그 어떤 자주권도 행사하지 못하며 남조선에 대한 미제의 군사파쑈통치에 충실히 집행하는 침략도구에 불과하다.[34]

여기서 우리는 주권이란 용어가 "계급의 정치적 지배권을 말하는데 정권이라는 말과 같은 뜻으로 쓰인다."는 사실과 자주권이란 용어는 "국가가 자기의 대내외정책을 밖으로부터 그 어떤 간섭도 받지 않고 자주적으로 규정할 수 있는 권리"임과 동시에 "국가주권은 국내에서는 최고권력으로 나타나며 대외적으로는 국가 자주권으로 표현된다. 자주권은 자기 나라의 대내외정책에 대하여 다른 나라의 간섭을 일체 허용하지 않는다."는 사실을 규지하게 된다.

이렇게 볼 때 북한에서 쓰이는 자주권이란 용어는 독립과 같은 뜻이 아닌가 생각되기도 한다. 그런데 또 어떤 때는 이것이 독립과 다른 의미로 쓰여 혼란을 가져다주기도 한다. 예컨대 1985년 사회과학원 법학연구소에서 발행한 『법학론집 5』에는 다음과 같은 글귀가 실려 있다.

위대한 수령, 김일성 동지께서는 다음과 같이 교시하시였다.
"완전한 민족적 독립을 이룩하기 위해서는 자주적인 독립국가를 건설하여야 합니다."(『김일성저작집』 1권, 287페이지)
모든 민족은 평등하며 자기 운명을 자기 자신이 결정할 민족자결의 신성한 권

---

34) 위의 책, pp.428 - 429.

리를 가지고 있다. 어떤 민족이든지 정치적 자결을 행사하여야 나라의 독립을
이룩하고 자기 운명을 자기 힘으로 개척해 나갈 수 있다. 다른 나라의 압력에
무릎을 꿇고 남의 지휘봉에 따라 움직이는 민족은 나라의 독립과 자유를 지킬
수 없으며 예속의 멍에를 벗을 수 없다.
자주성을 위한 근로인민대중의 투쟁에서 중요한 내용을 이루는 것은 우선 완
전한 민족적 독립을 이룩하고 민족의 자주권을 확립하는 것이다.[35]

이 글귀에서 우리를 혼란케 하는 것은 "자주성을 위한 근로인민
대중의 투쟁에서 중요한 내용을 이루는 것은 우선 완전한 민족적
독립을 이룩하고 민족의 자주권을 확립하는 것이다."라고 함으로써
민족적 '독립'과 민족의 '자주권'을 대비시키고 있는 듯한 어투이
다. 그러나 생각건대 이 경우의 독립이란 일반명사이고 자주권만이
전문용어인 것으로 볼 수 있다. 이렇게 보면 독립과 자주권은 같
은 의미이되 강조를 위해 두 표현이 함께 사용되었다고 할 수 있
게 된다. 참고로 북한의 정치용어사전에는 독립이란 항목이 없다는
점을 첨언하고자 한다.

전통적 국제법학에서는 "주권은 최고권한(supreme authority), 다
시 말하면 지상의 다른 어떤 권능의 지배도 받지 않는 권능이다.
그러므로 주권은 용어의 엄격하고도 최협의적 의미에 있어서는 국
경의 내외를 막론하고 어디서나 독립적임(independence)을 의미하는
것이다."라고 설명되어 왔다.[36]

이 같은 주권개념에서는 3가지 결과가 유래된다. 첫째는 독립인데
Palmas 섬 사건에 대한 중재재판 판결에서 중재재판관 Max Huber
가 한 다음과 같은 말은 바로 독립과 관련되는 것이라고 할 것이다.

---

35) 렴철수, 「주체사상에 의하여 밝혀진 자주독립국가건설사상」, 『법학론집 5』(사회과학원 법학
연구소, 1985), p.4.

36) Oppenheim – Lauterpacht, *International Law*(8th ed., 1955), Vol. I, pp.682 – 683.

주권이란 국가 간의 관계에서는 독립을 의미하는 것이다. 지구의 한 부분에
대한 독립은 그 안에서 타국을 배제하고 국가의 제 기능을 행사하는 권리이다.
지난 몇 세기 동안의 국가의 국내조직의 발전 및 그 필연적 결과로서의 국제
법의 발전은 국가 자체의 영역과 관련된 국가의 배타적 권한에 관한 이러한
원칙을 확립시켜 그것을 국제관계에 관한 대부분의 문제를 해결함에 있어서의
출발점으로 만들었다.[37]

다음, 주권은 그 영역 내에 있는 모든 사람과 모든 물건 및 사건에 대한 최고권능을 행사할 국가의 권력이라는 측면과 자국민에 대해서는 국내외를 막론하고 최고권능을 행사할 국가의 권력이라는 측면이 있다. 전자를 領域高權(territorial supremacy, *dominium*)이라고 하고 후자를 對人高權(personal supremacy, *imperium*)이라 한다. 그리하여 독립과 영역고권 및 대인고권을 주권의 3성질 또는 3측면이라 부른다.[38]

현대국제법상 주권이란 말만큼 다의적인 용어는 없다.[39] 그것은 역사적으로 성립된 개념이어서 연혁적으로 보아 국제법에 의해 비로소 인정된 것은 아니라고 해야 할 것이다.[40] 그러나 오늘날 "독립국가들 사이에서 영역주권에 대한 존중은 국제관계의 핵심적 기반이다."[41]

일찍이 국제사법재판소는 「UN의 복무 중 입은 상해에 대한 보상」 사건에서 "국가가 국제법에 의해 인정된 국제적 권리의무의 총

---

37) Herbert W. Briggs, *The Law of Nations, Cases, Documents, and Notes*(2nd ed., 1952), pp.239 - 240.

38) Oppenheim - Lauterpacht, *International Law*, Vol. I, p.286; Nkambo Mugerwa, "Subjects of International Law", in *Manual of Public International Law*, edited by Max Sørensen(1968), p.253.

39) James Crawford, *The Creation of States in International Law*(1979), p.26.

40) R. P. Anand, "Sovereign Equality of States in International Law", 197 *Recueil des Cours de L'Académie de Droit International de La Haya*(1986 - II), p.22.

41) *Corfu Channel case, Judgment of April 9th, 1949: I. C. J. Reports 1949*, p.35.

체를 가지는 반면, UN과 같은 실체의 권리의무는 동 기구의 구성
문서에 명기되었거나 함축된, 또는 실천을 통해 발전된 그 목적 및
임무에 의존하는 것"이라고 한 바 있거니와[42] 여기서 말하는 '국제
법의 의해 인정된 국제적 권리의무의 총체'(totality of international
rights and duties recognized by international law)는 주권에 의해 형
성된 것이라고 보아야 할 것이다.

소련의 저명한 국제법 학자이며 1946년에서 1952년까지 국제사
법재판소 재판관을 역임한 바 있는 S. B. Krylov는 주권 및 독립과
관련하여 다음과 같은 견해를 표명한 일이 있다.

> 국제법은 그것이 국가의 대내적 사항에 대한 개입을 금하기 때문에 그 대내적
> 사항에 대한 주권국가의 완전한 자치를 강조하고 있을 뿐 아니라 주권의 또
> 하나의 성질인 주권국가의 독립을 강조한다. 국제사회에 독립적으로 참가할 가
> 능성이 박탈된 국가는 비록 그것이 그 대내적 사항에 대한 어느 정도의 자치
> 를 유지하고 있다고 할지라도 주권국 국가가 아니다. 국제법이론의 관점에서
> 보면 주권이란 독립 및 대내적 대외적 관계에서의 국가의 자치를 의미하는 것
> 이다.[43]

이 같은 여러 가지 사실을 종합해 볼 때 북한에서 사용되고 있
는 자주권이란 말은 전통국제법학에서 쓰는 독립과 같은 의미를
갖는 것이라고 보아야 할 것이다. 이 같은 맥락에서 국제법사전은
'국가자주권'이라는 항목에서 자주권을 "매개 나라가 자기 나라와
민족의 운명과 관련되는 모든 문제를 어떠한 외국의 간섭도 없이

---

42) *Reparation for injuries suffered in the service of the United Nations, Advisory
Opinion: I. C. J. Reports 1949*, p.180.

43) S. B. Krylov, "The Sovereign State", published in *International Law*(1947), pp.112 –
114, translation quoted in Marjorie M. Whiteman, *Digest of International Law*(1963),
Vol. I, p.238.

자기의 주견과 결심에 따라 자기 나라 실정에 맞게 결정하고 처리할 주권국가의 기본권리"로 정의하고 있다.[44]

2. 서술방식의 특이성

1984년에 발표된 한 북한 학자의 「자주시대의 국제법의 본질에 대한 리해」라는 논문의 서술방식은 다음과 같이 되어 있다. 즉 "국제법의 본질을 정확히 리해하는 것은 국제법과 관련한 모든 리론실천적 문제들을 옳게 풀어 나가기 위한 출발적 전제로 된다."고 전제한 후[45] 다음과 같은 김일성 교시를 인용한 것이 그것이다.

> 경애하는 수령 김일성 동지께서는 다음과 같이 교시하시였다.
> "자주성을 견지하여야 나라와 민족의 존엄을 지킬 수 있으며 민족적 독립을 공고히 하고 나라의 번영을 이룩할 수 있습니다."(『온 사회를 주체사상화하기 위한 인민정권의 과업』, pp.34 - 35.)[46]

이어 이 연구는 "주체의 국제법리론은 나라와 민족의 자주성을 보장하는 것이 국제법의 근본사명이라는 것을 독창적으로 밝힘으로써 국제법의 본질을 규제대상과 내용, 그의 목적과 준수의 담보 측면에서 전면적으로 해명할 수 있게 하는 지도적 지침을 마련하여 주었다."고 하고 있다.[47]

여기서 우리는 두 가지 특이한 점을 발견하게 되거니와 하나는

---

44) 사회과학원 법학연구소, 『국제법사전』, p.33.
45) 김영철, 「자주시대의 국제법의 본질에 대한 리해」, p.47.
46) 위의 글, 같은 면.
47) 위의 글, 같은 면.

'주체의 국제법리론'이라는 것이고, 다른 하나는 연구의 서술방식이다. 이 연구는 주제에 대해 국제법의 규제대상, 그 내용, 그 목적, 그리고 국제법 준수의 담보라는 4가지 측면에서 접근하고 있는데 이 모두에서 하나같이 "경애하는 수령 김일성 동지께서는 다음과 같이 교시하시였다."고 하며 김일성 교시를 먼저 인용하고 그것에 맞게 풀어 나가는 서술방식을 채택하고 있다.

이러한 점으로 미루어 보아 '주체의 국제법리론'이라 함은 김일성 교시를 일컫는 것이라고 할 수 있다. 그리고 서술방식도 자유세계의 그것과는 판이하게 다름을 알 수 있다. 자유세계의 학술논문은 필자의 관(觀)에 따라 서술하고 그것을 뒷받침하기 위해 타인의 주장을 인용하지 타인의 주장을 그대로 풀어 나가는 서술방식은 취하지 않기 때문이다.

김일성 교시를 먼저 소개하고 그것을 전거(典據)로 풀어 나가는 이론전개 방식은 북한 학자들에게 공통적인 현상이다. 예컨대 1980년에 발표된 「위대한 수령 김일성 동지께서 밝혀주신 사회주의토지법의 규제내용」이란 제하의 한 논문[48]은 다음과 같이 시작한다.

> 혁명의 영재이시며 위대한 사상리론가이신 경애하는 수령 김일성 동지께서는 영생불멸의 주체사상에 기초하시여 사회주의토지법의 규제내용에 과한 리론을 밝히시었다.
> 사회주의토지법의 규제 내용에 관한 리론은 사회주의토지법리론에서 중요한 자리를 차지한다. 그것은 사회주의토지법의 규제내용이 토지법의 특성과 우월성, 그 복무적 역할을 규정짓는 근본요인의 하나로 되기 때문이다.
> 위대한 수령 김일성 동지께서 밝혀 주신 우리나라 사회주의토지법은 토지혁명

---

48) 리필수, 「위대한 수령 김일성 동지께서 밝혀주신 사회주의토지법의 규제내용」, 『법학론집 2』, 사회과학원 법학연구소(1980), pp.45 − 80.

과 토지건설에서 이룩된 성과와 업적들을 고착시키고 사회주의사회의 현실적 요구에 맞게 토지를 보호관리하고 국토의 면모를 전면적으로 개변시켜 나갈 데 대한 강령적인 내용들을 폭넓게 규제하고 있다.[49]

동일한 현상은 1985년에 발표된 「주체사상에 의하여 밝혀진 자주독립국가건설사상」이라는 제하의 한 논문의 서술방식에서도 발견된다. 거기서는 다음과 같이 기술되어 있다.[50]

정치에서 자주는 자주독립국가의 정치활동분야를 특징짓는 징표이다.
위대한 수령 김일성 동지께서는 다음과 같이 교시하시였다.
"정치적 자주성은 자주독립국가의 첫째가는 징표입니다."(『김일성저작집』 27권, 28페이지)
친애하는 지도자 김정일 동지께서는 다음과 같이 지적하시였다.
"수령님께서 가르치신 바와 같이 정치적 자주성은 자주독립국가의 첫째가는 징표이며 제일생명입니다."(『주체사상에 대하여』, 42페이지)
정치적 자주성은 자주독립국가의 첫째가는 징표이다.
국가가 자주독립국가인가 아닌가 하는 것은 그 국가가 정치적 자주성을 가지고 있는가 없는가에 따라 결정된다.
정치적 자주성이란 국가가 자기 신념과 주견에 기초하여 자주권을 행사하며 독자적으로 자기 로선과 정책을 규정하고 그것을 관철해 나간다는 것을 말한다.
정치적 자주성이 자주독립국가의 첫째가는 징표로 된다고 할 때 그것이 자주독립국가를 특징짓는 기본징표들 가운데서 가장 중요한 자리를 차지한다는 것을 의미한다.
자주독립국가의 정치적 자주성은 우선 자주적인 정권에서 표현된다.
위대한 수령 김일성 동지께서는 다음과 같이 교시하시였다.
"민족이 자기 운명의 주인으로 되기 위하여서는 자주적인 정권을 가져야 하며 정치에서 자주성을 확고히 보장하여야 합니다."(『김일성저작집』 27권, 396페이지)
친애하는 지도자 김정일 동지께서는 다음과 같이 지적하시였다.
"정치에서 자주성을 보장하기 위하여서는 인민의 정권을 세워야 합니다."(『주체사상에 대하여』, 43페이지)

---

49) 위의 논문, p.45
50) 렴철수, 「주체사상에 의하여 밝혀진 자주독립국가건설사상」, pp.27 – 28.

자주적인 인민의 정권을 가지는 것은 자주독립국가의 필수적 요구이며 자주적
인 인민의 정권은 정치적 자주성을 실현하기 위한 위력한 정치형태이다.

역시 1985년에 발표된 「우리나라 무역회사의 계약체결 및 리행
활동과 그를 개선강화하기 위한 방도」라는 제하의 한 논문의 서술
방식은 더욱 흥미롭다. 거기에는 다음과 같은 기술이 있다.[51]

> 혁명의 영재이시며 위대한 사상리론가이신 경애하는 수령 김일성 동지께서와
> 친애하는 지도자 김정일 동지께서는 영생불멸의 주체사상에 기초하시어 사회
> 주의 경제건설에서 대외무역이 노는 역할과 무역거래의 특성, 무역에서 계약체
> 결과 리행이 가지는 중요성을 과학적으로 분석하시고 우리나라 무역회사들이
> 계약의 체결과 리행에서 견지하여야 할 원칙들과 그를 실현하기 위한 근본방
> 도들을 뚜렷이 밝혀 주시였다.
> 위대한 수령님과 친애하는 지도자 동지께서 밝혀 주신 무역계약체결과 리행에
> 서 견지하여야 할 원칙과 방도에 관한 사상은 무역회사일꾼들이 무역계약을
> 당의 대외무역정책의 요구에 맞게 맺고 그 리행에서 나라와 인민의 리익을 옹
> 호보장할 수 있게 하는 강령적 지침으로 된다.

북한에서는 김일성교시가 절대적 권위를 지니고 있다. 1974년 2
월 조선노동당 중앙위원회에서 채택된 '유일사상체계 확립의 10대
원칙'이란 것이 있는데 김정일이 지휘하여 만든 것으로 알려진 이
문건에는 다음과 같은 구절이 있다.[52]

> 위대한 수령 김일성 동지의 교시를 무조건적으로 받아들여 이것을 척도로 삼아
> 모든 것을 점검하고 수령의 사상에 따라 사고하고 행동하지 않으면 안 된다.
> 위대한 수령 김일성 동지의 교시와 개별적 간부의 지시를 엄격하게 구별하여
> 개별적 간부의 지시에 대해서는 수령의 교시에 따른 것이냐, 아니냐를 확인하
> 고 조금이라도 다른 경우에는 즉시 문제를 설정하여 투쟁하지 않으면 안 된다.

---

51) 리종열, 「우리나라 무역회사의 계약 체결 및 리행활동과 그를 개선강화하기 위한 방도」, 『법
　　학론집 5』, 사회과학원 법학연구소(1985), p.147.
52) 조갑제, 「대북첩보전선」, ≪월간조선≫, 1990년 9월호, p.315 참조.

　　북한의 이 같은 행태는 정녕 국제법 연구에 대해서는 물론이고 학문 일반의 발전에 대한 중대한 장애가 되지 않을 수 없다. 유일사상체계 확립의 10대원칙이 조선노동당 중앙위원회에서 채택된 후 특히 사회과학에 관한 북한 학자들의 논문서술방식에는 일대변화가 온다. 모든 것을 김일성의 교시에 견강부회(牽强附會)하려는 경향이 그것이다. 그리하여 북한의 학술논문을 보면 한결같이 김일성 교시를 모두(冒頭)에 두거나 설사 그것을 도입부분으로 삼지 않는다고 하더라도 최소한 중간에서나마 그것을 인용하지 않는 것이 없다.

　　1984년에 발표된 한 북한 학자의 논문에는 다음과 같은 기술이 있다.[53)]

> 국제법은 그 준수의 담보측면에서 볼 때 강제력을 가지는 법규범이다.
> 친애하는 지도자 김정일 동지께서는 다음과 같이 지적하시였다.
> "법은 지켜도 되고 지키지 않아도 되는 그러한 것이 아닙니다. 의무성이 없는 법은 법이라고 말할 수 없습니다. 법의 집행은 의무적이며 또 국가권력에 의하여 담보된다는 데 그 중요한 특징이 있습니다."(『사회주의법무생활을 강화할 데 대하여』, 11페이지)
> 국내법과 마찬가지로 국제법도 강제를 고유한 속성으로 하고 있다. 매개 국가와 민족이 다른 나라, 다른 민족들과 조약을 체결하는 것은 궁극에 있어서 그 조약에서 합의된 내용을 철저히 준수집행하기 위해서이다. 국가와 민족들 간의 관계에서 합의된 내용이 성실히 리행되는 경우 강제의 적용문제는 특별히 제기되지 않는다. 그러나 국가와 민족이 합의된 조약내용을 어긴 경우 강제를 실현하여 조약을 리행시키는 문제가 제기된다.
> 국제법도 법인 것만큼 그 집행을 보장하기 위하여 강제가 필수적으로 동반된다. 국제법에서 강제는 매개 국가와 민족자신이 실현한다. 국가와 민족은 국제법에서 확정된 범위와 형식에 따라 개별적으로 또는 집단적으로 강제조치를 취할 수 있다.

---

53) 김영철, 「자주시대의 국제법의 본질에 대한 리해」, p.51.

여기서 우리는 북한 학자들의 서술방식이 우리의 그것과는 판이
하게 다르다는 사실을 규지(窺知)하게 된다. 우리의 학술논문은 필
자의 신념에 따라 서술하고 그것을 뒷받침하는 과정에서 타인의
주장을 인용하지 타인의 주장을 그대로 풀어 나가는 서술방식은
취하지 아니한다.

소련 과학아카데미 국가와법연구소 국제법부 R. A. Mullerson 부
장은 1989년에 발표된 한 논문에서 소련 국제법학계의 '제결함'
(shortcomings) 중의 하나로서 '지나친 교조주의'(too much dogmatism)
를 지적한 바 있다.[54] 이 밖에 그는 소련 국제법 학자들이 '시도
때도 없이'(out of place) 마르크스 - 레닌주의의 창설자들 및 당(黨)
문서를 즐겨 인용할 뿐 아니라 소련 외교정책을 비판하는 국제법
적 논문이 없다는 사실을 자인한 바 있다.[55]

북한의 상기한 바와 같은 서술방식은 과거 공산권에서 일반화되
고 있던 것과 궤를 같이하는 것이 아닌가 생각된다. 공산권의 종
주국이었던 소련의 경우를 보면 국제법의 서술에 있어서도 초기에
는 마르크스 - 레닌의 저작물을 전거로 삼았고 다음에는 당의 결의
등, 공식 기관의 기록을 전거로 삼았었다.

3. 용어의 상이성

남북한은 40년 이상에 걸친 단절된 생활 가운데서 독자적 발전
을 거듭해 왔다. 여기서 양자 간에는 생활태도 및 사고방식뿐 아

---

54) R. A. Mullerson, "Sources of International Law: New Tendencies in Soviet
    Thinking", 83 *American Journal of International Law*(1989), p.497.

55) *Loc. cit.*

니라 학술용어의 사용에 있어서도 많은 차이를 보여준다.

1957년 12월 16일 평양에서 조선영사협약이 체결되었다.[56] 총 24개 조로 된 이 협약 제24조는 "본 협약은 비준을 요하며 비준서를 교환한 날부터 효력을 발생한다. 비준서의 교환은 모스크바에서 진행한다. 본 협약은 어느 한 체약 일방이 그의 효력을 정지시킬 데 대한 자기의 의견을 상대방에게 통보한 날부터 6개월이 경과할 때까지 유효하다."고 규정하고 있다.

이것은 협약의 효력발생일을 규정한 것인데 비준서의 교환처를 명시하고 있는 점과 이것을 모스크바로 하고 있는 점이 주목된다. 비준서의 교환을 모스크바에서 한다는 사실을 명시한 것은 조인이 평양에서 이루어진 데 대한 형평적 배려에서 나온 것이 아닌가 생각된다.

협약에는 외교대표부란 말이 나온다. "령사 임명국 외교대표부는 령사의 국적, 직급, 성명과 령사의 소정 령사구 및 주재지 등을 명기한 령사 파견장을 주재국 외무성에 제출한다."는 규정에서 그것을 보거니와(협약 제3조 1항)[57] 여기서 말하는 외교대표부의 영문 표기는 *diplomatic missions*로 되어 있다.[58] 이것은 외교사절단을 의미하는 것이다.

협약에는 다음과 같은 규정도 있다. "주재국 정권 당국은 령사를 인증한 후에 령사로 하여금 자기의 직무를 수행하며 본 협약과 령사 주재국 법령에 예견된 해당한 특혜와 특전을 향유할 수 있도록 필요한 제 대책을 강구한다."(협약 제3조 3항)[59] 여기서 '특혜

---

56) Text in *United Nations Treaty Series* 1958, pp.136 – 149.
57) *Ibid.*, p.148.
58) *Ibid.*, p.129.
59) *Loc. cit.*

와 특전'의 영문표기는 *exemption and privileges*로 되어 있다. 이것은 우리의 용어례로서는 '면제와 특권'으로 되는 것이다.

협약에는 다시 "본 협약에서 '령사관'이라 함은 총령사관, 령사관, 부령사관 및 령사 대리부를 의미하며 '령사'라 함은 총령사, 령사, 부령사 및 령사 대리인을 의미한다."는 규정이 있다(협약 제5조 1항). 이것은 영사기관의 종류 및 영사기관의 장의 계급을 규정한 것으로 1963년 4월 24일에 채택된 '영사관계에 관한 비엔나협약'(Vienna Convention on Consular Relations)[60]상의 그것과 동일하다(비엔나협약 제4조 4항 및 제9조 1항 참조).

그런데 여기서 '영사대리부'의 영문표기는 *consular agency*로 되어 있고 '영사대리인'의 그것은 *consular agent*로 되어 있다.[61] 이것은 우리가 '대리영사 사무소', '대리영사'로 번역하는 것이다. 대리영사(consular agent)는 총영사(consul - general), 영사(consul) 및 부영사(vice - consul)와 더불어 영사기관의 어엿한 장이다(영사관계에 관한 비엔나협약 제9조 1항).

이에 비해 영사대리라 함은 영사기관의 장으로서의 영사의 유고 시 그의 직무를 잠정적으로 대리하는 이를 일컫는다. "영사기관의 장이 그 임무를 수행할 수 없는 경우 또는 영사기관의 장이 공석인 경우에는 영사기관의 장의 대리가 잠정적으로 영사기관의 장으로서 행동할 수 있다."고 하는 영사관계에 관한 비엔나협약의 규정(제15조 1항)에서 우리는 그것을 본다.[62]

외교사절의 경우에도 이런 것이 있다. 1961년 4월 18일에 채택

---

60) Text in *American Journal of International Law*(1963), pp.995 - 1022.

61) *United Nations Treaty Series* 1958, p.138.

62) 57 *American Journal of International Law*(1963), p.1000.

된 '외교관계에 관한 비엔나협약'(Vienna Convention on Diplomatic Relations)[63]에 따르면 외교사절의 계급에는 대사, 공사 및 대리공사가 있는데(제14조 1항) 이 중 대리공사(*chargé d'affaires*)는 이른바 공사대리와 구별해야 한다는 것이 그것이다.[64] 공사대리는 공사의 부재중 또는 직무수행 불능 중 그의 직무를 대리하는 사람이다. 이에 대해 외교관계에 관한 비엔나협약에는 "사절단의 장이 공석 중인 경우 또는 사절단의 장이 그 임무를 수행할 수 없는 경우에는 임시대리대(공)사(*chargé d'affaires ad interim*)가 잠정적으로 사절단의 장으로서 행동한다."고 하고 있다(제19조 1항 및 제5조 2항).

임시대리대(공)사는 보통 사절단의 장이 부임할 때까지 잠정적으로 그 직무를 대리하는 사람이다. 이처럼 대리영사와 영사대리 그리고 대리공사와 공사대리는 구별되는 개념이다. 그럼에도 불구하고 대리영사를 '영사대리인'으로 표기하게 되면 자칫 영사대리와 혼동할 가능성이 없지 않다는 점이 있을 것이다.

협약에는 또한 다음과 같은 규정도 있다. "체약 쌍방의 령사, 령사 공무원 및 령사관 직원들은 령사 임명국 공민인 한 자기의 공무상 활동에 있어서 령사 접수국의 사법권에 복종하지 않는다."(협약 제6조) 여기서 '사법권'의 영문표기는 jurisdiction으로 되어 있다.[65] jurisdiction을 우리는 관할권으로 번역하는 것이 일반적 관례이다.[66] 관할권은 사법당국 및 행정당국의 관할권을 의미하며[67]

---

63) Text in 55 *American Journal of International Law*(1961), pp.1064－1077.

64) Michael Hardy, *Modern Diplomatic Law*(1968), p.21.

65) *United Nations Treaty Series* 1958, pp.138－139.

66) 김찬규, 「국제사건에 대한 국내재판소의 관할권」, 『경희법학』, 1988년 10월호, pp.11－34 참조.

67) J. G. Starke, *Introduction to International Law*, p.223.

구체적으로는 형사, 민사를 포함하는 재판권, 경찰권 및 과세권을 지칭한다. 그런데 협약에서는 '사법권'으로 표기되어 있어 접수국의 상기 권한 중 경찰권 및 과세권은 제외된다는 뜻인지 어떤지 명확지 않다.

일반적으로 영사면제가 외교관의 그것에 비해 제한적인 것은 사실이다. 이것은 영사관계의 임무와 외교관의 임무가 다른 데서 오는 당연한 결과라고 할 것이다. 영사기관은 영사업무의 수행을 위해 외국에 파견된 파견국의 통상적 공무원이지 외교관이 아니다.[68] 1963년 4월 24일에 채택된 영사관계에 관한 비엔나협약에 따르면 영사업무는 자국 또는 자국민의 이익보호, 통상관계 및 우호관계의 증진, 정보수집, 여권 및 사증의 발급, 자국민 보호, 공증 및 호적사무, 상속권보호, 후견적 보호, 부재자 대표, 사법보조, 자국의 선박과 항공기에 대한 감독, 분쟁처리, 기타로 되어 있다(제5조).

과거에는 영사재판(capitulation, exterritorial jurisdiction)이란 것이 있었다. 이것은 유럽제국이 비유럽지역에서 문명형태의 이질성과 국내법제의 미성숙을 이유로 자국민에 대한 재판을 자국 영사가 하게 한 것이다.[69] 극단적인 경우에는 제3국의 국민뿐 아니라 심지어는 주재국의 국민에 대해서까지 광범한 재판권과 행정권을 행사하는 사례까지 있었다.

미국과 모로코 간의 한 국제사건에서 미국이 '관습 및 관행'(custom and usage)에 의해 모로코에서의 미국의 영사재판권 및 그 밖의 치외법권이 인정되는 것이라고 주장한 바 있었다.[70] 이에 대해 국제사법

---

68) Michael Akehurst, *A Modern Introduction to International Law*, p.118. 외교관의 임무에 대해서는 김찬규, 「외교공관의 불가침」, 『판례월보』, 1989년 8월호, pp.15 - 21 참조.

69) Oppenheim - Lauterpacht, *International Law*, Vol. I, pp.682 - 683.

70) *Case concerning rights of nationals of the United States of America in Morocco,*

재판소는 모로코에 있어서의 미국의 영사재판권은 관습 및 관행에 근거한 것이 아니라 조약에 따른 것이라고 판시했다.71)

이어 재판소는 특정 지역에 특유한 '지역적 관습'(a local custom)이 성립되었다고 주장하기 위해서는 그것이 이해관계의 타방 당사국을 구속할 정도로 확립되어 있음을 입증해야 하고 또한 당해 규칙이 관계제국에 의해 실천되는 '일정하고도 불변한 관행'(a constant and uniform usage)과 일치되고 있음을 입증해야 하는데72) 본건에서는 그렇지 못하므로 미국의 주장을 인정할 수 없다고 했다.73) 영사재판은 지금은 소멸되었다.

영사재판의 맹아는 고대 그리스 도시국가들에서 발견된다. 고대 그리스 도시국가에는 *proxenos*라고 불리는 사람이 있었는데 이는 외국이 자국민의 보호 및 외교업무의 수행을 위해 당해 도시국가에 거주하는 명망가에게 이 소임을 맡긴 사람이었다.74) 따라서 그것은 오늘날의 선임(選任)영사(consul - elected)와 유사하다 하겠으나 그 임무가 통상적인 데 있는 것이 아니라 정치적인 데 있었다는 점, 그리고 그 존재가 임무수행지국에서 정식으로 인정된 것이 아니었다는 점에서 오늘날의 영사기관과는 다르다고 할 것이다.75)

이것은 고대문명과 더불어 소멸하고 오늘날의 영사제도와는 관련이 없다. 오늘날의 영사제도의 기원은 16세기 남유럽의 도시국

Judgment of August 27th, 1952: I. C. J. Reports 1952, p.200.

71) *Loc. cit.*

72) Cf. *Colombia - Peruvian asylum case, Judgment of November 20th, 1950: I. C. J. Reports 1950*, pp.276 - 277.

73) *Case concerning rights of nationals of the United States of America in Morocco, Judgment of August 27th, 1952: I. C. J. Reports 1952*, p.200.

74) Arthur Nussbaum, *A Concise History of the Law of Nations*(rev. ed., 1954), p.6.

75) *Ibid.*, pp.6 - 7.

가들에서 발견된다. 따라서 그것은 역사적으로 상설외교사절제도에 비해 훨씬 오래된 것이라고 할 것이다.[76]

앞서 본 것처럼 영사기관은 영사임무의 수행을 위해 외국에 파견된 파견국의 통상적 공무원이지 외교관이 아니다. 따라서 영사면제의 범위도 외교관의 그것에 비해 제한적인 것으로 되지 않을 수 없으며 영사기관의 경우에 있어서는 사적 행위에 대해서는 조약상 별도의 규정이 없는 한, 주재국의 관할권에서 면제되지 아니한다.[77] 그러나 영사기관이 동시에 파견국의 외교대표인 경우에는 일반적 면제, 다시 말하면 사적 행위에 대해서도 면제를 향유하게 됨은 말할 것도 없다.[78]

오늘날 영사기관의 권리의무에 대해서는 1963년 4월 24일에 체결된 영사관계에 관한 비엔나협약이 규율하고 있는데 이 협약은 영사관계에 관한 법을 법전화한 것이다.[79] 여기서 '법전화'(codification)란 무엇인가? 그것은 이미 광범한 국가관행 선례 및 이론이 정착되어 있는 분야에서 국제법의 규칙을 더욱 명확히 하고 체계화하는 것을 말한다(국제법위원회 규칙 제15조 참조).[80] 1957년 12월 16일 평양에서 체결된 조선영사협약의 내용을 개관컨대, 그것은 대체로 영사관계에 관한 비엔나협약과 궤를 같이하는 것으로 보인다.

---

76) Francis Deàk, "Organs of States in Their External Relations: Immunities and Privileges of State Organs and of the State", *in Manual of Public International Law*, edited by Max Sørensen(1968), p.414; J. G. Starke, *Introduction to International Law*, p.430.

77) J. G. Starke, *Introduction to International Law*, p.223.

78) *Loc. cit.*

79) *United States Diplomatic and Consular Staff in Tehran, Judgment, I. C. J. Reports 1980*, p.24.

80) United Nations, *The Work of the International Law Commission*(3rd ed., 1980), p.12.

4. 법규의 선택적 수락

1977년 6월 22일 북한은 중앙인민위원회의 정령으로 경제수역을 선언하고 8월 1일부터 이를 실시한다고 했다. 그리고 8월 1일에는 인민군최고사령부가 해상군사경계선을 설정하여 같은 날부터 시행한다고 했다. 이어 그들은 경제수역의 경우는 그 범위를 영해의 기산선에서 200해리로 하되 200해리를 그을 수 없는 수역에서는 바다의 반분선까지를 그 범위로 하며 해상군사경계선의 경우는 역시 영해의 기산선으로부터 동해에서는 50해리, 서해에서는 그들의 경제수역까지를 그 범위로 한다고 발표했다.

그런데 여기에서 말하는 영해의 기산선은 그들이 직접 발표하지는 않았지만 간접적 자료에 의해 추단(推斷)컨대 한·소 국경선에서 간성 북방 군사분계선이 끝나는 곳까지를 연결하는 직선이 된다. 이것을 그들은 만구폐쇄선이라고 하는 모양인데 광대한 동한만과 경성만을 내수화시키는 이러한 만구폐쇄선은 현 국제법상 결코 직선기선으로서 인정될 수 없는 것이다. 이 경우 그들은 현 국제법상 인정된 직선기선제도에서 착상(着想)을 얻어 그것을 자의적으로 적용하고 있는 것이다. 이러한 그들의 태도는 그들이 선포한 경제수역 및 해상군사경계선의 내용에서도 규지(窺知)된다.

1955년 평양에서 발표된 한 논문은 "공화국이 승인하여 적용하는 국제법의 규범들과 원칙 제도들은 공화국의 국내법과는 다른 일련의 특수성을 가지고 있다."고 하고 있는데,[81] 여기서 우리는

---

81) 김진태, 「국제법의 민주주의적 원칙들의 공고 발전을 위한 조선민주주의인민공화국의 투쟁」, 8·15해방 10주년 기념 『법학론문집』, 제1집(조선민주주의인민공화국 과학원 경제법학연구소 편, 1955), p.152.

또한 국제법 중에서도 그들이 승인하지 않는 것은 국제법으로 인정하지 않겠다는 북한의 태도를 엿볼 수 있다. 동 연구는 이어

고 하면서 국제사회에서 일반적으로 공인되었다고 그들이 보는 국제법의 초보적이고 기본적인 원칙으로서 '국제평화와 안전의 지지 원칙, 자주권의 존중 원칙, 내정불간섭과 평등호혜 원칙, 국제조약과 국제적 의무의 량심적인 리행 원칙 등'을 들고 있다.[83]

　이와 같이 북한에서는 국제법을 하나의 체계로서 수용하지 않고 그중 개개의 법규를 선택적으로 수락하고 있는데 이러한 태도에는 확실히 문제가 있는 것 같다. 법이란 구체적으로는 개개의 법규로 존재하지마는 법규는 총체적으로는 하나의 체계를 이루고 있는 것이므로 체계는 인정하지 않고 그중의 일부 법규만을 선택적으로 수락한다는 것은 성질상 불가능한 것이기 때문이다. 우리가 보통 국제법이라고 말할 때 그것은 현실적으로는 하나의 법규로서 존재한다. 예를 들면 국가는 그 영역 내에서만 배타적 관할권을 행사

---

82) 위의 글, p.153.
83) 위의 글, p.154.

할 수 있다든가 국제재판기관의 관할권은 당사자의 동의가 있어야
만 성립될 수 있다는 것 등이 그것이다. 그런데 이러한 법규에는
그 적용범위나 중요성에 있어 더 큰 것도 있고 덜 큰 것도 있다.
슈바르첸버거 교수는 전자를 primary rules라고 말하고 후자를
subordinate rules라고 하면서 subordinate rules는 다시 2종류로 나
뉜다고 한다.

그에 의하면 subordinate rules에는 sub-rules of primary rules와
secondary rules가 있는데 sub-rules of primary rules은 primary
rules를 구체화한 것, 예를 들면 영토권에 관한 법규가 당해 영역
내에 있는 개인재산, 선박 등에 대해 어떻게 적용되는가에 관한
규칙을 말하고 secondary rules는 2개 이상의 primary rules의 상호
작용에서 나오는 것, 예를 들면 외교특권이나 영해의 폭에 관한
규칙이 이것이라는 것이다.[84]

이와 같이 국제법이란 현실적으로는 개개의 법규로서 존재하나,
그것을 전체적으로 볼 때에는 하나의 체계를 이루어 존립하고 있
다. 오늘날 국제법이 하나의 체계를 이루어 존립하고 있다는 것은
그 발전의 역사를 통해서도 규지할 수 있는데, 국제법은 처음 기
독교 국가 간의 전쟁관행에 대한 주석, 특히 전쟁의 제한 및 인도
화(人道化)를 겨냥한 단편적인 주석으로서 출발했다가 그 후 중립
법의 추가를 보고 다시 평시법이 첨가되어 현재에는 평시법·전쟁
법 및 중립법으로 구성되는 하나의 체계를 이루고 있는 것이다.[85]

국제법이 하나의 체계를 형성하고 있다는 사실은 그 창설과정

---

84) Georg Schwarzenberger, *A Manual of International Law*(4th ed., 1960), Vol. I,
   p.38.
85) *Ibid.*, p.36.

및 적용과정을 통해서 보아도 명백하다. 이에 대해 화란의 국제법
학자 칼스호벤 교수는 다음과 같이 말한다.

그리하여 국제법 규범의 적용은 규범이 고립적으로 생각되는 것
이 아니라 조약의 일부로서 또는 동일 주제와 관련을 갖는 규범들
의 일부로서, 그리고 일반적으로는 일반원칙을 포함하는 국제법체
계의 일부로서 생각되고 있음을 의미하는 것이다.[86]

그리하여 모든 국제법 학자들은 국제법을 정의함에 있어 한결같
이 국제법을 하나의 체계로 파악한다. 예를 들면 오펜하임은 "국제
법이란 제 국가의 상호 교통에서 그들에 대해 법적 구속력을 가지
는 법칙체계"라고 보고,[87] 브라이얼리는 "국제법은 문명제국 상호
간의 관계에서 그들에게 구속력을 가지는 행동에 관한 규칙 및 원
칙의 체계라고 정의할 수 있다."고 하며,[88] 슈바르첸버거는 "국제
법이란 주권국가와 국제적 인격이 부여된 기타 실체 사이에 적용
되는 법규체계"라고 하고 있다.[89]

이상에서 우리는 국제법이 하나의 체계를 이루어 존재하고 있음

---

86) Frits Kalshoven, *Belligerent Reprisals*(1971), p.12.

87) Oppenheim – Jennings and Watts, *International Law*(9th ed., 1992), Vol. I, p.4.

88) Brierly – Waldock, *The Law of Nations: Introduction to the International Law of Peace*(6th ed., 1963), p.1.

89) Georg Schwarzenberger, *A Manual of International Law*, p.1.

을 보았거니와 이러한 체계 안에는 개개의 법규뿐만 아니라 법규의 배후에 있는 원칙 및 다시 원칙의 배후에 있는 기본원칙까지도 포함되는 것으로 보아야 할 것이다. 여기에서 원칙이라고 함은 법규의 공통분모(common denominator)를 말하며 기본원칙이란 원칙의 배후에서 원칙의 생성을 가능케 하는 것을 말한다.

슈바르첸버거 교수에 의하면 이러한 기본원칙이 되기 위해서는 첫째, 특별한 중요성을 갖는 것이어야 하고, 둘째, 폭넓은 문제들이 그 속에 포용될 수 있는 것이어야 하며, 셋째, 국제법으로 말한다면 국제법체계의 본질적 부분을 구성하는 것이어서 그것이 부정되면 국제법체계가 와해되어 버리게 되는 것을 말한다는 것이다. 그리고 현 국제법체계 가운데서 이와 같은 기본원칙으로는 주권, 승인, 동의, 신의성실, 자위, 국제책임, 해양자유의 일곱 가지가 있다고 그는 설명한다.[90]

하나의 법체계가 개개의 법규뿐만 아니라 법규의 배후에 있는 원칙 다시 원칙의 배후에 있는 기본원칙까지 포함한다는 사실은 전쟁법에서 가장 선명하게 나타나고 있다. 오늘날 전쟁법에 관한 각종 법규는 조약법·관습법 및 문명제국에 의해 인정된 법의 일반원칙으로 표현되며 이와 같은 법규로서는 부족하여 그것은 다시 몇 개의 원칙에 의해 보충되고 있는데 폴란드 출신의 국제법 학자 스쿠비스제브스키 교수에 의하면 오늘날 전쟁 및 중립에 관한 법규에 저재(底在)하는 원칙으로는 다음과 같은 네 가지가 있다는 것이다.

즉 ① 교전자의 행동은 법의 지배하에 있다는 것, ② 현실적으로 규제하는 법규가 없다고 해서 교전자는 완전한 행동의 자유를

---

90) *Ibid.*, p.39.

갖는 것이 아니라는 것, ③ 인도의 원칙, ④ 전투원과 평화적 인민·방수지역과 비방수지역·군사목표물과 비군사목표물·교전국과 중립국 및 중립인 간의 구별이 그것이라고 그는 말한다.[91] 그리고 이러한 전쟁법에 관한 원칙은 다시 몇 개의 기본원칙에 의해 뒷받침되고 있는바, 전쟁법에 관한 원칙을 뒷받침하는 기본원칙으로서는 자연법적 규칙, 인도에 관한 법칙, 문명의 요구, 인류의 양심 및 법적 양심 등이 있다고 할 것이다.[92]

이 중 특히 인도에 관해서는 뉘렌베르크에서 있은 국제군사재판소의 판결 및 코르푸해협 사건에 대한 국제사법재판소의 판결에서도 언급된 바 있다. 1946년 국제군사재판소는 포로를 학대하고 고문하고 살해한 자들에게 유죄판결을 함에 있어 확립된 국제법규를 무시하고 또한 '인도에 관한 기본적 명령을 완전히 무시하여'(in complete disregard of the elementary dictates of humanity) 행동했다는 것을 그 이유로 했으며,[93] 1949년 국제사법재판소는 코르푸해협 사건에 대한 판결에서 알바니아가 '전시에 있어서보다 평시에 있어서 더욱 요청되는 인도에 관한 기본적 고려'(elementary consideration of humanity, even more exacting in peace than in war)에 위반했다고 판시했다.[94]

1951년 국제사법재판소는 영국·노르웨이 어업분쟁 사건에 대

91) Krzysztof Jan Skubiszewski, "Use of Force by States, Collective Security, Law of War and Neutrality", in Manual of Public International Law, edited by Max Sørensen(1968), pp.800 – 803.

92) Georg Schwarzenberger, International Law as Applied by International Courts and Tribunals(1968), Vol. II (The Law of Armed Conflict), p.14; Georg Schwarzenberger, The Frontiers of International Law(1962), p.261.

93) Command Papers, (United Kingdom)6964(1946), p.45.

94) Corfu Channel case, Judgment of April 9th, 1949: I. C. J. Reports 1949, p.22.

한 판결을 했다. 이 사건은 노르웨이가 1935년의 칙령에 의해 자국의 본토연안과 섬 및 암초 등에 48개의 기점을 설정하고 그것을 연결하는 직선을 기선으로 하여 폭 4해리의 영해를 확정한 데 대해 영국이 이의를 제기함으로써 일어난 것이다.

이 사건에서 국제사법재판소는 영해의 기선은 제 국가의 관행을 통해 일반적으로 채택되어 왔을 뿐만 아니라 연안국에 가장 유리한 기준이며, 또한 영토의 부속물로서의 영수(領水)의 성격(character of territorial waters as appurtenant to the land territory)을 명백히 하는 저조선으로 해야 한다고 하는 한편,[95] 노르웨이의 경우에 있어서는 skjaergaard가 본토와 일체를 이루고 있다는 지리적 현실을 감안하여 본토의 저조선이 아니라 skjaergaard의 외측 저조선을 기선으로 해야 된다고 하면서 직선기선제도를 인정했다.[96] 이때 국제사법재판소는 다음과 같은 판시를 했다.[97]

> 연합왕국(영국 - 필자 주) 정부에 의해 주장된 기술적 정밀성을 지닌 규칙이 없다고 해서 1935년 노르웨이 정부가 행한 경계획정이 국제법상 그 유효성에 관한 평가를 할 수 있게 하는 일정한 원칙에 굴복하지 않는다고 말할 수는 결코 없다. 해역의 경계획정은 항상 국제적인 측면을 갖는 것이다. 그것은 국내법에 표명된 바와 같이 연안국의 단독의사에만 의존할 수 없는 것이다. 경계획정행위는 연안국만이 그것을 행사할 수 있는 자격을 가졌기 때문에 필연적으로 일방적 행위라는 것은 사실이지마는 타국에 대한 경계획정의 유효성은 국제법에 달려 있는 것이다.

따라서 법규가 없다고 해서 행동자유가 인정되는 것은 아니며 법규가 없는 경우에는 그 배후에 있는 규칙에 눈을 돌려야 한다는

---

95) *Fisheries case, Judgment of December 18th, 1951: I. C. J. Reports 1951*, p.128.
96) *Loc. cit.*
97) *Ibid.*, p.132.

것은 국제사법재판소에 의해서도 인정되고 있는 바라고 할 수 있
을 것이다. 이와 같이 법규란 원칙 및 기본원칙과 더불어 하나의
체계를 이루고 있다. 바로 이런 의미에서 체계로서의 국제법은 수
락하지 않으면서 개개의 법규를 선택적으로 인정하겠다는 북한의
태도는 사물의 성질로 보아 타당한 입장이라고 할 수는 없을 것이
다. 소련에서 가장 유권적인 국제법 교과서는 "국제법이란 제 국가
의 충돌과 협력의 과정 중에서 그들 사이의 관계를 규율하고 그들
의 평화공존의 확보를 도모하며 이들 제국의 지배계급의 의사를
표명하고 그리고 필요한 경우에는 제국이 개별적으로 또는 집단적
으로 가하는 강제에 의해 유지되는 법규의 총체라고 정의할 수 있
다."고 하고 있는데,[98] 국제법이란 법규의 총체(aggregate)가 아니
라 체계(system or body)라고 보아야 할 것이다.

5. 정책실현 도구로서의 법

공산권에서는 국제법을 정책실현의 도구라고 생각하는데 이에
대해서는 북한도 예외가 아닌 것 같다. 이와 관련하여 1955년 평
양에서 발표된 한 논문에서는 다음과 같은 구절이 발견된다.[99]

위대한 소련 군대의 무력에 의하여 조선이 일제 식민지 통치 기반으로부터 해

---

98) Academy of Sciences of U. S. S. R., Institute of State and Law, *International Law: A Textbook for Use in Law Schools*(Moscow: Foreign Languages Publishing House, n. d.), p.7; 安井 郁 감수, 岩淵節雄·長尾賢三 번역, ソ連科學アカデミ法律研究所, 『國際法 上卷』, 昭和 37년, 日本評論新社, 1항.

99) 김진태, 「국제법의 민주주의적 원칙들의 공고 발전을 위한 조선민주주의인민공화국의 투쟁」, p.152.

방된 후 공화국 북반부에서 산생·발전된 인민민주주의적 법 규범들과 법적
제도들은 조선혁명의 제 임무를 실현하며 조국의 통일 독립을 달성하기 위하여
조선로동당과 인민정권 앞에 제기되는 제반 정치·경제적 과업들을 성과적으로
완수하기 위한 강·유력한 도구로서 복무하여 왔으며 또 복무하고 있다.
공화국이 승인하여 적용하는 국제법의 규범들과 원칙 제도들은 공화국의 국내
법과는 다른 일련의 특수성을 가지고 있으나 역시 당과 정부의 이상과 같은
제반 과업을 실현함에 있어서 중요한 역할을 놀았으며 또 놀고 있다. 그렇기
때문에 8·15해방 후 오늘에 이르기까지 당은 혁명의 제 임무를 완수하기 위
하여 인민정권과 국내법을 공고·발전시키는 동시에 또한 국제법의 민주주의
적 규범들과 원칙 제도들을 리용하였으며 그의 공고 발전을 위하여 시종일관
투쟁하여 왔다.

국제법을 정책수행의 도구라고 생각하는 태도는 중국에서도 발
견된다. 1958년 중국에서는 국제법의 체계문제에 관한 논쟁이 일
어났는데, 이때 林欣(Lin Hsin)이라는 국제법 학자는 ≪敎學與硏究≫
라는 학술지에 「論第二次世界大戰後的國際法體系」라는 논문을
싣고 다음과 같이 주장했다.

그는 우선 국제법을 그 적용을 받는 제 국가가 공유하는 공통적
인 이데올로기적 가치의 반영이라고 보고 사회주의 국가와 부르주
아 국가 사이에는 공통적인 가치가 존재하지 않기 때문에 양자에
대해 똑같이 구속력을 갖는 단일의 국제법체계는 없다고 본다. 그
리고 양군(兩群)에 속하는 국가 사이에 조약이 체결되고 있긴 하지
마는 이것은 그들 사이의 공통적인 가치의 표현이 아니라 당사자
간에 전개된 격렬한 투쟁 후 도달된 power balance의 현실을 반영
하는 타협의 결과에 불과하다고 본다.[100]

조약이란 이와 같이 당사국에 공통적인 가치의 표현이 아니라
power balance의 현실을 반영하는 타협의 결과에 불과하므로 그 해

---

100) Hungdah Chiu(丘宏達), *The People's Republic of China and the Law of the Treaties*(1972), p.72.

석에 있어서도 의견일치를 보기는 어려우며 해석자의 입장에 따라 상이한 두 가지 해석이 나오기 마련이라고 그는 말한다. 그리하여 양자 간의 투쟁은 조약과 같은 국제법적 문서를 출현시키는 데 부수될 뿐만 아니라 그 해석과정에서도 나타난다는 것이다. 이러한 그의 견해는 결국, 지금 세계에는 부르주아적인 것과 사회주의적인 것의 두 개의 상이한 국제법체계가 있으며 이 양자 간에는 공통적인 가치에 의한 교량이 있을 수 없고 바로 그러한 이유에서 부르주아 국가와 사회주의 국가 사이에 조약이 체결되더라도 당사자는 그 이익에 따라 서로 다른 해석을 하게 될 수밖에 없다는 것이다.[101]

이와 같은 견해에 대해서는 역시 1958년 속간된 같은 학술지에서 周福倫(Chou Fu-lum)이라는 국제법 학자가 「試論現代國際法的 性質」이라는 논문을 통해 반격을 가하고 있다. 그에 의하면 평시에 있어서는 사회적 제도에 관계없이 모든 국가 간에 정치적·경제적·문화적 관계가 필연적으로 발생하게 되므로 모든 국가에 구속력을 갖는 단일한 국제법체계가 있다는 것이다.

위에서 본 것처럼 林欣은 국제법을 포함하는 모든 법은 이데올로기적 가치를 반영하는 것이라고 함으로써 지금 국제법에는 두 체계가 있다고 했으나, 周福倫은 "국제법을 국내법과 혼동해서는 안 된다. 국제법의 독특한 주된 특징은 그 기준이 초입법기관에 의해 형성되는 것이 아니라 투쟁·협력·타협 및 협의 과정에 의해 도달된 합의를 통해 형성되는 것"이라고 하면서 국제법체계는 하나만이 있다고 한다.[102] 그리고 현대 국제법은 사회주의적인 것도 부르주아적인 것도 아니며 다만 자본주의에서 사회주의에로의

---

101) *Loc. cit.*
102) *Ibid.*, p.73.

이행을 반영할 따름이라고 그는 말한다.

周福倫은 특히 공통적인 국제법 문서를 해석할 때 사회주의 제국과 자본주의 제국에 의해 부여되는 해석은 근본적으로 다르다는 林欣의 견해를 비판한다. 이와 관련하여 周福倫은 다음과 같이 주장한다.

> 제국주의 나라들이 침략에 종사할 때 그들은 그들의 침략행위를 두호(斗護)하기 위해 왜곡된 국제법 해석을 하기 일쑤이다. 그들이 침략을 자위라고 하고 무력간섭을 경찰행동이라고 표현하는 수많은 사례가 있다. …… 만일 우리가 두 가의 상반되는 국제법체계가 동시에 존재한다는 林欣 동지의 입장을 채택한다면 공통적인 국제법적 문서를 집행함에 있어 상반되는 견해에 따라 문서를 서로 달리 해석할 수 있게 된다.
> 이것은 그들은 그들의 국제법적 이유를 갖고 우리는 우리의 국제법적 이유를 갖는다는 것을 말한다. 이렇게 되면 너는 네가 옳다고 말하고, 나는 내가 옳다고 말한다는 애매한 결론에 이를 따름이다.[103]

周福倫에 의하면 사회주의 국가와 부르주아 국가 사이에 체결된 조약에 관해서는 오직 하나의 정확한 해석만이 있다는 것이다. 그리고 그의 입장이 중국의 공식견해와 일치한다.

중국에서 이와 같이 국제법에 대한 상이한 해석이 나온 것은 그들이 국제법을 정책실현의 도구로 보기 때문이다. 처음 林欣이 세계에는 두 개의 국제법체계가 있으며 이에 따라 그에 대한 해석도 다를 수밖에 없다고 한 것은 그렇게 함으로써 그들의 독자적 해석의 여지를 유보하려는 저의에서 나온 것이고, 뒤에 周福倫이 국제법체계는 하나이며 따라서 그 해석에 두 갈래의 길이 있을 수 없다는 것도 그들의 해석과 상이한 것은 모두 불법이라고 몰아붙이

---

103) *Loc. cit.*

기 위한 정략적 배려에서 나온 것이라고 할 것이다.

사정은 소련의 경우에도 다를 바 없다. 지금 소련의 국제법 학자들은 모두 모든 국가에 대해 구속력을 갖는 일반국제법의 존재를 인정하고 있다. 그와 같은 국제법의 존재를 부인함은 타국과의 투쟁 및 협력에 있어 소련에 유용한 도구를 박탈하는 결과가 될 것이기 때문이다. 그리하여 소련에서 가장 대표적인 국제법 교과서에는 "소비에트의 학설과 관행 가운데서 국제법은 평화 및 전반적 안전을 위해 싸우는 무기가 되며 민주주의, 민족주의, 제국민의 자유와 독립의 달성을 확보하는 수단이 되고 제국주의의 확대와 침략에 대한 법적 방벽이 된다는 것도 증명되었다."고 기술되어 있다.[104]

미국 대통령 아이젠하워와 캠프 데이비드 회담을 갖기 위해 소련을 떠나기에 앞서, 당시 소련 수상 흐루시초프는 1959년 8월 30일 다음과 같이 언명한 바 있다. "우리는 국제법 규범의 준수 없이는, 국가 간의 관계에서 부담한 의무의 수행 없이는 신뢰란 있을 수 없으며, 신뢰 없이는 평화적 공존도 있을 수 없다는 것을 깊이 인식하고 있다."[105] 소련의 대표적 국제법 학자인 통킨 교수는 사회주의 진영 제국 간의 관계를 규율하는 새로운 사회주의 국제법을 논하는 한편 — 이것을 그는 형성 중에 있으며 프롤레타리아 국제주의의 원칙에 입각한 것이라고 한다 — 사회주의 제국 간에서만 적용되는 규범들은 일반국제법에 보충적인 것이며, 따라서 그것과 상충하는 것은 아니라고 한다.[106]

이와 같이 지금 소련에서는 일반국제법의 존재를 인정하고 있는

---

104) 安井 郁 감수, 岩淵節雄·長尾賢三 번역, 앞의 책, 87항.
105) Oliver J. Lissitzyn, *International Law Today and Tomorrow*(1965), p.55.
106) *Loc. cit.*

데, 그러면서도 그들은 이른바 '새로운 합의이론'(new doctrine of agreement)[107]을 통해 그들에게 유리한 방향으로 독특한 해석을 전개하고 있다. 여기에서 새로운 합의이론이란 퉁킨 교수에 의해 제창된 것으로서 자본주의 국가나 사회주의 국가에 대해 다 같이 구속력을 갖는 일반국제법은 양자간의 합의에 의해서만 성립된다는 것이 그 내용이다. 이것은 합의에 의하지 않는 일반국제법이란 있을 수 없다는 의미이기도 하다. 퉁킨 교수는 이어 이러한 합의는 명시적인 것일 수도 있고 묵시적인 것일 수도 있으며, 전자의 경우는 그것이 조약으로 나타나고 후자의 경우는 관습법으로 출현한다고 한다.[108]

묵시적인 합의는 그것이 명시적인 것이 아니기 때문에 그 내용과 한계가 명백하지 않다. 바로 이러한 이유에서 소련 학자들은 국제법의 연원으로서의 국제관습법을 전면적으로 부인하고 있지는 않지마는 조약에 비해 그것을 경시하는 경향을 보여준다. 동시에 합의이론의 당연한 결과로서 그들은 소비에트 정권이 출현하기 전에 형성됨으로써 그들이 그 형성에 참여하지 못한 국제관습법에 대해서는 이를 인정하지 않는 태도를 보이기도 한다.[109]

유사한 이유로서 소련 국제법 학자들은 또한 법의 일반원칙을 인정하지 않는다. 서방학자들은 제 국가의 국내법 제도에서 공통적

---

107) See Grigori I. Tunkin, "International Law and Peace", in *International Law in a Changing World*(1963), p.73.

108) Grigori I. Tunkin, "Co－existence and International Law", 95 *Recueil des Cours de L'Académie de Droit International de La Haya*(1958－Ⅲ), pp.1 *et seq*; Grigori I. Tunkin,, "Remarks on the Juridical Nature of Customary Norms of International Law", *California Law Review*, Vol.49, No.2(August 1961), p.419.

109) Ahmed Sheikh, *International Law and National Behavior: A Behavioral Interpretation of Contemporary International Law and Politics*(1974), p.211; J. F. Triska and R. M. Slusser, *The Theory, Law and Policy of Soviet Treaties*(1962), pp.9－31.

으로 발견되는 일정원칙들을 법의 일반원칙으로서 국제법의 연원으로 보는 데 대해 소련학자들은 이를 인정하지 아니한다. 소련에 있어서는 국내법의 기본적 법원은 國法이나 국제법의 기본적 법원이 되는 것은 국제조약과 국제관습법이다. 이 두 개의 법원 중 국제조약 쪽이 중요한 위치를 점하고 있다.[110]

이와 관련하여 소련에서 가장 유권적인 국제법 교과서에는 다음과 같이 기술되어 있다.

> 국제사법재판소는 그 관행으로서 국제조약 및 국제관습과 동일하게 '문명제국이 인정한 법의 일반원칙'도 적용할 수 있다(규정 제38조 1항 c호). 여러 법의 일반원칙은 민주적인 국제법규의 발전과 그 확립에 있어 대단히 중요한 것이었으며 지금도 그것에 변함이 없다. 법의 일반원칙이란 것은 적당한 국제조약이나 국제관습을 통해 구체화되고 있기 때문에 그것은 요컨대 국제조약과 국제관습을 일반화한 데 불과하다. 국제조약이나 국제관습으로 표현되지 않는 원칙은 '일반원칙'이라고 간주할 수 없다.[111]

생각건대 법이란 하나의 공동체 내에서 인간의 필요와 포부에 따라 자연히 생성되는 것인 것 같다. 그것은 인위적으로 만들어지기에 앞서 공동체의 생활 가운데서 자연발생적 생성(spontaneous generation)을 하는 것이다.[112] 물론 오늘날과 같이 발전된 법 사회에 있어서는 입법기관이 있어 그것에 의해 법이 제정되고 또한 입법기관이 입법을 함에 있어서는 기존의 규범을 성문화하는 것 이외에 바람직한 방향으로 사회를 이끌어 가기 위해 새로운 입법을 하는 경우도 없지는 않다. 그리고 현재와 같은 산업사회에 있어서

---

110) 安井 郁 감수, 岩淵節雄·長尾賢三 번역, 앞의 책, 6항.

111) 위의 책, 7항.

112) D. P. O'Connell, *International Law*(2nd ed., 1970), Vol. I, p.3.

의 입법기관은 오히려 후자에 중점을 두고 있다는 것도 사실이다.

그러나 생각건대 입법기관을 통한 입법은 법 생성의 유일한 형식은 아니다. 오늘날 법 생성 형식으로 입법기관을 통한 입법이 압도적인 것이기는 하지마는 여전히 관습법의 존재가 인정되고 있는 데 비추어 법 생성의 한 형식에 불과하다고 할 것이다. 입법기관이 없었어도 법은 생성되며 입법기관은 이미 생성된 법을 성문화함으로써 명확히 하고 또한 체계화함을 주된 임무로 하고 있다.

다른 한편, 입법기관이 사회생활을 선도하기 위해 전연 새로운 입법을 하는 경우일지라도 그 방향이 진공상태에서 결정되는 것은 결코 아니다. 역시 기존의 상황을 전제로 해서 이것을 바탕으로 새로운 방향이 모색되기에 이 경우에 있어서도 입법의 원동력은 인간의 필요와 포부에 있다고 할 것이다. 법이란 이와 같이 인간 사회에서 인간과 인간이 물리적 공존을 하는 가운데서 자연발생적으로 생성을 하는 것이므로 로마법 이래 "사회가 있는 곳에 법이 있다."(*Ubi societas ibi jus*)고 일컬어지고 있다.[113]

그런데 이와 같은 법은 시대와 장소에 따라 그 내용을 달리한다. 이것은 시대와 장소에 따라 공동체 구성원의 필요와 포부도 달라지기 때문이다. 그러나 그렇다고 하더라도 법의 기본원리가 달라질 수는 없을 것이다. 이것은 인간의 성품이 변하지 않기 때문이다.

인간은 시(時)의 고금과 양(洋)의 동서를 막론하고 그 성품에 있어 유사성을 보여준다. 인간의 역사는 그들이 어디에 있든지 구석

---

113) 통킨 교수는 법규범과 행위규칙(rules of conduct)을 구별하여 법규범은 지배단계의 지배기관인 국가와 더불어 지배도구로서 출현했으나 행위규칙은 국가가 생성되기에 앞서도 있었고 또한 국가가 고사하고 난 후에도 있을 것이라고 하면서 사회 있는 곳에 법이 있다는 논리는 존립할 수 없는 것이라고 한다. G. I. Tunkin, *Theory of International Law*, translated, with an Introduction, by William E. Butler(1974), pp.237 – 239.

기시대·신석기시대·청동기시대·철기시대라는 동일한 발전의 순서를 보이고 있으며 Karl Jaspers가 세계사의 기축(基軸)시대(Achsezeit der Weltgeschichte)라고 명명했던 서기전 500년을 중심으로 전후 수세기에 걸쳐 동서양에 싹튼 위대한 사상은 현재까지 인류의 정신적 길잡이가 되고 있다.

그때 중국에서는 공자, 맹자, 노자, 묵자, 장자 등 기라성 같은 사상가가 배출되었으며, 인도에서는 Upanisad(奧義書)와 Buddha(佛陀)가 출현했다. 이란에서는 Zoroaster가 나오고, 팔레스티나에서는 엘리아, 이사야, 예레미야를 거쳐 제2이사야 등 수많은 예언자들이 활동했다. 다시 희랍에서는 Homeros의 2대 서사시가 나오고 Parmendides, Herakleitos, Sokrates, Platon 등 위대한 철학자가 배출되었으며, 비극시인 Sophocles와 펠로폰네소스 전사(戰史)로써 유명한 역사가 Thucydides도 이때의 인물이다. 이들이 창도(唱導)한 철학과 사상은 여전히 현대인들에게 수용되고 있으며 그들의 사고는 우리의 생각의 틀이 되고 있다.

당시 동양과 중동 그리고 서양 사이에는 서로의 존재를 알지 못했고 왕래는 더구나 없었다. 그럼에도 불구하고 그들이 창도한 철학과 사상에는 많은 유사성이 발견되며 또한 그러한 철학과 사상이 거의 동시대에 창도되었다는 사실은 진실로 놀랍다. 이에 대해서는 오로지 시(時)의 고금과 양(洋)의 동서를 막론하고 인간의 성품이 동일하다는 것을 전제하지 않고는 설명될 수 없다는 것을 우리는 감지하게 된다. 그리고 이러한 사실은 종교의 구조를 통해서도 규지할 수 있다. 오늘날 고등종교로서 손꼽히는 기독교, 불교, 회교, Zoroaster교 등은 모두가 그 발상지를 달리하고 당시 서로 왕래가 있었던 것도 아니었지마는 그들이 추구하는 바와 메커니즘은 모두가 동일하다. 그들은 어느 것이나를 막론하고 절대자를 신봉하며 세속적 욕망의 억제를 통해 지상에 진·선·미를 실현시키고자 한다. 그리하여 이러한 것들도 모두 인간의 성품은 기본적으로 동일하다는 데 대한 증좌라고 할 것이다.

법이란 하나의 공동체 내에서 인간의 필요와 포부에 따라 자연히 생성되는 것이고 그것은 궁극적으로 인간의 성품에 뿌리박고 있다는 점에서 국제법도 이에 대한 예외가 되는 것은 아닐 것이다. 국제법과 국내법 사이에는 가교(架橋)할 수 없는 간격이 있는 것은 아니고 그들이 규제하고자 하는 인간활동의 범위에서 차이가 있을 뿐이다.

인간은 국가라는 지역적 한계 내에서만 삶을 영위하는 것이 아니라 인류공동체라는 차원에서도 살고 있는 것이다. 그리하여 국제법이 대부분의 경우에 있어 인간조직의 가장 중요한 형태인 국가라는 단체의 상호 교통을 규율대상으로 하고 있기는 하지마는 또한 인간관계를 조화시키려는 목적도 가졌음은 간과할 수 없는 사실이다. 인류의 공통적 선을 유지하려는 도덕적 의무는 국내법뿐만 아니라 국제법에 있어서도 그 원천이 되는 것이라고 할 것이다. 이러한 면에서 법 내지 국제법을 단순히 정책실현의 도구로서만 보는 견해는 타당한 것이라고 보기 어렵다.

V. 북한 국제법의 태도 전망

북한 학자들이 쓴 저서 또는 논문의 입수가 어려운 현 단계에서 그들의 국제법에 대한 태도를 개관한다는 것은 불가능한 일이다. 그러나 몇 편의 논문 및 사전류[114] 등을 보건대 그들의 서술방식이 특이함을 느끼게 된다. 그들의 서술방식은 소련이나 중국 학자들의 그것과도 판이하게 다르다.

오늘날 소련 및 중국에서 국제법에 대한 연구가 활발하고 또한 많은 저서와 논문이 자유세계에 소개되고 있음은 주지의 사실이거니와[115] 그 어느 것을 보아도 서술방식이 북한 학자들의 것과는 같지 않다. 공산권에서는 마르크스주의에 입각한 법이론을 전개하기에 그 법이론이 자유세계의 그것과는 다르고 그것이 또한 국제법학에도 그대로 투영되어 자유세계의 그것과는 다른 국제법이론이 전개되고 있는 것은 사실이지만 특정인의 교시를 내걸고 그것에 맞게 주제를 풀어 나가는 서술방식을 취하지는 않는다.

생각건대 이러한 서술방식에는 앞으로 변화가 있으리라고 본다. 왜냐하면 국제법이란 누가 무어라고 말했기 때문에 국제법이 되는 것이 아니기 때문이다. 경제발전을 위해서는 북한도 개방정책을 채택하지 않을 수 없을 것이고 외자의 유치와 해외진출을 위해서는 국제법에 대한 가일층의 연구에 나서지 않으면 안 될 것이다. 이러한 방향으로 상황이 변화되어 갈 때 국제법에 대한 그들의 서술방식에도 변화가 오지 않을 수 없을 것이다.

상황의 변화가 국제법연구에 대한 관심을 드높여 준 선례로서는 중국의 경우가 있다. 주지하는 바와 같이 1966년에서 1976년까지

---

114) 예컨대 조선민주주의인민공화국 사회과학원, 『정치용어사전』(사회과학 출판사, 1970).

115) 중국에 있어서의 근래의 국제법 연구상황에 대해서는 다음 논문을 참조하라. Hungdah Chiu, "Chinese Views on the Sources of International Law", 28 *Harvard International Law Journal* (1987), pp.289~307; Hungdah Chiu, "Chinese Attitudes Toward International Law in the Post-Mao Era, 1978~1987", pp.1127-1166.

의 10년 동안 계속된 문화혁명 기간 중 중국에서는 국제법에 대한 연구가 전혀 없었다. 1965년 傳鑄(Fu Zhu)라는 이가 「臘斯克的 "國際法" 掩蓋不了美帝的 信越犯行」("Rusk's International Law Cannot Cover Up the American Imperialists' Crime of Invading Vietnam")이라는 4페이지의 짤막한 논문을 발표한 후 중국에서는 국제법에 관한 학술적 저술이 전혀 나오지 않았다.116)

그러던 것이 1976년 9월에 있은 마오쩌뚱 사망과 더불어 중국에서는 새로운 상황이 전개되었다. 덩샤오핑의 등장과 때를 같이하여 4대 부문의 현대화라는 포부의 출현에서 우리는 그것을 보게 된다. 이러한 포부가 실현되기 위해서는 경제발전이 선행되어야 하고 경제발전이 가능하기 위해서는 외자도입과 국제무역 그리고 과학적·문화적 국제교류 등 국제협력이 활성화되지 않으면 안 된다는 것은 명백하다.

특히 외자도입과 경제적 국제협력에 있어서는 안정되고 예측 가능한 환경이 필수적이기에 이러한 상황의 변화는 중국에서 대내적으로 법제도의 정비를 촉진시켰다. 이에 따라 법학교육 및 법학연구가 활발하게 되고 국제법에 대한 관심이 또한 드높아졌다. 1978년에 있은 중국공산당의 모임에서 덩샤오핑이 두 차례에 걸쳐 국제법 연구를 강화해야 한다고 강조한 바 있었다고 하거니와117) 이것은 이러한 상황변화에 따른 것이라고 생각된다.

1979년 3월 30일자 중국공산당 기관지 인민일보에는 3면에 王鐵崖(Wang Tieya) 교수와 Wei Min 교수 공동명의의 글이 실렸는

---

116) Hungdah Chiu, "Chinese Attitudes Toward International Law in the Post‒Mao Era, 1978~1987", p.1127.

117) *Loc. cit.*

데 국제법 교육이 강화되어야 한다는 제하의 이 글에서는 첫째, 국제법 연구기관이 부활되어야 하고, 둘째, 국제법에 관한 전문학회가 설립되어야 하고, 셋째, 고등교육기관에서의 국제법 교육 및 연구가 강화되어야 하고, 넷째, 국제법 연구를 발전시키기 위한 장단기계획이 수립되어야 한다는 점이 강조되었다.[118]

이러한 배경하에 중국에서는 1979년 각 대학에서 국제법에 대한 교육과 연구가 재개되고 특히 북경대학에서는 법학부에 중국 최초의 국제법학과가 설치되었다.[119] 북경대학의 국제법학과는 그 후 국제법연구소로 개편된다.[120] 뿐만 아니라 1980년 2월에는 중국국제법학회가 창립되어 1982년 중국국제법연감의 창간을 보게 된다.[121]

중국에 있어서의 이러한 사태추이를 감안할 때 우리는 앞으로 북한에 있어서도 국제법연구가 활성화될 것이라고 생각하게 된다. 국제법에 대한 연구 없이는 원활한 외자도입이 어려울 뿐만 아니라 타국과의 경제협력에도 지장이 올 것이기 때문이다. 이와 관련하여 우리는 다음과 같은 한 중국 학자의 언명에 주목하지 않을 수 없다.

> 우리나라가 관련되는 한, 국제법은 사회주의적 근대화 및 건설을 실현하기 위해 필수불가결한 하나의 법적 수단이다. 예컨대 우리의 연근해에 있는 자원을 개발하기 위해서는 우리는 대륙붕 어업수역 및 배타적 경제수역의 법적 지위를 연구해야 하고 또한 이러한 수역의 경계획정에 관한 제 국가 간의 국제적

---

118) *Loc. cit.*

119) Wang Tieya, "Teaching and Research of International Law in Present Day China", 22 *Columbia Journal of Transnational Law*(1983), p.77.

120) *Ibid.*, p.76.

121) 1980년까지의 중국에 있어서의 국제법 연구 및 그에 관한 실천에 대해서는 陳體强 교수의 다음과 같은 글이 있다. Chen Tigiang, "The People's Republic of China and Public International Law", 8 *Dalhouse Law Journal*(1984), p.1.

규범 및 관습을 연구하지 않으면 안 된다.[122)

1980년 2월에 있은 중국국제법학회 창립총회에 중국사회과학원 부원장 겸 중국국제법학회 회장 Huan Xiang은 연설을 통해 중국의 4대현대화계획을 실천하기 위한 핵심적 조건 중의 하나가 평화로운 국제환경의 조성에 있다고 말한 바 있다. 그는 이어 지금 중국에 있어서의 국제법 연구는 국제적 투쟁, 국제적 교류, 사회주의적 현대화를 위해 필요한 수준에서 까마득히 뒤떨어져 있으며 외교적 투쟁과 국제적 접촉을 적극적으로 전개하고 또한 현대화 계획에 도움을 주기 위해서는 국제법 연구의 강화가 시급하다고 지적했다.

그는 특히 중국에 대한 외국투자를 유치하고 외부기술을 도입하고 합작회사를 건립하고 천연자원을 공동개발하고 경제협력을 촉진하기 위해서는 국제법에 대한 연구가 필수적 선행조건이라고 역설했다.[123) 그는 중국국제법연감 창간호의 권두언에서도 다음과 같이 언급하고 있다.

중국의 사회주의적 현대화의 역사적 과업을 수행함에 있어서는 대단히 중요한 조건, 즉 평화로운 국제적 환경이 요청된다. 이것이 있어야 중국은 외국과의 경제관계를 대폭 확대할 수 있으며 외국자본을 이용할 수 있고 선진적 과학기술을 배울 수 있고 또한 문화적, 기타 교류를 증진시킬 수 있을 것이다.[124)

---

122) 이것은 1982년 북경의 大衆出版社가 발행한 Liu Fengming 저, 『現代國際法綱要』라는 책 5면에 나오는 글이다. Reviewed by Hungdah Chiu, in 79 *American Journal of International Law*(1985), pp.466-468.

123) Hungdah Chiu, "Chinese Attitudes Toward International Law in the Post-Mao Era, 1978~1987", pp.1127-1128.

124) Huan Xiang, "Strive for the Founding of the Science of International Law of New China", Selected Articles from Chinese Year Book of International Law(Beijing: China Translation and Publishing Corp., 1983), p.2.

이러한 점을 감안할 때 우리는 북한에서도 국제법에 대한 연구가 강화되지 않을 수 없을 것임을 짐작할 수 있다. 물론 그것이 언제부터인가는 두고 보아야 할 일일 것이다.

제2장

국제법과 국내법의 관계 *

Ⅰ. 서론

북한법에 대한 관심이 증대되면서 북한법 자체에 대한 연구, 남
북한 법제 비교, 통일 이후의 남북한 법제통합의 차원에서 북한법
에 대한 연구가 지속적으로 이루어지고 있으며 그 대상이 확대되
고 있는 추세다. 북한 국제법에 대한 연구도 활발하게 이루어지고
있다고 말하기는 어렵지만 국제법 일반[1]과 해양법[2]을 중심으로 꾸
준히 이루어지고 있다. 그러나 국제법과 국내법의 관계에 대해서는
아직까지 선행연구가 없는 실정이다. 이러한 맥락에서 이 글은 북
한에서의 국제법과 국내법의 관계와 관련된 몇 가지 법적인 문제
들을 살피는 것을 목적으로 한다.

국제법과 국내법의 관계에 있어서는 일반적으로 국제법과 국내
법의 관계에 관한 이론, 국제법의 수용방식 등이 논의된다. 또한
국제법과 국내법의 관계에 대해서는 우리 헌법 제6조 제1항의 해

---

* 본 장은 이규창, 「북한에서의 국제법의 국내법적 지위 및 효력에 관한 소고 – 조약을 중심
　으로」, 『경희법학』, 제42권 제2호(2007. 9), pp.459 – 480에 실린 글을 이 책의 체계에
　맞게 수정하고 일부 내용을 추가한 것입니다.

1) 지금까지의 북한 국제법에 대한 남한 학자의 연구로는 김찬규, 「북한의 국제법」, 경남대극동
　문제연구소, 『북한의 법과 법이론』(서울: 경남대 극동문제연구소, 1988), pp.267 – 290; 김
　찬규, 「북한의 국제법 및 그 실천」, 『북한법률행정논총』, 제8집(1990), pp.193 – 215; 김찬
　규, 「북한 국제법의 추세」, 『북한법률행정논총』, 제9집(1992), pp.301 – 317; 김한택, 「북
　한의 국제법」, 강원대학교 비교법학연구소, 『남북한 법제 비교』(춘천: 강원대학교 출판부,
　2003), pp.431 – 498; 박기갑, 「남북한의 국제법상 관행연구」, 벽파김정건박사화갑기념논문
　집간행위원회, 『변화하는 세계와 국제법』(서울: 박영사, 1993), pp.235 – 266; 이장희, 「북
　한의 국제법」, 아시아사회과학연구원, 『북한법 50년, 그 동향과 발전』(서울: 도서출판 아사
　연, 1999), pp.267 – 321; 이장희 「북한의 국제법 일반에 대한 동향과 전망」, 『북한법연구』,
　제7호(2004), pp.237 – 263 등이 있다.

2) 지금까지의 북한 해양법에 대한 남한 학자의 연구로는 김찬규, 「북한의 경제수역에 대한 고
　찰」, 『북한법률행정논총』, 제5집(1982), pp.91 – 109; 김찬규, 「국제법상으로 본 북괴의
　군사수역」, 『국방연구』, 제20권 제2호(1977), pp.291 – 306; 박춘호, 「북한의 해양법 문
　제」, 『북한법률행정논총』, 제6집(1984), pp.83 – 123 등이 있다.

석과 관련하여 국제법이 헌법, 법률, 명령·규칙, 지방자치법규로
되어 있는 우리 국내법체계상 어떤 지위를 갖는지의 문제와 국제
법 특히 조약에 대한 규범통제 내지는 사법심사의 가능 여부 등이
논의되고 있다. 우리는 여기서 남한의 법제와 조선민주주의인민공
화국(이하 '북한')의 법제를 비교하여 볼 때 북한이 국제법과 국내
법의 관계에 관한 이론 가운데 어떤 것을 취하고 있는지, 국제법
의 수용방식에 관해서는 어떤 방식을 취하고 있는지, 북한이 당사
자로 되어 있는 조약이 북한 국내법체계상 어떤 지위 및 효력을
갖는지, 북한에서 국제법 특히 조약에 대한 규범통제 내지는 사법
심사가 가능한지, 가능하다면 담당기관은 어디인지 등의 문제를 제
기해 볼 수 있다.

아래에서는 먼저 국제법과 국내법의 관계에 관한 이론에 대한
북한의 입장을 살펴본다(Ⅱ). 이후 국제관습의 효력(Ⅲ), 조약의 효
력(Ⅳ), 북한 국내법체계상 조약의 지위에 대한 문제(Ⅴ), 조약에
대한 규범통제 가능 여부(Ⅵ), 조약의 국내이행을 위한 별도의 국
내입법조치 필요 여부(Ⅶ)에 대해 살펴본 후 마지막으로 결론을 맺
고자 한다(Ⅷ).

연구대상은 국제법 연원 가운데서 조약을 중심으로 하고자 한다.
그 이유는 북한이 조약 외에도 국제관습법을 국제법의 연원으로
인정하고 있기는 하지만[3] 국제관습법이 북한의 국내법체계에서 어
떤 지위 내지는 효력을 갖는가에 대해서는 북한의 헌법이나 하위
법(북한에서는 이를 부문법이라고 함)에 규정되어 있지 않고 북한
학자들의 글을 통해서도 확인할 수 없기 때문이다. 연구 방법은
1971년에 발간된 법학사전, 1988년에 발간된 현대국제법연구,

---

3) 북한에서는 연원을 원천이라고 한다.

2002년에 발간된 국제법사전, 김일성종합대학학보(력사 법학)에 게재된 북한 학자들의 논문 등 남한에서 입수 가능한 북한 원전을 참조하되 조약과 국내법의 관계에 대해 규정하고 있는 북한 국내법상의 조약 관련 규정들의 해석에 의존한다. 왜냐하면 판례를 비롯하여 조약의 국내법적 지위 및 효력에 관한 북한의 실행을 확인할 수 있는 자료를 입수하는 데 한계가 있고 이와 관련된 북한 학자들의 글도 현재로서는 찾아볼 수 없기 때문이다.

II. 국제법과 국내법의 관계에 관한 이론에 대한 북한의 입장

국제법과 국내법의 관계에 관한 이론에는 크게 국제법과 국내법을 별개의 법체계로 이해하는 이원론(dualism)과 통일적인 법체계로 파악하는 일원론(monism)이 있다.[4] "헌법에 의하여 체결·공포된 조약과 일반적으로 승인된 국제법규는 국내법과 같은 효력을 가진다."고 규정하고 있는 우리 헌법 제6조 제1항은 국제법과 국내법의 관계에 대해 일원론을 취하는지 아니면 이원론을 취하는지 분명하지 않은 점이 있으나 학설과 판례는 대체로 일원론의 입장을 취하고 있다.[5]

국제법과 국내법의 관계에 대해 2002년에 발간된 북한 국제법사

---

4) 일원론과 이원론의 국가들의 태도에 대도에 대해서는 Anthony Aust, *Modern Treaty Law and Practice*(Cambridge University Press, 2000), pp.146–156 참조. 이 밖에 학설상으로는 '절충적 일원론', '절충적 이원론' 등이 제시되고 있다. 여기에 대해서는 나인균, 『국제법』(서울: 법문사, 2004), p.154 참조.

5) 김대순, 『국제법론』, 제10판(서울: 삼양사, 2004), p.185 참조.

전은 국제법은 규제대상, 적용범위, 제정형식과 법률관계 당사자, 이행보장 수단에 등에 있어서 국내법과 차이가 난다고 적고 있다. 다시 말해 국제법은 한 국가 안에서만 법적 효력을 가지고 적용되는 국내사회관계를 규제하는 국내법과는 달리 국가들 사이의 관계, 국제사회관계를 규제하며, 국제법은 나라의 입법기관이 만들어 공포하는 국내법과는 달리 주권국가들 사이의 합의의 방법으로 제정된다고 한다. 또한 당사자에 있어서는 국가와 국가로부터 권리능력을 인정받는 공민과 법인이 당사자로 되는 국내법과 달리 국제법에서는 자주독립국가와 민족해방투쟁조직 및 제한된 범위에서 국제기구가 당사자가 된다고 하며, 이행보장수단에 대해서는 국내법이 국가의 강제력에 의하여 그 준수가 담보되는 반면 국제법은 국가들 자체의 자발성과 위법행위를 한 국가에 대하여 실시하는 개별적 또는 집단적인 압력이나 보복행위들에 대하여 그 준수가 담보된다고 한다. 북한 국제법사전은 계속하여 국제법과 국내법이 이와 같은 차이점들에도 불구하고 다 같이 행동규범이라는 점에서 연관되어 있다고 적고 있다. 국제법은 국내법규범의 형성과 발전에 일정한 영향을 주며 국제법과 국내법은 상호 연관 속에서 존재하며 발전한다고 한다. 국내법규범 역시 국제법규범 제정에 일정한 영향을 준다고 한다. 요컨대 국제법과 국내법은 서로 다른 사회관계를 규제하고 있으나 국내법은 국제관계발전의 합법칙적 요구를 담고 있고, 다른 국가들의 이해관계에 부합될 때에는 국제법규범의 형성을 촉진하고 그 변화발전에 영향을 주게 된다고 한다.[6] 이와 같은 설명을 볼 때 북한이 국제법과 국내법의 관계에 관한 이론 가운데 이원론의 입장에 있는 것으로는 보이지 않는다. 왜냐하면

---

6) 사회과학원 법학연구소, 『국제법사전』(평양: 사회과학출판사, 2002), pp.65 – 66.

이원론이란 국제법과 국내법이 서로 별개의 법체계를 이루며 아무런 관계가 없다고 보기 때문이다. 그러면 북한은 일원론의 입장에 있는가? 일원론에는 국제법우위론과 국내법우위론의 두 가지 입장이 있는데 먼저 국제법우위론에 대해 북한 국제법사전은 국제법우위론은 "본질에 있어서 세계제패를 꿈꾸는 제국주의자들의 이른바 초국가적인 '세계정부', '세계법질서'를 합법화하기 위한 눈가림에 지나지 않는다."고 비판하고 있다.[7]

이와 같은 북한의 주장은 국가주권을 강조하고 서구중심의 국제법에 대해 비판적인 태도를 취하고 있는 북한의 태도와 맥락을 같이한다고 볼 수 있다. 다시 말해 국제법에 대한 사회주의 국가들의 이론 중 가장 큰 특징은 주권의 강조와 국가가 최우선임을 내세운다는 점인데[8] 북한 역시 주권을 강조하고 있다. 북한은 자주권존중을 평등과 호혜, 내정불간섭, 불가침과 함께 국제법의 기본원칙으로 삼고 있는데 특히 자주권존중원칙은 현대국제법의 근본원칙으로서 평등과 호혜, 내정불간섭, 불가침은 자주권존중원칙으로부터 파생된다고 한다.[9] 또한 서구중심의 국제법은 '정통국제법'이라고 하면서 제국주의자들이 저들의 이익에 맞게 꾸며낸 것이라고 비판하고 있다. 그러면서 자신들의 국제법을 '현대국제법'이라고 하면서 현대국제법의 기본특징의 하나는 국제법규범이 제국주의 열강들의 의사에 의하여서가 아니라 사회주의 국가들과 신흥세력국가들의 적극적인 공동노력에 의하여 제정되는 것이며, 현대국

---

7) 위의 책, p.68.

8) M. Akehurst/박기갑(역), 『현대국제법개론』(춘천: 한림대학교 출판부, 1997), p.41.

9) 김영철·서철원, 『현대국제법연구』(평양: 과학백과사전종합출판사, 1988), p.18. 북한이 주장하는 국가자주권존중원칙에 대한 상세한 주장에 대해서는 리수영, 「국가자주권존중의 원칙에 관한 독창적인 사상」, 『김일성종합대학학보: 력사법학』, 제44권 제3호(1998), pp.61-66 참조.

제법은 자주성을 옹호하는 국가들의 새로운 국제관계의 성격에 부합하는 것으로 서구중심의 정통국제법과 같은 개념으로 이해하여서는 안 된다고 주장하고 있다.[10)]

그런데 북한은 국내법우위론에 대해서도 부정적인 태도를 보이고 있다. 북한 국제법사전은 국내법우위론은 국내법과 국제법의 연관관계를 심히 왜곡하는 부당한 이론이며, 이 이론은 20세기 초 세계 재분할을 위한 독일제국주의자들의 침략전쟁을 합리화하려는 데 목적을 두고 있으며 그 자체의 부당성으로 인해 전면적으로 비판받고 있다고 적고 있다.[11)] 이상과 같은 내용을 종합해 볼 때 북한은 이원론의 입장도 아니며 그렇다고 일원론의 입장에 있다고 단정할 수도 없다.[12)]

한편, 국제법과 국내법의 관계와 관련하여 소위 등위이론(또는 조정이론)이 유력하게 주장되고 있다. 이 이론은 일원론과 이원론 모두 실제의 타당범위에 한계가 있음을 인식하여 국제법과 국내법을 등위의 관계에 두고 상호간에 발생하는 의무의 저촉은 조정에 의한 해결에 맡기려는 입장으로 국제법과 국내법은 각각 별개의 고유한 분야에서 최고이며, 따라서 법체계 그 자체로서는 저촉도 우열관계도 발생하지 않는다고 본다.[13)] 그러나 국제법과 국내법이 이원론에서 말하는 바와 같이 전혀 관계가 없는 독립된 법체계는 아니며 서로 의존하고 보완하는 관계에 있다고 보며, 각국은 국제

---

10) 김영철 · 서철원, 『현대국제법연구』, p.5, p.11.

11) 사회과학원 법학연구소, 『국제법사전』, p.41.

12) 이장희 교수는 북한이 국제법과 국내법의 관계에서 상호 어느 정도 관련성을 인정하는 일원론의 입장에 서 있으며, 일원론 중에서도 국내법우위론에 기울고 있다고 보고 있다. 이장희, 「북한의 국제법 일반에 대한 동향과 전망」, 『북한법연구』, 제7호(2004), pp.252 - 253.

13) 村瀬信也 외/노석태(역), 『현대국제법의 지표』(부산: 부산대학교 출판부, 2002), p.62.

법과 국내법 상호간에 발생하는 의무의 저촉을 조정해야 할 법적 의무를 지며 그러한 의무의 이행은 헌법의 판단에 맡겨져 있다고 본다.14) 북한에서 발간된 국제법 관련 서적이나 북한 학자들의 논문에 등위이론에 관한 내용이 없어 이 이론에 대한 북한의 태도를 정확히 알 수는 없으나 북한은 등위이론의 입장에 가까운 것이 아닌가 생각된다. 그 이유는 첫째, 앞에서 언급한 바와 같이 북한은 국제법과 국내법을 별개의 법체계로 이해하면서 동시에 양자의 연관성을 인정하고 있다. 둘째, 북한 국제법사전은 "개별국가는 다른 나라와의 관계문제에 대한 국내법규범을 제정할 때 그와 관련된 국제법적 규범을 고려해야 한다."고 적고 있는데15) 이와 같은 설명은 북한이 국제법과 국내법 간의 의무의 저촉을 피해야 함을 인식하고 있음을 보여주고 있다고 말할 수 있다. 그러나 의무의 저촉이 발생하였을 경우 조정이 어떻게 이루어지는가의 문제는 현재로서는 확인되지 않는다. 이 문제는 앞으로 관심을 가지고 풀어야 할 숙제 가운데 하나이다.

III. 국제관습의 효력

1. 국제법 연원으로서의 국제관습

북한 국제법사전은 국제법의 연원(원천)에는 국제조약과 국제관

---

14) 山本草二/박배근(역), 『신판 국제법』(한국해양법학회, 1999), pp.116 - 117.

15) 사회과학원 법학연구소, 『국제법사전』, p.68.

습[16]규범이 속한다고 한다. 지역관습의 인정 여부에 대해서는 서로 상반되는 주장을 하고 있다. '국제법의 원천'을 설명함에 있어서는 국제관습규범이 세계적인 것도 있고 지역적인 것도 있으며 두 국가 사이에 해당되는 것도 있다고 함으로써 보편적 국제관습뿐만 아니라 소위 지역적 국제관습도 인정하고 있는 반면,[17] '국제법'을 설명함에 있어서는 세계적으로 인정되는 관습규범들만이 국제법의 연원이 되며 지역적인 관습이나 상이하게 해석되는 관습은 국제법의 연원이 되지 않는다고 적고 있다.[18]

한편, 국제법 연원과 관련하여 북한 국제법사전은 국제법전문가들의 견해가 국제법의 연원에 해당되는가의 여부에 대해 국제법전문가들의 견해가 그 자체로서는 국제법의 연원이 될 수 없으나 국가들이 그것을 국제법규범으로 인정하고 받아들이며 법적인 성격을 부여하고 실천행동에 반복 적용하는 경우에는 국제법의 원천이라고 말할 수 있다고 적고 있다.[19] 이러한 설명이 새로운 내용을 주장하고 있는 것으로는 보이지 않는다. 다시 말해 이러한 주장은 국제법전문가들의 견해 그 자체는 국제법의 연원이 될 수 없지만 국제법전문가들의 견해가 단순한 학설 수준에 머물지 않고 국제관습법의 수준까지 발전하는 경우에는 국제법의 연원이 될 수 있다고 이해하고 있는 것으로 보인다. 바꿔 말해 국제법사전이 주장하

---

16) 1971년 법학사전 및 1988년 현대국제법연구는 '국제관례'라는 용어를 사용한 반면 2002년 국제법사전은 최초로 국제관습규범이라는 용어를 사용하고 있다. 또한 1971년의 법학사전 및 1988년 현대국제법연구는 국제관례에 대해서 소극적인 데 비해 2002년의 국제법사전이 국제관습규범의 국제법적 연원을 인정하고 있는데 이는 북한 국제법이론의 큰 변화 가운데 하나로 볼 수 있다. 이장희, 「북한의 국제법 일반에 대한 동향과 전망」, p.248 참조.

17) 사회과학원 법학연구소, 『국제법사전』, p.69.

18) 위의 책, p.65.

19) 위의 책, p.69.

고 있는 '법적인 성격을 부여하고 실천행동에 반복 적용하는 경우'
란 결국 국제관습법 형성의 두 가지 요건인 법적 확신과 관행을
의미한다고 보인다.

2. 북한 국내법체계상의 효력

북한은 규범적 문건(성문법)만을 법원으로 인정하고 불문법인 관
습법과 판례법은 법원으로 인정하지 않고 있는데[20] 그 이유는 규
범적 문건이 사회주의법에 가장 적합한 형식이기 때문이라고 한다.
규범적 문건이 사회주의법에 가정 적합한 법원이 되는 이유에 대
해서는 첫째, 규범적 문건이 사회의 모든 구성원들을 통일적으로
움직이고 그들의 공동행동을 보장하는 수단이기 때문이라고 한다.
즉 불문법은 적용하는 기관에 따라 불문법규범의 내용이 달라질
수 있기 때문에 불문법형식은 사람들의 행동통일을 보장하고 사회
의 조직화를 실현하는 데 적합지 못하다고 한다. 둘째, 규범적 문
건이 사회주의법에 가장 적합한 형식으로 되는 것은 사회주의법이
새로운 사회관계의 창조와 발전에 기여하는 것과 관계가 있다고
한다. 즉 관습법형식은 오랜 생활과정에 형성된 관습을 법으로 비
준한 것으로 보수적이기 때문에 새로운 사회관계를 형성하고 발전
시키는 데 적합지 않으며, 규범적 문건은 일반적 성격을 띠는 행
위준칙을 성문화하여 국가가 제정하는 문건이므로 새로운 사회관

---

20) 예외적으로 불문법이 법원으로서 인정된 바가 전혀 없었던 것은 아니다. 예를 들어 광복 직
   후 북한은 일제의 법률을 무효화하여 북한주민들의 '민주주의적 법의식'에 기초하여 민사사
   건이나 형사사건을 처리할 수밖에 없었는데 민주주의적 법의식은 사실상의 법원의 역할을
   하였다고 한다. 리경철, 「공화국이 법원문제해결에서 견지하는 원칙」, 『김일성종합대학학
   보: 력사법학』, 제46권 제1호(2000), p.47.

계를 의식적으로 형성하고 발전시키려는 노동계급의 의사, 당의 노선과 정책을 정확히 표현할 수 있기 때문에 사회주의법에 적합한 형식이라고 한다. 셋째, 새로운 사회관계를 규범적 문건이 사회주의법에 가장 적합한 형식이 되는 것은 규범적 문건이 법을 적용하는 일군들의 자의와 전횡을 없애고 준법성을 강화하는 데 유리하기 때문이라고 한다.[21] 따라서 국제관습은— 지역적 국제관습의 인정 여부를 떠나 최소한 보편적 국제관습은— 국제법의 연원으로 인정되어 국제법적 효력을 가짐에도 불구하고 북한 국내법에서는 관습이 법원으로 인정되지 않기 때문에 북한 국내법상으로는 법적 효력을 갖지 못한다는 해석이 가능하다. 이는 우리의 법제와 비교하여 볼 때 커다란 차이를 보여주고 있다. 우리 헌법 제6조 제1항 "…… 일반적으로 승인된 국제법규는 국내법과 같은 효력을 가진다."는 규정의 해석상 국제관습은 국내법과 같은 효력을 갖는 것으로 이해되고 있다.[22]

Ⅳ. 조약의 효력

1. 북한 국내법상의 효력

조약의 국내법상의 효력에 관해 헌법에서 하나의 조문을 두고

---

21) 리경철, 위의 글, pp.45 - 46.

22) 여기서의 '일반적으로 승인된 국제법규란'란 국제관습을 의미하는 것으로 보는 것이 대체적인 견해이다.

있는 남한과는 달리 북한은 헌법에 조약의 국내법상의 효력에 관한 규정을 두지 않고 하위법에 관련 규정을 두고 있는데 필자가 조사한 바에 따르면 관련 규정이 16개에 이르고 있다. 혹 더 있다 하더라도 아래 표의 세 가지 범주에 포함될 수 있다. 이하 설명의 편의를 위해 관련 규정을 소개하면 다음과 같다.

〈표 Ⅱ-1〉 조약의 국내법적 효력에 관한 북한 국내법 규정

법령명	법령규정
국적법 제16조	조선민주주의인민공화국이 국적과 관련하여 다른 나라와 맺은 조약에서 이 법의 내용과 다르게 정할 경우에는 그 조약에 따른다.
민법 제10조	민사활동과 관련하여 우리나라와 다른 나라 사이에 맺은 조약에서 달리 정하였을 경우에는 그에 따른다.
대외민사관계법 제6조	대외민사관계와 관련하여 우리나라가 다른 나라와 체결한 조약에서 이 법과 다르게 규정하였을 경우에는 그에 따른다.
외국투자기업 및 외국인세금법 제7조	외국투자기업과 외국인은 자기 나라 정부와 조선민주주의인민공화국 정부 사이에 체결한 세금과 관련한 조약에서 이 법과 다르게 세금문제를 정하였을 경우 그 조약에 따라 세금을 바칠 수 있다.
외화관리법 제8조 제2항	우리나라 정부와 다른 나라 정부 사이에 결제와 관련한 협정을 맺었을 경우에는 그에 따른다.
하천법 제8조 제2항	국경하천의 정리, 보호, 리용과 관련하여 다른 나라와 맺은 조약이 있을 경우에는 그에 따른다.
저작권법 제5조	우리나라가 체결한 조약에 가입한 다른 나라의 법인 또는 개인의 저작권은 그 조약에 따라 보호한다.
컴퓨터쏘프트웨어보호법 제6조	조선민주주의인민공화국이 쏘프트웨어보호와 관련하여 맺은 조약은 이 법과 같은 효력을 가진다.
민용항공법 제9조	민용항공사업과 관련하여 조선민주주의인민공화국이 승인한 국제협약은 이 법과 같은 효력을 가진다.
해운법 제10조	조선민주주의인민공화국이 승인한 해운관계의 국제협약은 이 법과 같은 효력을 가진다.
항만법 제8조	조선민주주의인민공화국이 승인한 항만관계의 국제협약은 이 법과 같은 효력을 가진다.
배길표식법 제8조	조선민주주의인민공화국이 승인한 배길표식 분야의 국제협약은 이 법과 같은 효력을 가진다.
해사감독법 제8조	조선민주주의인민공화국이 승인한 해사 분야의 국제협약은 이 법과 같은 효력을 가진다.
보험법 제7조 제2항	조선민주주의인민공화국이 승인한 보험 분야의 국제협약은 이 법과 같은 효력을 가진다.

법령명	법령규정
수로법 제8조	조선민주주의인민공화국이 승인한 수로 분야의 국제협약은 이 법과 같은 효력을 가진다.
유전자전이생물안전법 제8조	유전자전이생물안전사업과 관련하여 이 법에서 규제하지 않은 사항이 우리나라가 승인한 국제조약에 있을 경우에는 그에 따른다.

위의 규정들은 조약의 국내법적 효력을 기준으로 크게 세 가지 부류로 구분할 수 있다.

첫 번째 부류는 조약이 북한 국내법보다 우선적인 효력을 갖는 것으로 해석되는 규정들이다. 국적법 제16조, 민법 제10조, 대외민사관계법 제6조, 외국투자기업 및 외국인세금법 제7조, 외화관리법 제8조 제2항, 하천법 제8조 제2항, 저작권법 제5조가 이러한 부류에 속한다. 이 규정들은 조약이 북한 국내법보다 우선적인 효력을 갖는 것으로 규정하고 있기 때문에 조약규정과 충돌되는 내용의 새로운 법이 제정되거나 또는 기존의 법이 개정된다고 하여도 조약규정이 우선하는 것으로 해석된다. 다시 말해서 이와 같은 부류의 조약에 있어서는 신법우선의 원칙은 적용되지 않는다고 할 수 있다.

두 번째 부류는 조약과 북한 국내법이 동등한 효력을 갖는 것으로 해석되는 규정들이다. 컴퓨터쏘프트웨어보호법 제6조, 민용항공법 제9조, 해운법 제10조, 항만법 제8조, 배길표식법 제8조, 해사감독법 제8조, 보험법 제7조 제2항, 수로법 제8조가 이 부류에 속한다.

세 번째 부류는 북한 국내법이 조약보다 우선적인 효력을 갖는 것으로 해석되는 규정이다. 유전자전이생물안전법 제8조가 여기에 속하는데 이 규정의 반대해석상 유전자전이생물안전사업과 관련하여 이 법에서 규제하고 있는 사항은 국제조약에 앞서는 것으로 해석된다. 따라서 유전자전이생물안전과 관련하여 북한이 승인[23]한

국제조약은 유전자전이생물안전법에 명시적인 규정이 없을 때에만 적용되는 보충적 효력을 갖는다고 말할 수 있다.

위 법령 규정들의 해석상 제기될 수 있는 몇 가지 문제점을 지적할 수 있다.

첫째, 민법 제10조의 '민사활동과 관련하여', 대외민사관계법 제6조의 '대외민사관계와 관련하여', 민용항공법 제9조의 '민용항공사업과 관련하여'는 조약당사자의 주관에 따라 해석이 달라질 수 있고, 그 결과 조약의 국내법적 효력문제에 포함될 수 있는 조약의 범위가 달라질 수 있다. 가령 예를 들어 '민사'활동과 관련하여라고 할 때 민사의 범위는 관점에 따라 크게 달라질 수 있다. 대륙법계를 취하고 있는 우리나라에 있어서 민사법이란 일반적으로 형사법에 대응하는 개념으로 실체법인 민법·상법과 절차법인 민사소송법·가사소송법·비송사건절차법을 포함하는 법규로 설명되고 있다.[24] 그러나 더 넓게 보면 우리나라 국민 간의 사적인 생활관계를 규율하는 법률뿐만이 아니라 섭외적 법률관계, 다시 말해 외국적 요소가 있는 민사법률관계를 규율하는 법률도 민사법의 범위에 포함된다고 할 수 있다. 다른 한편 민사의 개념은 상사개념에 대응하여 사용되는 경우도 있고, 가장 좁게는 민사소송법, 민사집행법 등의 법률 명칭에서 보듯이 민사의 개념에는 가사, 즉 가족관계의 개념이 제외되는 것으로도 이해될 수 있다. 요컨대 민사

---

23) 여기서의 승인(approval)은 기속적 동의(또는 조약의 구속을 받겠다는 동의) 표시의 한 형태를 말한다. 승인에 관해서는 북한 조약법 제11조~제13조에 규정되어 있다. 한편 북한 조약법 제4조는 "조약은 해당 기관의 승인을 받아야 체결할 수 있다."고 규정하고 있는데 여기서의 승인은 기속적 동의표시의 한 형태로서의 승인과는 구별되어야 한다. 다시 말해 북한 조약법 제4조에 규정되어 있는 승인은 조약문이 채택되기 전에 취해야 하는 북한의 국내법적 절차라고 해야 할 것이다.

24) 법무부, 『북한법의 체계적 고찰(ⅰ) - 민사관계법』(서울: 법무부, 1992), pp.26 - 27.

의 개념은 가사관계를 제외하는 최협의의 개념, 가사관계를 포함하는 협의의 개념, 상사관계를 포함하는 광의의 개념, 섭외민사관계까지 포함하는 최광의의 개념으로 구분가능하다. 북한에서도 민사의 개념은 통일되어 있지 않다. 북한 민사법사전은 민사법을 "실체법인 민법, 가족법과 수속법인 민사소송법을 통틀어 이르는 말"이라고 정의함으로써 협의의 민사개념을 취하고 있는 반면, 민사관계는 "민법, 가족법, 민사소송법, 중재법, 상법에 의하여 규제되는 법률관계"라고 함으로써 광의의 민사개념을 취하고 있다.[25]

둘째, 동일한 사항에 대하여 각기 다른 국내법 규정이 적용될 수 있고 그 결과 관련 조약이 북한 국내법보다 우선적인 효력을 갖는 것으로 보아야 하는지 아니면 국내법과 동일한 효력을 갖는 것으로 보아야 하는지의 문제가 발생할 수 있다. 예를 들어 민법 제10조와 민용항공법 제9조의 해석과 관련하여 이러한 문제가 제기될 수 있다고 보인다. 대체적으로는 민용항공법이 민법에 대한 특별법으로 간주되어 민용항공법 제9조에 따라 관련 국제조약이 북한 국내법인 민용항공법과 동등한 효력을 갖게 될 것으로 보여 논란의 여지는 많지 않아 보인다. 그러나 만일 민용항공사업도 민사활동의 일종이라고 주장하는 경우에는 민법 제10조가 적용되어 관련 조약이 북한 국내법인 북한민법보다 우선적인 효력을 갖게 된다고 주장할 가능성을 전혀 배제할 수 없다.

셋째, 외화관리법, 민용항공법, 해운법, 항만법, 배길표식법, 해사감독법, 보험법, 수로법은 법령규정에 협정 또는 협약이라는 용어를 사용하고 있다. 이것을 문자 그대로만 해석하는 경우에는 협정(agreement)과 협약(convention)만이 각각 포함되며 조약을 지칭하는

---

25) 사회과학원 법학연구소, 『민사법사전』(평양: 사회안전부출판사, 1997), p.232.

다른 용어, 예컨대 약정(arrangement)이나 의정서(protocol) 등은 제외되게 된다. 북한 당국이 국내법을 제정하면서 어떠한 의도와 목적을 가지고 협정 또는 협약이라는 용어를 사용하였는지는 확인할 수 없지만 북한 국내법 규정에 사용된 협정 또는 협약이라는 용어는 조약의 의미로 이해되어야 한다고 본다.

2. 남북한 관계에 있어서의 효력

변화된 남북관계에도 불구하고 남한은 북한을 아직까지 국가로 승인하지 않고 있고 헌법 제3조 영토조항에 의거하여 북한을 반국가단체로 간주하고 있다. 이에 따라 북한이 체결한 조약의 효력을 인정해야 하는가의 여부가 문제될 수 있다. 이 문제는 조약승계와 관련하여 중요하다고 볼 수 있다. 만일 북한이 체결한 조약을 인정하지 않는다면 조약승계문제는 발생하지 않기 때문이다. 그러나 다음과 같이 대외적인 측면과 대내적인 측면에서 북한이 체결한 조약의 효력은 인정되어야 한다고 본다. 첫째, 북한은 대외적으로는 국가의 성립요소를 갖춘 독립된 국가로서 북한이 체결한 조약은 남북한 특수관계에 관계없이 유효한 것으로 인정되어야 할 것이다. 둘째, 남북한 사이에는 특히 2000년 6·15 남북정상회담 이후 많은 합의서가 체결되고 있는데 다수의 합의서가 조약의 성질을 갖고 있는 것으로 간주되고 있다.[26] 북한이 체결한 조약의 효

---

26) 남북합의서의 법적 성격 및 신사협정과 조약의 구분에 대해서는 다음 문헌들을 참조. 박배근, 「국제법상의 '비구속적 합의'」, 『국제법평론』, 통권 제22호(2005), pp.10-16; 이규창, 「남북합의서의 법적 성격 및 효력에 관한 연구」, 『통일정책연구』, 제15권 제2호(2006), pp.169-175; 이효원, 「남북합의서의 법적 성격과 효력」, 『북한법연구』, 제7호(2004), pp.297-324; 제성호, 「6·15 남북공동선언과 후속문서의 법적 성격과 효력」,

력을 부인하는 것은 논리적으로 조약의 효력을 갖는 남북합의서의 효력을 부인하게 되는 결과를 초래하게 된다. 또한 2005년 12월 29일 법률 제7763호로 제정되어 2006년 6월 30일부터 시행되고 있는 '남북관계 발전에 관한 법률'은 남북합의서의 체결·비준 및 국회동의, 남북합의서의 공포, 장소적 효력범위 및 효력의 정지 등에 관해 규정하고 있는데 이러한 규정들은 남북합의서의 효력을 전제로 하고 있다고 보아야 한다. 다만 한 가지 유념해야 하는 것은 북한이 체결한 조약의 효력을 인정하는 문제와 북한이 체결한 조약이 남한의 국내법상 효력을 갖는 문제는 구별되어야 한다는 점이다. 다시 말해 우리 헌법 제6조 제1항은 조약은 국내법과 같은 효력을 갖는다고 규정하고 있으나 북한이 체결한 조약이 우리 국내법과 같은 효력을 갖는 것은 아니다. 왜냐하면 우리 국내법과 같은 효력을 갖는 조약은 우리 헌법에 의해 체결·공포된 조약만을 말하기 때문이다.

V. 국내법체계상 조약의 지위

1. 북한 국내법의 체계와 효력의 상하관계

북한의 규범적 문건(성문법)에는 헌법과 법령, 정령·결정·명령·지시의 6가지가 있다.[27] 현재 시행 중인 1998년 북한 헌법에

『저스티스』, 통권 제60호(2001. 4), pp.190 - 193.

27) 김일성의 교시나 김정일의 지시, 조선노동당의 지침·방침·원칙 등이 북한법의 법원이 될

따르면 최고인민회의는 법령과 결정을(제97조), 국방위원회는 결정과 명령을(제104조), 최고인민회의 상임위원회는 정령과 결정, 지시를(제114조), 내각은 결정과 지시를(제119조 제12호), 내각 위원회와 내각의 성(省)은 지시를(제130조), 지방인민회의는 결정을(제138조), 지방인민위원회는 결정과 지시를(제144조) 각각 제정할 수 있는 것으로 규정되어 있다. 이와 같은 북한 성문법의 상하관계에 대해 보면 헌법이 최고의 법원이며, 최고인민회의 법령이 헌법 다음가는 법원이고 기타 규범적 문건들은 법령에 저촉될 수 없다. 기타 규범적 문건 상호간의 상하관계도 문제될 수 있는데 이에 대해서는 하급기관이 제출하는 규범적 문건은 상급기관이 제출하는 규범적 문건에 내용상 저촉되어서는 안 되며, 기타 규범적 문건들이 법령에 저촉되는 경우 무효가 되며 권한 있는 국가기관에 의하여 폐지되게 된다고 한다.[28]

현행 북한 헌법에 따르면 최고인민회의가 북한에서의 최고주권기관이고(제87조), 최고인민회의 상임위원회는 최고인민회의 휴회중의 최고주권기관이며(제106조), 내각은 최고인민회의와 최고인민회의 상임위원회 앞에 책임을 지고(제125조), 지방인민회의와 지방인민위원회는 지방주권기관으로 규정되어 있기 때문에(제131조, 제139조), 국가기관의 위계질서는 최고인민회의→최고인민회의 상임

수 있는가의 문제가 제기될 수 있는데 여기에 대해서는 견해가 나뉘고 있다. 하나의 견해는 노동당의 지침·방침·원칙 등은 원칙적으로 노동당의 당원, 노동당 및 그 조직에만 구속력을 가지며 일반 개인에게 법적인 구속력을 갖기 위해서는 이들이 법령, 정령 또는 국가기관의 결정의 형태로 변형되어야 한다고 보고 있다. 법제처, 『북한법제개요』(서울: 법제처, 1991), p.16. 다른 견해는 김일성의 교시와 노동당의 강령·지침 등이 막강한 영향력을 행사하고 있을 뿐 아니라 실정법을 향도하는 일정한 원칙으로서의 의미와 기능을 갖고 있는 것으로 평가하고 있다. 법원행정처, 『북한의 형사법』(서울: 법원행정처, 2006), pp.15 - 16.

28) 리경철, 「공화국이 법원문제해결에서 견지하는 원칙」, pp.48 - 49.

위원회 → 내각 → 지방인민회의 및 지방인민위원회의 순서로 해석
된다. 따라서 헌법과 법령을 제외한 기타 규범적 문건의 상하관계
는 최고인민회의 결정 → 최고인민회의 상임위원회의 정령과 결정 →
내각의 결정과 지시 및 내각위원회와 내각 성의 지시 → 지방인민회
의 결정 및 지방인민위원회 결정과 지시의 순으로 효력의 순위가
정해지는 것으로 해석된다. 지방주권기관인 지방인민회의와 지방인
민위원회의 관계는 지방인민회의가 지방주권기관이고 지방인민위
원회는 해당 지방인민회의 휴회 중의 지방주권기관이므로,[29] 지방
인민회의가 상위기관에 해당된다. 따라서 지방인민회의의 결정이
지방인민위원회의 결정·지시보다 우선하는 것으로 해석된다.

북한 성문법의 상하관계와 관련하여 최고인민회의와 국방위원회
의 관계가 문제될 수 있다. 북한은 1998년 헌법 개정을 통해 국가
주석직을 폐지하고, 대신 국방위원장과 최고인민회의 상임위원장
및 내각총리 3인에게 국가권한을 배분하고 있다. 국가와 정부의
대표권을 분리하여 공식적 국가수반의 역할은 최고인민회의 상임
위원장에게 맡기고, 정부를 대표하는 권한은 내각총리에게 부여하
는 한편, 국방위원장은 국방사업 전반을 관장하는 형식상의 기능분
립체계가 이루어지고 있다. 그러나 국방위원장인 김정일이 당 비서
국 총비서 및 정치국 단일 상무위원의 지위를 겸임하고 북한 인민
군을 통수하는 최고사령관이자 국방위원장의 자격으로 북한 통치
의 실질적 권력을 행사하고 있다.[30] 이 점에서 국방위원회의 결정
과 명령이 사실상 다른 국가기관의 입법형식에 우선하는 것으로
보는 견해가 있다.[31] 그러나 전반적 국가기구체계에서 국방위원회

---

29) 북한 헌법 제131조 및 제139조, 지방주권기관법 제7조 및 제22조.
30) 통일부 통일교육원, 『북한이해 2006』(서울: 통일부, 2006), p.37.

는 최고인민회의 다음가는 국가기관으로서의 지위를 차지하고 있다.[32) 헌법의 편제상으로도 최고인민회의가 국방위원회보다 앞서 규정되어 있으며, 국방위원회는 자기 사업에 대하여 최고인민회의 앞에 책임을 지는 것으로 되어 있다.[33)

이상과 같은 내용들을 종합해 볼 때 북한 성문법의 체계 및 상하관계는 헌법, 최고인민회의 법령, 기타 규범적 문건의 순으로 효력을 가지며 기타 규범적 문건의 상하관계는 최고인민회의 결정 → 국방위원회 결정과 명령 → 최고인민회의 상임위원회의 정령과 결정 → 내각의 결정과 지시 및 내각위원회와 내각 성의 지시 → 지방인민회의의 결정 → 지방인민위원회의 결정과 지시의 상하관계를 갖는 복잡한 구조를 취하고 있는 것으로 정리할 수 있다. 이를 도표로 표시하면 <표 Ⅱ-2>와 같다.

<표 Ⅱ-2> 북한 성문법의 체계 및 규범의 상하관계

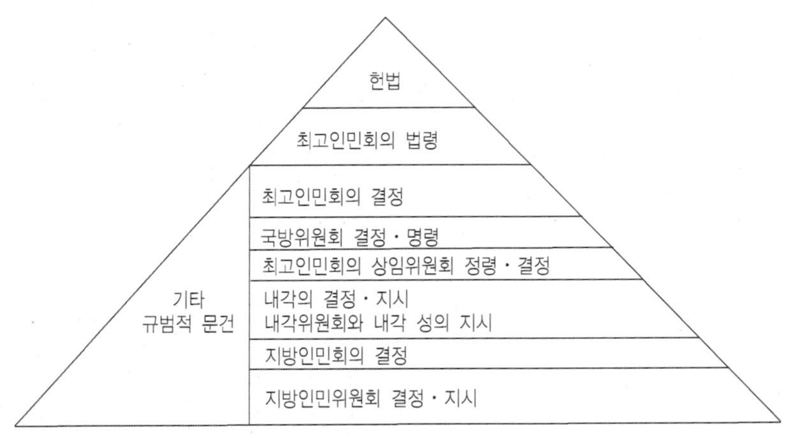

---

31) 법원행정처, 『북한의 형사법』, p.19.

32) 허성근, 「공화국기구발전의 특징」, 『김일성종합대학학보: 력사법학』, 제51권 제2호(2005), p.54.

33) 북한 헌법 제105조.

2. 조약의 지위

북한이 당사자로 되어 있는 조약이 북한 국내법체계상 어떤 지위를 차지하는가는 분명하지 않다. 다만 현행 북한 헌법 및 조약법[34]의 관련 규정을 통해 몇 가지 해석이 가능하다.

첫째, 다른 나라와의 조약체결은 내각의 임무 및 권한으로 되어 있다.[35] 이 점에서 조약은 내각의 결정이나 지시의 지위를 갖는 것으로 볼 수 있으며, 따라서 헌법과 법령, 기타 규범적 문건의 효력 순으로 되어 있는 북한 국내법체계에 있어서 최하위인 기타 규범적 문건의 지위에 있는 것으로 해석할 수 있다. 그런데 이와 같은 해석에 있어서 한 가지 지적할 수 있는 문제점은 위 규정은 외국과 체결한 조약만을 대상으로 하고 있다는 점이다. 북한은 '자주적인 독립국가와 자주적 독립국가를 창건하기 위하여 투쟁하는 혁명조직 또는 전 민족적 대표기관'만을 국제법의 당사자로 규정하고 있었다.[36] 그러나 2002년 국제법사전은 국가와 민족해방투쟁조직 외에 국제기구, 연방국의 행정단위, 특정한 경제자치구를 조약체결의 제한적 당사자로 포함시키고 있다.[37] 따라서 앞의 해석에 따를 때 국가를 제외한 다른 국제법 주체와 체결한 조약의 북한 국내법체계상의 지위는 여전히 문제로 남는다. 아울러 남북한 관계에 있어 북한은 남한을 국가로서 인정하지 않기 때문에[38] 조약의

---

34) 1998년 12월 18일 최고인민회의 상임위원회 정령 제289호로 채택.

35) 북한 헌법 제119조 제11호.

36) 사회과학원 법학연구소, 『법학사전』(평양: 사회과학출판사, 1971), p.85. 여기서 '자주적 독립국가를 창건하기 위하여 투쟁하는 혁명조직 또는 전 민족적 대표기관'은 민족해방운동 단체를 가리키는 것으로 이해되고 있다. 이 책 제1장의 Ⅲ. 국제법의 주체 및 국가승인 참조.

37) 리경철, 「국제조약의 당사자에 대한 리해」, 『김일성종합대학학보: 력사법학』, 제50권 제4호(2004), pp.83 - 88.

성질을 갖는 남북합의서의 북한 국내법체계상의 지위에 관한 문제
도 여전히 남게 된다.

둘째, 조약은 국가·정부 또는 해당 기관의 명의로 체결하게 되
어 있다.[39] 이 경우 국가의 명의로 조약을 체결하는 전권대표에게
는 최고인민회의 상임위원회 위원장의 명의로 된 위임장을, 정부의
명의로 조약을 체결하는 전권대표에게는 내각총리 또는 외무상의
명의로 된 위임장을, 해당 기관의 명의로 조약을 체결하는 전권대
표에게는 기관책임자의 명의로 된 위임장을 주어야 하며, 필요한
경우에는 조약체결명의에 관계없이 전권대표에게 체약상대방과 대
등한 위임장을 줄 수 있는 것으로 규정되어 있다.[40] 최고인민회의
상임위원회 위원장 명의의 위임장이 필요하다는 점에서 국가 명의
의 조약은 최고인민회의 상임위원회의 정령 또는 결정의 지위를
갖는 것으로 볼 수 있으며 마찬가지로 내각총리 명의의 위임장이
필요하다는 점에서 정부 명의의 조약은 내각결정 또는 지시의 지
위를, 기관책임자 명의의 위임장이 필요하다는 점에서 해당 기관
명의의 조약은 기관에 상응하는 국내법체계상의 지위를 갖는다고
해석될 수 있다. 이러한 해석을 따를 때 한 가지 문제될 수 있는
점은 조약의 국내법적 지위가 유동적일 수 있다는 점이다. 다시
말해 필요한 경우 조약체결 명의에 관계없이 전권대표에게 체약상
대방과 대등한 위임장을 줄 수 있게 규정되어 있는데 체약상대방

---

38) 1971년의 법학사전은 국제법의 당사자를 언급하면서 대한민국의 실체를 부인하고 있다. 북
한은 김일성의 교시를 인용하면서 "조선민주주의인민공화국이 유일한 조선민족의 유일한
국가이며 조선민주주의인민공화국 정부만이 전체 남북조선인민의 참다운 민족적 리익과 의
사를 대표한다."고 하며 "남조선의 이른바 대한민국 정부는 그 어떤 자주권도 행사하지 못
하는 미제의 허수아비"라고 기술하고 있다. 사회과학원 법학연구소, 『법학사전』, p.85.

39) 북한 조약법 제3조.

40) 북한 조약법 제7조.

의 지위에 따라 전권대표에게 부여되는 위임장이 달라질 수 있고 그에 따라 조약의 국내법적 지위도 달라지게 되는 문제의 소지를 안고 있다.

셋째, 북한 조약법은 조약의 중요도에 따라 비준을 받아야 하는 기관을 달리 규정하고 있다. 즉 나라의 자주권과 최고이익에 관계되는 중요 조약은 최고인민회의에서 비준하며 국가 명의로 체결한 조약과 최고주권기관의 비준을 받기로 체약상대방과 합의한 조약은 최고인민회의 상임위원회가 비준해야 하고 정부 명의로 체결한 조약과 정부의 승인을 받기로 체약상대방과 합의한 조약은 내각이 승인해야 되는 것으로 규정되어 있다.[41] 따라서 나라의 자주권과 최고이익에 관계되는 중요 조약은 법령과 같은 지위에, 국가 명의로 체결한 조약과 최고주권기관의 비준을 받기로 체약상대방과 합의한 조약은 최고인민회의 상임위원회 정령 또는 결정과 같은 지위에, 정부 명의로 체결한 조약과 정부승인을 받기로 체약상대방과 합의한 조약은 내각의 결정 또는 지시의 지위에 있다는 해석이 가능할 수 있다. 이러한 해석은 조약의 중요도에 따라 조약의 국내 법적 지위를 달리 보는 입장에서는 타당할 수 있으나 조약의 중요도에 관계없이 조약의 지위를 일률적으로 보고자 하는 입장에서는 비판의 소지가 있다.[42]

---

41) 북한 조약법 제13조. 이 규정은 북한 헌법과 충돌하고 있다. 현행 북한 헌법상 조약의 비준은 조약의 종류와 관계없이 최고인민회의 상임위원회의 임무 및 권한으로 되어 있으며(제110조 제14호), 조약의 비준 결정은 최고인민회의의 권한으로 되어 있다(제91조 제17호).

42) 우리나라의 경우 학자들 사이에서 조약의 지위를 둘러싼 여러 견해가 제시되고 있다. 조약은 헌법 제60조 제1항의 국회동의를 필요로 하는가의 여부에 관계없이 법률과 동등한 효력을 갖는다고 보는 입장, 국회동의를 필요로 하는 조약은 법률적 효력이 인정되지만 국회동의를 필요로 하지 않는 조약은 명령과 같은 효력을 갖는다고 보는 입장, 입법적 다자조약과 강행규범인 조약은 법률보다 상위의 효력이 인정된다고 보는 견해들이 있다. 보다 자세한 내용은 이규창, 「고시류조약의 법적 제문제에 대한 고찰」, 『법조』, 통권 제603호(2006. 12), pp.238 - 239 참조.

VI. 조약에 대한 규범통제

우리나라에서 규범통제 또는 사법심사라 함은 법률이 헌법에 위반되는지의 여부, 명령 또는 규칙이 헌법이나 법률 또는 처분에 위반되는지의 여부를 심사하는 것을 말한다.[43] 우리의 경우 조약에 대한 규범통제 가능 여부에 대해 학설상으로 조약의 고도의 정치성, 통치행위적 성질 등을 근거로 조약의 규범통제를 부정하는 견해가 없는 것은 아니나 학설의 일반적인 입장이나 헌법재판소 판례는 조약의 규범통제를 긍정하고 있다.[44]

북한의 경우 우리의 규범통제와 유사한 제도를 헌법에서 찾을 수 있다. 다만 우리의 경우 규범통제는 사법기관이 담당하고 있는 반면 북한에서는 검찰기관이 이를 담당하고 있는 점에서 차이를 보이고 있다. 현행 북한 헌법 제150조 제2호는 "국가기관의 결정, 지시가 헌법, 최고인민회의 법령, 결정, 국방위원회 결정, 명령, 최고인민회의 상임위위원회 정령, 결정, 지시, 내각결정, 지시에 어긋나지 않는가를 감시"하는 것을 검찰소의 임무 가운데 하나로서 규정하고 있다. 검찰감시법 제14조도 마찬가지의 규정을 두고 있다. 여기서 국가기관의 결정·지시의 적법성을 감시한다는 것은 그것이 헌법과 최고인민회의 법령 등에 부합하는지를 감시할 뿐만 아니라 수령의 사상과 이론, 당의 결정과 지시를 정확히 반영하고 있는가를 감시하는 것이라고 한다. 또한 검찰기관은 감시결과 어긋나는 사실이 발견된 경우에 자신이 직접 그 시행을 정지시키거나

---

43) 헌법 제107조 참조.

44) 이상훈, 「조약의 국내법적 효력과 규범통제에 대한 고찰」, 『국제법 동향과 실무』, 통권 제7호(2004), pp.12 - 13 참조.

내용을 수정할 수는 없고 해당 법조문을 시정 또는 폐지시킬 것에 대한 조치와 필요한 대책을 강구하도록 요구하며 정상 또는 위반 사실이 중할 때에는 서면으로 제기하는 방법으로 시정을 요구할 수 있다고 한다.[45)

그런데 북한에서 조약에 대한 규범통제가 이루어지고 있는지의 여부는 북한 헌법과 검찰감시법의 규정만으로는 알 수 없다. 이들 규정 자체만을 놓고 볼 때는 '국가기관의 결정, 지시'라고 규정되어 있기 때문에, 다시 말해 조약이 명시적으로 포함되어 있지 않으므로 조약에 대한 규범통제는 이루어지지 않고 있다고 해석된다. 그러나 실제에 있어서 그런지는 의문이다. 그 이유는 몇 가지에서 찾을 수 있는데 첫째, 앞에서도 언급한 바와 같이 북한은 국가주권을 강조하고 있고 이와 함께 평등과 호혜, 내정불간섭, 불가침을 국제법의 기본원칙으로 삼고 있다. 둘째, 북한은 주체사상을 지도적 지침으로 삼고 있다. 북한 헌법 제3조는 "조선민주주의인민공화국은 …… 주체사상을 자기 활동의 지도적 지침으로 삼는다."고 규정하고 있고, 노동당규약은 전문(前文)에서 "조선로동당은 오직 위대한 수령 김일성 동지의 주체사상, 혁명사상에 의해 지도된다." 고 규정함으로써 주체사상이 노동당의 지도이념임을 밝히고 있다. 셋째, 북학학자에 의하면 북한법의 사명은 ① 수령을 정치적으로 보위하고, ② 수령의 혁명사상과 당정책을 철저히 옹호하는 무기이며, ③ 사회주의 제도와 사회주의 전취물을 수호하는 것이라고 한다.[46) 따라서 조약도 북한이 내세우고 있는 국제법의 원칙과 주

---

45) 박동기, 『사회주의 국가 검찰기관의 기본사명과 임무 및 활동원칙에 관한 주체적 리론』, 『법학론문집 6』(평양: 과학백과사전출판사, 1987), p.101 이하, 법원행정처, 『북한사법제도개관』(서울: 법원행정처, 1996), pp.526-527에서 재인용.

46) 김억락・한걸, 『국가와 법의 리론』(평양: 김일성종합대학출판사, 1985), pp.186-188.

체사상에 부합해야 하며 북한법의 일부로서 그 사명을 다해야 한다고 볼 수 있다. 그러므로 이에 반하는 조약은 규범통제의 대상이 되고 있을 가능성이 높다고 할 수 있다. 다만 어떤 절차에 의해 규범통제가 이루어지고 있는지, 또한 주체사상이나 헌법, 법령, 기타 규범적 문건에 위반되는 조약의 효력이 어떻게 되는지 등의 문제는 현재로서는 확인되지 않는다.

Ⅶ. 조약의 국내이행 방식

국제법의 수용방식에 관해서는 별도의 국내입법조치 내지는 국가의 집행행위가 요구된다고 이해하는 변형이론(doctrine of transformation)과 별도의 조치 없이 국내법으로 편입된다고 보는 편입(수용 또는 채용)이론(doctrine of incorporation or adoption)이 존재하고 있다.47) 북한이 체결한 다자 또는 양자 조약이 북한법의 일부가 되기 위해서 별도의 국내입법조치를 필요로 하는가의 여부도 해석에 의존할 수밖에 없다. 우선 앞에서 분류한 3가지 부류의 조약들 가운데 "……은 이 법과 같은 효력을 가진다."고 규정하고 있는 두 번째 부류의 조약들은 "헌법에 의하여 체결·공포된 조약……

---

47) 변형이론과 편입이론에 관한 보다 자세한 설명 및 국가들의 실행에 대해서는 다음 문헌들을 참조. I. Brownlie, *Principles of Public International Law*, 5th ed.(Oxford University Press, 1999), pp.41－51; M. Dixon, *International Law*, 4th ed.(Black Stone Limited, 2002), pp.89－91; 김정균·성재호, 『국제법』, 제5개정판(서울: 박영사, 2006), pp.65－67; 나인균, 『국제법』, pp.155－159; 법무부, 『조약의 국내적수용 비교연구』(서울: 법무부, 1996), pp.10－14. 이 밖에 학설상으로는 '집행이론', '온건변형이론' 등이 주장되고 있는데 여기에 대해서는 계희열, 『헌법학 상』, 신정판(서울: 박영사, 2004), p.178, p.180 참조.

은 국내법과 같은 효력을 가진다.”고 규정하고 있는 우리 헌법 제6조 제1항과 규정 방식이 거의 흡사하다. 따라서 두 번째 부류의 조약들은 별도의 국내입법조치나 국내적 집행행위 없이 북한 국내법의 일부가 되는 것으로 해석할 수 있다.[48] 첫 번째 부류의 조약들과 세 번째 부류의 조약도 ‘그 조약에 따른다’, ‘그에 따른다’, ‘그 조약에 따라’는 규정상 별도의 국내입법조치나 국내적 집행행위를 필요로 하지 않는 것으로 해석된다. 요컨대 북한 조약은 국내법적 효력에 따른 구분에 관계없이 별도의 입법조치나 국내적 집행행위를 필요로 하지 않고 북한 국내법의 일부가 된다. 이 점에서 북한은 국제법의 수용방식에 있어서 편입이론을 취하고 있다고 보인다.

VIII. 결론

북한 원전과 북한 학자들의 글, 북한 헌법과 조약법의 관련 규정을 중심으로 북한의 국내법체계상 국제법의 지위와 효력 및 이와 관련된 문제들을 살펴보았다. 지금까지 살펴본 내용들은 다음과 같이 요약될 수 있다.

첫째, 국제법과 국내법의 관계에 관한 이론 가운에 북한은 국제법과 국내법이 전혀 무관한 것으로 보고 있지 않으므로 이원론을 취하고 있다고 볼 수 없다. 반면 북한은 일원론의 두 가지 입장인

---

48) 우리 헌법 제6조 제1항은 국제법의 수용방식에 관해서 어떤 이론을 취하는지 분명하지 않은 점이 있으나 편입이론을 취하고 있는 것으로 해석하는 것이 일반적이다. 법무부, 『조약의 국내적수용 비교연구』, pp.131 - 132.

국제법우위론과 국내법우위론 양자 모두 비판적인 입장을 취하고 있으므로 일원론의 입장에 있다고 단정할 수도 없다. 북한은 국제법과 국내법을 별개의 법체계로 이해하면서 동시에 양자의 연관성을 인정하고 있고, 국제법과 국내법 간의 의무의 저촉을 피해야 함을 인식하고 있다는 점에서 국제법과 국내법의 관계에 있어 이른바 등위이론에 가까운 것으로 보인다.

둘째, 북한은 국제관습도 국제법 연원의 하나로 인정하고 있다. 그러나 북한은 국내법 연원에 있어서는 불문법을 법원으로 인정하지 않고 있다. 따라서 국제관습은 국제법상으로는 효력을 갖는 반면에 국내법상으로는 법적 효력을 갖지 못하는 이상한 결과가 초래되고 있다.

셋째, 조약의 국내법적 효력에 있어 북한 조약은 북한 국내법보다 우선하는 것으로 해석되는 부류의 조약들, 북한 국내법과 동등한 효력을 갖는 것으로 해석되는 부류의 조약들, 북한 국내법이 조약에 우선하는 것으로 해석되는 조약 등 3가지 부류로 구분된다.

넷째, 헌법과 법령, 기타 규범적 문건의 순으로 되어 있는 북한 국내법체계상 조약이 어떤 지위에 있는가의 문제는 북한 헌법과 조약법의 해석에 따라 달라질 수 있다고 보인다. 첫째, 외국과의 조약체결이 내각의 임무와 권한으로 되어 있다는 점에서 조약은 내각의 결정이나 지시의 지위에 있는 것으로 볼 수 있다. 둘째, 최고인민회의 상임위원회 위원장 명의의 위임장이 필요하다는 점에서 국가 명의의 조약은 최고인민회의 상임위원회의 정령 또는 결정의 지위를 갖는 것으로 볼 수 있고, 내각총리 명의의 위임장이 필요하다는 점에서 정부 명의의 조약은 내각결정 또는 지시의 지위를, 기관책임자 명의의 위임장이 필요하다는 점에서 해당 기관

명의의 조약은 기관에 상응하는 국내법체계상의 지위를 갖는다고 해석할 수 있다. 셋째, 나라의 자주권과 최고이익에 관계되는 중요조약은 최고인민회의의 비준을 필요로 한다는 점에서 최고인민회의 법령과 같은 지위에, 국가 명의로 체결한 조약과 최고주권기관의 비준을 받기로 체약상대방과 합의한 조약은 최고인민회의 상임위원회의 비준을 필요로 한다는 점에서 최고인민회의 상임위원회 정령 또는 결정과 같은 지위에, 정부 명의로 체결한 조약과 정부의 승인을 받기로 체약상대방과 합의 한 조약은 내각의 승인을 필요로 한다는 점에서 내각의 결정 또는 지시의 지위에 있다는 해석이 가능할 수 있다.

다섯째, 북한에서 조약에 대한 규범통제가 이루어지고 있는지의 여부는 분명하지 않으나 조약도 북한이 내세우고 있는 국제법의 원칙과 주체사상에 부합해야 하며 북한법의 일부로서 그 사명을 다해야 한다고 볼 때 이에 반하는 조약은 규범통제의 대상이 되고 있을 가능성이 높다고 보인다.

여섯째, 국제법(조약)의 수용방식에 관해서는 변형이론과 편입이론이 존재하고 있는데 관련 규정들을 볼 때 북한 조약은 국내법적 효력에 따른 구분에 관계없이 별도의 입법조치나 국내적 집행행위를 필요로 하지 않고 북한 국내법의 일부가 되는 것으로 해석된다. 이 점에서 북한은 국제법의 수용방식에 있어서 편입이론을 취하고 있다고 보인다.

한편, 앞에서 살펴본 바와 같이 북한의 국내법이 조약의 효력을 3가지 부류로 구분하여 규정하고 있는 것이 바람직한가의 문제를 생각해 볼 수 있다. 필자의 판단으로는 이와 같은 입법태도는 해석상의 문제 및 조약의 국내법적 효력을 두고 북한과 조약체결 상대방과의 분쟁발생 가능성이 높아 보인다. 조약의 국내법적 효력에 관해 규정하고 있는 우리 헌법 제6조 제1항도 완벽하다고는 할 수 없지만 입법론적으로는 북한보다 앞서 있다고 평가된다. 자의적인 해석과 분쟁발생의 가능성을 줄이고 향후 남북한 간의 통일을 준비하는 차원에서 북한의 입법태도가 우리와 같은 형태로 개정되기를 희망한다.

제3장

조약법 *

- 남북한 조약법의 비교를 중심으로 -

Ⅰ. 서론

1. 연구의 목적과 의의

1990년대 들어 냉전이 종식하고 남북 간의 인적·물적 교류가 활발해짐에 따라 조선민주주의인민공화국(이하 '북한')과 통일에 대한 관심이 고조되면서 북한법에 대한 관심 역시 증가하고 있다. 이 글은 이러한 북한법 연구의 연장선상에서 북한의 조약법을 연구하는 것을 목적으로 한다. 본 연구는 다음과 같은 의의를 찾을 수 있다. 첫째, 지금까지 이루어져 온 북한 국제법에 대한 연구와 관심을 계승하면서 국제법의 세부 분야에 대한 연구를 발전시키는 데서 의의를 찾을 수 있다. 현재까지의 북한 국제법에 대한 연구는 크게 국제법 일반과 해양법에 치우쳐 있다고 해도 과언이 아니다. 북한 국제법을 연구하는 학자 또한 극소수에 불과하다. 이제 북한 국제법의 연구는 보다 많은 학자들이 국제법의 각 분야별로 심도 있는 연구를 하는 것이 필요하다고 생각된다. 둘째, 국제관계의 중요한 수단 내지는 도구라고 할 수 있는 조약법에 대한 북한의 입장과 실행을 확인할 수 있다. 셋째, 이를 통해 남한 조약법과의 공통점과 차이점을 분석할 수 있다. 남북한 조약법의 공통점은 조약과 관련된 국제문제에 있어 남북한이 공동으로 대처할 수 있는 방안을 마련할 수 있다는 점에서 중요하다고 할 수 있으며, 남북한 조약법의 차이점은 향후 남북통일 내지는 남북통합 시 제기될 수 있는 조약법상의 문제들에 대한 대응방안을 미리 강구한다는 차원에서 또한 중요하다고 할 수 있다.

2. 연구의 범위와 방법

조약법에 있어서는 많은 문제가 제기될 수 있다. 1969년에 채택된 '조약법에 관한 비엔나협약'[1](Vienna Convention on the Law of Treaties, 이하 1969년 조약법협약)만 보더라도 제1부 총강, 제2부 조약의 체결 및 발효, 제3부 조약의 준수·적용 및 해석, 제4부 조약의 개정 및 변경, 제5부 조약의 부적법·종료 또는 시행정지, 제6부 잡칙, 제7부 수탁자·통고·정정 및 등록으로 나누어 상세하게 규정되어 있다. 또한 남북한 간에 중요한 문제로서 조약의 승계문제도 빼놓을 수 없다.[2] 그러나 북한 자료의 희귀성 내지는 접근 제한성으로 인해 이 글에서 이 모든 문제를 전부 다룰 수는 없

---

* 본 장은 이규창, 「북한 조약법에 대한 연구」, 『인문사회과학연구』(부경대), 제7권(2006. 10), pp.133 - 172를 이 책의 체계에 맞게 수정하고 일부 내용을 추가한 것입니다.

1) 채택일: 1969년 5월 23일, 발효일: 1980년 1월 27일, 한국 발효일: 1980년 1월 27일 (조약 제697호), 북한 비준일: 2009년 2월 15일 현재 미가입.

2) 조약승계와 관련된 국내의 주요 연구 성과물들은 다음과 같다. 구희권, 「국가통합시의 국가승계에 관한 연구」(중앙대학교 법학과 박사학위논문, 1993. 12); 권오국, 「통일경로와 국가승계」, 『국민윤리연구』, 제48호(2001), pp.121 - 143; 김찬규, 「이른바 국가상속에 관한 고찰」, 『사법행정』, 통권 195호(1977. 3), pp.33 - 41; 박기갑, 「일반국제법이론에 비추어 본 남북한 간 가능한 국가승계형태론」, 『한림법학FORUM』, 제5권(1996. 10), pp.101 - 127; 박용현, 「남북한 통일에 따른 국가승계 문제」, 『통일문제연구』(조선대), 제15집(2002), pp.99 - 120; 신각수, 「조약에 관한 국가승계」, 『국제법학회논총』, 제27권 제1호(1982. 9), pp.167 - 208; 신성수, 「영역주권의 변경에 따른 국가승계에 관한 연구」(경희대학교 법학과 박사학위논문, 1994. 8); 신용호, 「조약의 국가승계와 국가관행」, 『국제법학회논총』, 제48권 제3호(2003. 12), pp.145 - 165; 이근관, 「국가승계법 분야의 새로운 경향과 발전」, 『서울국제법연구』, 제6권 2호(1999), pp.185 - 218; 이순천, 『조약에 대한 국가승계』(서울: 고려대학교 법학연구소, 1997. 1); 이장희, 「남북한 통일 이후 국가승계문제의 국제법적 과제」, 『한국법학 50년 - 과거·현재·미래(ⅰ)』(1998. 12), pp.390 - 413; 이중범, 「국가의 통일과 국가승계의 문제」, 『월간고시』, 통권 제183호(1989. 4), pp.131 - 141; 장효상, 「통일과 국가상속」, 『한국국제법학의 제문제』(서울: 박영사, 1986), pp.101 - 121; 정용태, 「국가의 성립과 조약승계」, 『법학논집』(청주대), 제6집(1992), pp.69 - 88; 정용태, 「국제법과 국가승계 문제」, 『법학논집』(청주대), 제9집(1994), pp.123 - 165; 정인섭, 「통일과 조약승계」, 『경희법학』, 제34권 제2호(1999. 12), pp.211 - 238. 아울러 국제인권조약의 자동승계문제에 대해서는 이규창, 「국제인권조약 자동승계론에 관한 연구: 남북통일과 관련하여」, 『통일정책연구』, 제16권 제2호(2007. 12), pp.123 - 143 참조.

다. 이 글에서는 범위를 한정하여 크게 북한 조약법의 연원(Ⅱ), 조약의 정의(Ⅲ), 조약의 체결(Ⅳ), 조약의 효력 및 준수와 유보(Ⅴ), 조약의 무효(Ⅵ), 조약의 종료와 폐기 및 탈퇴(Ⅶ)로 나누어 분석하고 마지막으로 결론(Ⅷ)을 내리고자 한다. 연구 방법은 1998년 12월 18일 최고인민회의 상임위원회 정령 제289호로 채택된 북한 조약법을 중심으로 북한 사회주의헌법 중의 조약 관련 규정들, 김일성종합대학학보(력사 법학)에 게재된 북한 학자들의 논문, 1971년에 발간된 법학사전과 1988년과 1992년에 각각 간행된 현대국제법연구와 국제법학(법학부용), 2002년 발간된 국제법사전 등 남한에서 입수 가능한 북한 원전들을 통해 대한민국(이하 '남한') 조약법과 북한 조약법의 공통점과 차이점 및 1969년 조약법협약에 비추어 봤을 때3) 북한 조약법이 가지고 있는 특징을 분석하는 것이다. 남한의 조약법에 대한 입장과 관행은 외교통상부의 견해를 중심으로 한다.

---

3) 북한이 아직까지 1969년 조약법협약의 당사국이 아니기 때문에 동 협약의 규정들을 북한에 적용하는 것에 대해 의문이 제기될 수 있다. 그러나 1969년 조약법협약의 규정들은 몇 가지 조항을 제외하면 기존의 국제관습법을 성문화하였다고 보아도 무방하다. P. Malanczuk, *Akehurst's Modern Introduction to International Law*(7th revised ed., 1997), p.130.

II. 북한 조약법의 연원

1. 국제적 연원

조약은 국제관습과 함께 일차적인 국제법의 연원 또는 주된 국제법의 연원으로 간주되고 있다. 국제사법재판소규정 제38조 제1항에도 조약은 국제법 연원의 하나로서 규정되어 있다. 북한도 2002년에 발간된 국제법사전에서 조약을 국제법의 연원으로 설명하고 있다.[4] 북한은 1948년 9월 정권을 수립한 이래 1996년 12월 현재까지 139개국과 3,290건의 양자조약을 체결한 것으로 알려지고 있다.[5] 또한 북한은 1980년대 이후 주요한 다자조약에도 가입하고 있는데 이 가운데는 우리나라가 아직 가입하지 않고 있는 조약들도 다수 있다.[6] 그러나 북한은 조약이라는 명칭을 가진 합의문서들이 다 국제법규범으로 인정되는 것은 아니며 입법적 의의를 가지는 다자조약과 중요한 양자조약들만이 국제법적 규범이 되고, 실무적 문제를 규제한 쌍방적 합의규범들이나 일방이 타방에 강요하여 체결한 불평등예속조약은 국제법의 연원이 될 수 없다고 기술하고 있다.[7]

---

4) 사회과학원 법학연구소, 『국제법사전』(평양: 사회과학출판사, 2002), p.65. 여기서 북한은 연원이라는 용어 대신 원천이라는 용어를 사용하고 있다.

5) 분야별로는 경제·과학기술 분야(59%), 사회 분야(29%), 정치 분야(10%), 군사 분야(0.9%), 체육 분야(0.5%) 등으로 분석되고 있다. 국가안전기획부, 『북한 조약집(1948. 9~1996. 12)』(서울: 국가안전기획부, 1997), p.3.

6) 북한의 다자조약 가입 현황에 대해서는 정현수, 「북한의 다자조약 가입현황」, 『서울국제법연구』 제5권 2호(1998), pp.109-129 참조.

7) 사회과학원 법학연구소, 『국제법사전』, p.65.

국제사법재판소규정 제38조 제1항은 국제법의 연원과 관련하여 조약 외에 국제관습, 법의 일반원칙, 학설과 판례, 형평과 선을 언급하고 있으며, 이 밖에도 일방행위, 강행규범 등이 국제법의 연원으로 언급되고 있음은 주지의 사실이다. 그러나 북한은 국제조약과 국제관습만을 국제법의 연원으로 언급하고 있다.[8] 또한 조약과 국제관습의 관계에 대해서도 간단히 언급할 필요가 있다. 서구의 국제법은 국제법 연원 간 상하관계에 있어 조약과 국제관습법의 효력은 동등하며 경우에 따라서는 국제관습법이 우위에 설 수도 있는 것으로 이해하고 있다.[9] 그러나 이와는 달리 국제법의 연원에 대하여 구소련의 국제법 학자들이 지속적으로 주장하였던 이론 중의 하나는 국제공동체 구성국들 간의 합의(agreement)가 국제법의 주요한 연원이라는 것이다. 여기서의 구성국들 간의 합의에는 국제관습도 포함된다. 다시 말해 국제관습에 대해서도 법적 효력이 부여된다고는 하였으나 구소련의 국제법이론은 1917년 이후 국제법의 주요 연원으로서 국제조약의 우선적 효력을 인정해 왔다.[10] 북한도 '국제조약규범은 성문법으로서 국제법의 기본원천'이라고 함으로써 이와 유사한 입장을 보여주고 있다.[11]

---

8) 위의 책, p.65, p.69.

9) P. Malanczuk, *Akehurst's Modern Introduction to International Law*, p.56.

10) 법무부, 『소련법연구(Ⅳ) - 대외관계법 - 』(서울: 법무부, 1991), p.57, W. E. Butler/이윤영(역), 『소비에트법』(서울: 대륙연구소 출판부, 1990), p.503.

11) 사회과학원 법학연구소, 『국제법사전』, p.65.

2. 국내적 연원

　조약법과 관련된 북한의 국내법에는 우선 1998년 12월 18일 최고인민회의 상임위원회 정령 제289호로 채택된 조약법이 있다.[12] 동법은 조약의 체결과 이행 및 폐기에 있어 제도와 질서를 엄격히 세워 조약을 바로 맺고 정확히 이행하며 다른 나라들과의 친선협조관계를 발전시키는 데 이바지하는 것을 목적으로 삼고 있고,[13] 조약이 대외정책을 실현하는 중요 수단임을 천명하고 있다.[14] 조약법 외에도 조약과 직간접적인 관련이 있는 북한의 국내법에는 노동당규약, 사회주의헌법, 지방주권기관법, 형법 등이 있다. 그런데 북한의 법체계는 1998년 사회주의헌법 제11조에 "조선민주주의인민공화국은 조선로동당의 령도 밑에 모든 활동을 진행한다."고 규정함으로써 북한은 노동당규약이 헌법의 상위규범임을 명시하고 있다. 또한 노동당규약 전문(前文)은 "조선로동당은 오직 위대한 수령 김일성 동지의 주체사상, 혁명사상에 의해 지도된다."고 규정하고 있고, 1998년 사회주의헌법 제3조는 "조선민주주의인민공화국은 ……주체사상을 자기 활동의 지도적 지침으로 삼는다."고 규정하고 있다. 결국 북한의 법체계는 헌법을 최고상위규범으로 하는 우리의 법체계와는 달리 주체사상과 혁명사상을 최고 상위규범으로 하고 그 밑에 노동당규약이 있고 그 아래 헌법이 위치하게 된다.

　지금까지 북한 조약법의 연원에 대해서 간단히 살펴보았는데 이

---

12) 이에 비해 남한은 소위 조약체결절차법의 제정필요성이 제기되고 있기는 하지만(신각수, 「조약체결절차법 제정의 필요성」, 『국제법 동향과 실무』 통권 제7호(2004), pp.87 - 96 참조) 아직까지 조약문제를 포괄적으로 다루는 독립된 형태의 국내법이 없는 실정이다.

13) 북한 조약법 제1조.

14) 북한 조약법 제2조 제1항.

글에서는 1998년 12월 18일 최고인민회의 상임위원회 정령 제289호로 채택된 조약법은 '형식적 의미의 북한 조약법' 또는 단순히 '북한 조약법'이라고 하며 형식적 의미의 조약법 외에 기타 국제적, 국내적 조약법 연원, 조약체결관행 등을 총칭하여 '실질적 의미의 북한 조약법'이라 칭한다.

Ⅲ. 조약의 정의

북한의 1971년 법학사전은 조약을 "나라들 간의 투쟁의 협조과정에서 이루어지는 권리와 의무관계를 고착시킨 합의"로 정의하고 있다.[15] 2002년 국제법사전에는 조약의 정의가 나와 있지 않다. 이러한 조약의 정의에 있어 다음의 몇 가지 점을 지적할 수 있다.

첫째, 북한은 조약을 정의함에 있어 단순히 합의라고만 하고 있어 서면형식의 합의만을 의미하는지 아니면 구두합의도 포함되는지가 문제될 수 있다. 1969년 조약법협약 제2조 제1항(a)은 조약을 "명칭에 관계없이, 그리고 한 개의 문서로 되어 있든 여러 개의 문서로 되어 있는 관계없이, 국가 간에 체결되고 국제법에 의해 규율되는 국제적 합의"라고 정의함으로써 문서로 된 합의만을 조약의 정의에 포함시키고 있다. 그러나 1969년 조약법협약 제3조는 문서에 의하지 아니하는 국제협정의 법적 효력을 부인하고 있지는 않다. 북한도 2002년 국제법사전에서 구두협정이 국가들의 권리의무관계를 명확히 밝히는 데서 많은 부족한 점이 있기 때문에 국제

---

15) 사회과학원 법학연구소, 『법학사전』(평양: 사회과학출판사, 1971), p.87.

관계에서는 거의 모든 조약이 성문조약의 형식으로 체결되고 있다고 하면서도 국제법실천에서는 구두협정의 유효성도 인정되고 있다고 함으로써 구두합의도 조약의 범위에 포함시키고 있다.[16] 남한도 조약을 원칙적으로 문서형식에 의한 합의로 보면서도 구두합의도 예외적으로 조약으로 인정되는 경우가 있다고 보고 있다.[17]

둘째, 권리와 의무관계를 부여하는 것만을 조약으로 정의하고 있다. 국제법상 조약이 되기 위해서는 법적인 구속력을 발생시켜야 한다. 이 점에서 조약은 정치가나 외교관들 사이에 법적 구속력을 부여하지 않고 단지 상대방의 신의에 기초하여 서로 언약하는 정책수행상의 약속을 의미하는 신사협정(gentlemen's agreement)과 구분된다.[18] 이와 관련하여 남북합의서, 즉 남북한 당국 간에 체결된 합의서[19]들은 조약과 신사협정 가운데 어디에 해당하는가의 문제를 제기해 볼 수 있다. 남북합의서가 조약으로 간주되는 경우에는 위반 시 국제법상 국가책임의 문제가 발생할 수 있기 때문에 이 문제는 매우 중요하다고 볼 수 있다. 다시 말해 신사협정은 법적 구속력을 갖지 않기 때문에 의무 이행을 법적으로 강제할 수 없으며, 따라서 신사협정 위반에 대해 제재를 가할 수 없다.[20] 또한 신

---

16) 사회과학원 법학연구소, 『국제법사전』, p.28.

17) 외교통상부, 『알기쉬운 조약업무』(서울: 외교통상부, 2006), p.7.

18) 위의 책, p.13. 국가 사이의 비구속적 합의를 지칭하는 용어로는 신사협정(gentlemen's agreements) 외에도 非法的 約定(non-legal arrangements), 非法的 規範(non-legal norms), 비조약적 합의(non-treaty agreements), 비구속적 약속(non-binding commit ments), 비구속적 약정(non-binding arrangements), 비공식적 합의(informal agreemen ts), 사실상의 합의(de facto agreements), 정치적 또는 도덕적으로 구속적인 합의 (politically or morally binding agreements), 순수하게 정치적인 약속(engagemants purement politiques), 국제적 양해(international understanding) 등이 있다. 박배근, 「국제법상의 '비구속적 합의'」, 『국제법평론』, 통권 제22호(2005), p.9.

19) 남북관계 발전에 관한 법률 제4조 제3호는 남북합의서를 '정부와 북한 당국 간에 문서의 형식으로 체결된 모든 합의'로 정의하고 있다.

사협정은 법적인 책임이 따르지 않기 때문에 어느 당사국이 신사협정을 위반했다고 하더라도 손해배상 또는 사법적 구제(judicial remedy)를 청구할 수 없다.[21] 또한 신사협정의 위반은 비우호적인 행위로서 국제법상 보복(報復, retortion)의 대상은 될 수 있으나 위법행위를 전제로 하는 복구(復仇, reprisal) 또는 대응조치[22](또는 대항조치, counter-measures)의 대상이 될 수 없으며, 신사협정의 위반은 권리 침해를 야기하지 않으므로 일반적으로 침해된 권리의 구제를 위한 국제재판의 대상이 되지도 않는다.[23] 이 문제와 관련, 남한은 2005년 12월 29일 법률 제7763호로 제정되어 2006년 6월 30일부터 시행되고 있는 '남북관계 발전에 관한 법률' 제4장에 남북합의서의 체결·비준(제21조), 공포(제22조) 및 효력범위 등(제23조)에 관한 규정들을 두고 있다. 남북한 간에 체결된 합의서들은 그 성격에 따라 조약에 해당되는 것도 있고 신사협정에 해당하는 것도 있다고 생각된다.[24] 그러면 남북한 당국 간에 체결된 합의서의 법적 성격에 대한 북한의 입장은 무엇인가? 필자가 조사한 바에 따르면 이 문제에 대한 북한의 입장은 확인되지 않고 있다. 다만 6·15남북공동선언에 대해서는 몇 편의 단편적인 글이 발표되

---

20) Wilfred Fiedler, "Gentlemen's Agreement", in *Encyclopedia of Public International Law*, Installment 7(1984), pp.105-106.

21) O. Schachter, "The Twilight Existence of Nonbinding International Agreements", 71 *American Journal of International Law*(1977), p.300.

22) 국제위법행위에 대응하는 국가의 해위를 나타내는 용어로 복구보다는 대응조치가 선호되고 있다. J. Crawford, *The International Law Commission's Articles on State Responsibility*(2002), p.168; A. Cassese, *International Law*(2001), p.234; C. Tom uschat, *International Law: Ensuring the survival of mankind on the eve of new millenium*(2001), p.369.

23) 박배근, 「국제법상의 '비구속적 합의'」, pp.8-9.

24) 보다 자세한 내용은 이규창, 「'남북관계 발전에 관한 법률'의 분석과 평가」, 『법조』 통권 제599호(2006. 8), pp.179-182 참조.

어 있기는 하지만[25] 이 역시 조약인지, 아니면 신사협정인지에 대해서는 입장이 명확하게 나와 있지 않다. 결국 남북합의서의 법적 성격은 법적인 권리와 의무를 창출하고자 하는 당사자들 간의 의도를 비롯하여 여러 가지 요소를 종합적으로 고려하여 판단할 수밖에 없다고 생각되며 남북합의서의 법적 성격을 둘러싸고 발생할 수 있는 남북한 간의 입장 차이를 방지하기 위해서는 개별 남북합의서에 1975년 유럽안전보장회의(Conference on Security and Cooperation in Europe, CSCE)의 헬싱키 최종의정서처럼 조약에 해당하지 않는다는 점을 명시하거나 그 반대로 법적인 구속력을 갖는다는 점을 명시하는 것이 타당하다고 판단된다.

셋째, 1971년의 법학사전에 따르면 북한에서의 조약체결 주체는 '나라들 간'으로 되어 있다. 여기서 북한은 국가만을 조약체결의 주체로 인정하고 있는지 아니면 국가 이외의 다른 국제법 주체에도 조약체결능력을 부여하고 있는지의 문제가 제기될 수 있다. 1969년 조약법협약 제2조 제1항(a)은 국가 간에 체결된 국제적 합의만을 조약으로 정의하고 있다. 그러나 국가만을 조약체결의 당사자로 한정하고 있는 동 정의는 일반적으로 인정되지 않고 있다. 1969년 조약법협약 제3조(c)는 국가 이외의 다른 국제법 주체도 동 협약을 적용하는 것을 허용하고 있으며, 1986년에 채택된 '국가와 국제기구 간 또는 국제기구 상호간의 조약법에 관한 비엔나협약' 제2조 제1항(a)은 조약을 "그 명칭 및 문건의 수에 관계없이 국가

---

25) 신분진, 「민족자주는 6·15북남공동선언의 기본정신」, 『김일성종합대학학보(력사법학)』, 제48권 제1호(2002), pp.41－45; 량창일, 「6·15북남공동선언은 21세기 조국통일의 리정표」, 『김일성종합대학학보(력사법학)』 제48권 제2호(2002), pp.41－45; 신분진, 「6·15북남공동선언은 조국통일의 기치」, 『김일성종합대학학보(력사법학)』, 제50권 제2호(2004), pp.47－51.

와 국제기구 간 및 국제기구 상호간에 체결된 국제법의 규율을 받는 국제적 합의"로 정의함으로써 국제기구도 조약체결의 당사자에 포함시키고 있다. 이상의 내용을 종합해 보면 조약이란 "그 명칭이 어떻든 간에, 그리고 한 개의 문서로 되어 있든 여러 관련 문서로 되어 있는 관계없이 국제법 주체들이 법적 구속력을 받도록 체결한 국제법의 규율을 받는 국제적 합의"로 정의 내릴 수 있다.[26]

일반적으로 말해 국가뿐만이 아니라 국제기구와 교전단체나 반도단체와 같은 사실상의 당국(*de facto* authorities)도 조약체결능력 있고, 일부 연방국가에서는 구성국에 제한된 조약체결권을 부여하고 있기도 하다. 물론 국가는 모든 분야에 있어 자유롭게 조약을 체결할 수 있는 반면 국제기구와 교전단체나 반도단체, 일부 연방국가의 구성국은 제한된 범위 내에서만 조약을 체결할 수 있다. 이러한 의미에서 국가를 완전한 조약체결 주체, 나머지 조약체결 주체를 제한적 조약체결 주체로 구분할 수 있다. 그렇다면 북한의 경우는 어떠한가? 1971년의 법학사전은 '자주적인 독립국가와 자주적 독립국가를 창건하기 위하여 투쟁하는 혁명조직 또는 전 민족적 대표기관'만을 국제법의 당사자로 규정하고 있다.[27] 여기서 '자주적 독립국가를 창건하기 위하여 투쟁하는 혁명조직 또는 전 민족적 대표기관'은 민족해방운동단체를 가리키는 것으로 생각된다.[28] 1992년의 국제법학(법학부용)은 독립국가, 민족해방투쟁조직 외에 교전단체를 국제법의 당사자에 추가하여 설명하고 있다.[29]

26) 이장희, 「북한의 조약체결당사자 능력인정에 따른 법적 문제 연구」, 『인도법논총』, 제16호 (1996), p.76(밑줄은 강조한 것임).

27) 사회과학원 법학연구소, 『법학사전』, p.85.

28) 김찬규, 「북한 국제법의 추세」, 『북한법률행정논총』, 제9집(1992), p.307.

29) 김일성종합대학출판사, 『국제법학(법학부용)』(1992), pp.40 – 45.

따라서 북한에서는 국제기구의 국제법 주체성이 인정되지 않았었다.[30] 이 점에서 2002년의 국제법사전은 주목할 만한 변화를 보이고 있는데 국가와 민족해방투쟁조직 외에 국제기구도 제한된 범위에서 국제법의 당사자로 등장하는 경우가 있다고 함으로써 국제기구를 국제법의 주체로 인정하고 있다. 그러나 개인의 국제법 주체성은 여전히 부인되고 있다.[31] 북한은 국제법의 당사자와 마찬가지로 '자주적인 국가와 그 창건을 위하여 투쟁하는 혁명조직과 전민족적 대표기관'만을 국제조약의 당사자로 규정하였었다.[32] 그러나 이러한 입장은 변화를 보이고 있는데 국가주권과 민족자결권에 기초하여 국제조약당사자로서의 지위를 갖게 되는 국제조약의 완전한 당사자와 다자조약 또는 개별적인 나라들의 국내법에 기초하여 조약당사자로서의 지위를 갖게 되는 제한적 당사자로 나누고 있다. 전자에는 종전 북한 국제법이론과 마찬가지로 국가와 민족해방투쟁조직이 속하는 것으로 설명하고 있다. 주목할 만한 변화는 후자로서 국제기구, 연방국의 행정단위, 특정한 경제자치구를 조약체결의 제한적 당사자로 포함시키고 있다. 특정한 경제자치구의 예로는 홍콩과 마카오를 들고 있다.[33] 2003년에 발표된 한 논문에서는 조약을 '<u>국제법 당사자들 사이에</u> 서로 지켜야 할 행위규범'으로

---

30) 전통적인 공산주의 입장에서는 오로지 국가만이 국제법상 권리 주체가 된다고 보아 왔으나 국가 간 합의로 성립된 국제기구도 역시 국제법상의 권리 주체가 된다고 봄으로써 어느 전도 변경되었다. 제2차 세계대전 후 일정 기간 동안 국제기구의 법인격이 여러 소련학자들에 의해서 부인되었으나 오늘날 국제기구는 2차적인 국제법 주체로 인정받고 있다. Theodor Schweisfurth, "Socialist Conceptions of International Law", in *Encyclopedia of Public International Law*, Installment 7(1984), p.423.

31) 사회과학원 법학연구소, 『국제법사전』, p.66, p.68. 자세한 내용은 이 책 제1장의 Ⅲ. 국제법 주체 및 국가승인 편 참조.

32) 사회과학원 법학연구소, 『법학사전』, p.87.

33) 리경철, 「국제조약의 당사자에 대한 리해」, 『김일성종합대학학보(력사법학)』, 제50권 제4호 (2004), pp.83 – 88.

정의하고 있다.[34]

IV. 조약의 체결

여기에서는 조약의 체결과 관련된 문제들로서 조약체결능력, 조약체결권자, 조약체결의 원칙, 조약체결절차 등에 대해 살펴본다.

1. 조약체결능력

조약체결능력과 관련하여 북한의 지방주권기관의 조약체결능력이 인정되고 있는가의 문제를 제기해 볼 수 있다. 남한의 경우에는 지방정부의 조약체결권은 인정되지 않고 있다. 그 이유는 남한 헌법 제117조 제1항이 "지방자치단체는 …… 법령의 범위 안에서 자치에 관한 규정을 제정할 수 있다."고 규정하고 있으며, 지방자치법 제11조 제1호는 지방자치단체가 '외교, 국방, 사법, 국세 등 국가의 존립에 필요한 사무'를 처리할 수 없다고 규정하고 있어 지방정부에 조약체결능력을 부여하고 있지 않기 때문이다.[35] 북한의 경우에도 지방주권기관은 조약체결능력이 없는 것으로 이해된다. 북한의 지방주권기관으로는 도(직할시)·시(구역)·군의 지방인민회의와 지방인민위원회가 있는데[36] 현행 북한 헌법과 지방주권

---

34) 림동춘, 「국제조약의 효력발생시기와 조건」, 『김일성종합대학학보(력사법학)』, 제49권 제4호(2003), p.65(밑줄은 강조한 것임).

35) 외교통상부, 『알기쉬운 조약업무』, pp.62 - 63 참조.

기관법의 관련 규정에는 지방인민회의와 지방인민위원회의 권한 및 임무에 조약체결이 명시되어 있지 않다.[37]

2. 조약체결권자

국가를 대표하여 조약을 체결할 권한이 누구에게 있는가는 각 국가의 국내법에서 결정지을 문제이지만 대체로 국가원수 또는 정부수반에게 조약체결권한이 부여되어 있다. 남한의 경우에는 조약체결권자는 대통령이다. 남한 헌법 제73조는 조약을 체결할 수 있는 권한이 대통령에게 있음을 명시하고 있다. 반면 북한의 경우 조약은 국가, 정부 또는 해당 기관의 명의로 체결한다.[38] 국가명의로 체결된 조약의 예로는 1985년 에티오피아와 북한 사이에 체결된 영사협약이 있고,[39] 정부를 명의로 체결된 조약으로는 방글라데시와 북한 정부 간의 87~88년도 문화교류서 계획서를 예로 들 수 있다.[40] 또한 북한은 여러 기관 명의의 조약을 체결하고 있는데 예를 들어 1971년 '재일 조선공민의 귀국문제에 관한 회담요록'은 적십자회 명의로,[41] 1972년의 '일·조문화교류협회와 조선대외문화연락협회 간의 문화교류에 관한 합의서'는 조선대외문화연락협회의 명의로 체결되어 있다.[42]

---

36) 1998년 북한 사회주의헌법 제131조 및 제139조.

37) 1998년 북한 사회주의헌법 제134조, 제141조 및 지방주권기관법 제10조, 제24조.

38) 북한 조약법 제3조.

39) 국가안전기획부, 『북한 조약집』, p.281.

40) 위의 책, p.52.

41) 위의 책, pp.101 - 103.

42) 위의 책, pp.108 - 109.

한편, 북한에서 조약은 국가와 정부 또는 해당 기관의 명의로 체결되지만 실제 조약업무를 수행하는 기관은 내각이다. 현행 북한 사회주의헌법상 다른 나라와 조약을 맺는 것은 내각의 임무와 권한으로 되어 있다.[43] 조약업무의 주무부처는 외무성이다. 북한 외무성은 내각의 지도하에 조약업무를 통일적으로 해야 하고, 조약업무에 대한 지도체계를 바로 세우며 조약업무를 정상적으로 장악·지도해야 한다.[44]

3. 조약체결의 원칙

북한은 자주권 존중, 평등과 호혜, 내정불간섭의 원칙 등 3가지를 조약체결의 원칙으로 삼고 있다.[45] 그리고 이러한 원칙은 헌법에 명시되어 있기도 하다. 즉 1998년의 북한 사회주의헌법 제17조는 "자주, 평화, 친선은 조선민주주의인민공화국의 대외정책의 기본리념이며 대외활동원칙이다. 국가는 우리나라를 우호적으로 대하는 모든 나라들과 완전한 평등과 자주성, 호상존중과 내정불간섭, 호혜의 원칙에서 국가적 또는 정치, 경제, 문화적 관계를 맺는다. 국가는 자주성을 옹호하는 세계인민들과 단결하며 온갖 형태의 침략과 내정간섭을 반대하고 나라의 자주권과 민족적, 계급적 해방을 실현하기 위한 모든 나라 인민들의 투쟁을 적극 지지성원한다."고 규정하고 있다. 이러한 조약체결의 원칙은 북한의 국제법 기본원칙과 밀접한 관련이 있다. 북한의 국제법 교과서는 자주권 존중, 평

---

43) 북한 사회주의헌법 제119조 제11호.
44) 북한 조약법 제21조.
45) 북한 조약법 제2조 제2항.

등과 호혜, 내정불간섭, 불가침을 국제법의 기본원칙으로 삼고 있다. 이 중에서 자주권 존중의 원칙이 근본원칙을 이루며 다른 원칙들은 이로부터 연유하는 것으로 자주권 존중의 원칙을 철저히 보장하기 위한 것이라고 한다.[46) 김일성은 그의 저작집에서 "자주권이 없는 나라는 참다운 독립국가라고 말할 수 없습니다."고 하고 있으며,[47) 2002년의 국제법사전은 국가자주권의 존중원칙을 "자주적인 독립국가들 사이에 호상 자주권을 존중하는 것은 현대국제법의 기본원칙의 하나이며 정상적인 국제관계의 발전을 보장하기 위한 필수적 담보"라고 설명하고 있다.[48) 자주권 존중원칙은 그들이 말하는 소위 '주체의 법이론'에서도 엿볼 수 있다. 북한은 그들의 법이론을 주체의 법이론이라고 하며 김일성이 창시하고 김정일이 발전, 풍부화시킨 독창적인 법이론으로 주체사상에 기초하고 있다고 주장한다.[49) 북한 국제법 교과서는 그들의 국제법을 '주체의 국제법'이라고 하고 "주체의 국제법학은 미제를 우두머리로 하는 제국주의자들의 침략과 간섭 책동의 범죄성을 단죄하고 그에 대한 책임을 추궁하며 제국주의자들의 범죄적 책동을 비호하면서 로동계급의 혁명적인 국제법학설에 악랄하게 도전해 나서는 부르죠아 반동 '리론'의 본질을 폭로단죄하는 사상리론적 무기"라고 주장하고 있다.[50)

북한이 말하는 자주권은 우리가 말하는 주권에 해당하는 것으로 북한에서도 국가의 독립은 자주권에 의하여 보장되는데, 자주권은

---

46) 김영철·서철원, 『현대국제법연구』(평양: 과학백과사전출판사, 1988), p.18.

47) 김일성저작집 제36권, p.246.

48) 사회과학원 법학연구소, 『국제법사전』, pp.33-34.

49) 심형일, 『주체의 법리론』(평양: 사회과학출판사, 1987), p.7.

50) 김일성종합대학출판사, 『국제법학(법학부용)』, p.9.

국제법의 공인된 규범을 준수하는 조건에서만 인정된다고 한다.[51] 이렇듯이 자주권을 강조하는 북한의 주장은 공산주의 국제법이론과 맥을 같이하는 것이다. 다시 말해 국제법에 대한 공산주의자들의 이론 중 가장 큰 특징은 바로 '주권'의 강조와 '국가'가 최우선임을 내세우는 데에 있다고 한다.[52]

4. 조약체결절차

조약체결절차는 크게 조약문안의 작성과 채택, 조약문의 인증, 조약의 구속을 받겠다는 동의표시로 나눌 수 있다. 아울러 등록과 조약의 국내효력발생 절차인 공포 및 공고에 대해서도 살펴본다.

가. 조약문안의 작성과 채택

남한의 경우 양자조약·다자조약을 불문하고 조약체결의 사전 절차로서 해당 조약의 체결 필요성을 검토하고 조약문에 대하여 교섭 및 채택을 행한다.[53] 북한의 경우에도 크게 다르지 않아서 조약을 체결하려는 기관은 조약초안을 비롯한 조약체결문건을 만들어 외무성에 제출해야 한다. 조약초안에는 체약당사자의 권리와 의무, 서명예정날짜와 장소, 조약의 효력관계 등을 밝혀야 한다.[54] 그런데 조약체결의 사전 절차에 있어 남북한 간의 차이가 나는데

---

51) 김영철·서철원, 『현대국제법연구』, p.21.
52) Michael Akehurst/박기갑(역), 『현대국제법개론』(춘천: 한림대학교 출판부, 1997), p.41.
53) 외교통상부, 『알기쉬운 조약업무』, pp.26 - 31.
54) 북한 조약법 제5조.

그것은 남한의 경우에는 조약안을 확정하기 전에 외교통상부 조약국과 관련 부처 간의 '사전 협의'가 필요한 반면[55] 북한의 경우에는 조약을 체결하려는 기관이 사전에 '해당 기관의 승인'을 받아야 한다는 점이다. 그러나 기본조약을 이행하기 위한 실무적인 조약과 경제·과학기술·문화 분야 등의 조약은 외무성의 합의를 받아 체결할 수 있다.[56]

여기서 해석상 승인이 조약의 구속을 받겠다는 동의표시의 한 형태인가의 문제가 제기될 수 있다. 아래에서 다시 한 번 설명하겠지만 조약의 구속을 받겠다는 동의표시의 한 형태로서 승인이 있다. 1969년 조약법협약 제14조 제2항도 조약의 구속을 받겠다는 동의표시의 한 형태로서 승인(approval)을 규정하고 있다. 그러나 북한 조약법 제4조에서 규정하고 있는 승인은 조약의 구속을 받겠다는 동의표시인 승인과는 구별되는 것으로 이해된다. 다시 말해 조약의 구속을 받겠다는 동의표시 방법으로서의 승인은 인증된 조약문에 대해 법적인 구속을 받겠다는 의사 표시인 반면 북한 조약법 제4조에 규정되어 있는 승인은 조약문이 채택되기 전에 취해야 하는 북한의 국내법적 절차에 불과한 것이다. 북한 조약법은 제4조와는 별도로 제11조부터 제13조에서 조약의 구속을 받겠다는 동의표시의 한 형태인 승인에 대해 규정하고 있다.

북한 조약법은 조약문 작성언어에 대해서도 규정하고 있다. 양자조약(쌍방조약)의 경우에는 북한말(조선어문)과 체약상대방의 언어로 작성하며 필요에 따라 체약쌍방이 합의한 언어로 작성할 수 있다. 다자조약의 경우에는 체약당사자들 사이에 합의한 언어로 작

성한다.[57]

나. 조약문의 인증

조약문의 인증(authentication)은 확정이라고도 하는데 조약 문안이 작성된 다음에 조약문을 채택하고 그 조약문을 진정하고 최종적인 것으로 끝맺는 절차를 말한다.[58] 1969년 조약법협약은 인증의 형태로서 서명, 조건부서명, 가서명을 규정하고 있다.

적절한 전권위임장을 제시하는 경우에는 정본인증을 위한 목적으로 국가를 대표하는 것으로 간주되며 국가원수나 정부수반 및 외무부장관은 전권위임장을 제시하지 않아도 조약체결에 관련된 모든 행위를 수행할 목적으로 국가를 대표하는 것으로 간주된다. 외교공관장도 전권위임장을 제시하지 않아도 자국을 대표하는 것으로 간주되나 파견국과 접수국 간의 조약문을 채택할 목적으로만 대표된다.[59] 따라서 외교공관의 장이 조약문을 인증함에 있어 자국을 대표하는 것으로 간주되기 위해서는 별도의 절차가 필요하다.

남한의 경우에는 정부조직법 제31조에 따라 외교통상부 장관은 조약 기타 국제협정에 관한 사무를 관장하고, 정부대표및특별사절의임명과권한에관한법률 제3조에 따라 정부를 대표하여 외국 정부와 교섭하거나 국제회의에 참석하고 대통령의 전권위임 없이 조약에 서명하는 권한을 가진다. 재외공관의 장은 정부대표및특별사절의임명과권한에관한법률 제4조에 따라 대통령의 전권위임 없이도 신임장을 접수한 외국 정부 또는 국제기구와 교섭하는 권한을 가

---

57) 북한 조약법 제10조.
58) 외교통상부, 『알기쉬운 조약업무』, p.80.
59) 1969년 조약법협약 제7조 제1항 및 제2항.

지나, 관계 법률에 의한 절차 없이는 조약에 서명하는 정부대표가 될 수 없다.[60]

　북한의 경우 조약초안토의를 위한 회담과 조약문 서명은 해당 기관의 위임을 받은 전권대표가 한다.[61] 국가의 명의로 조약을 체결하는 전권대표에게는 최고인민회의 상임위원회 위원장 명의로 된 위임장을, 정부 명의로 조약을 체결하는 전권대표에게는 내각총리나 또는 외무상의 명의로 된 위임장을, 해당 기관 명의로 조약을 체결하는 전권대표에게는 기관책임자 명의로 된 위임장을 준다. 그러나 필요한 경우에는 조약체결 명의에 관계없이 전권대표에게 체약상대방과 대등한 위임장을 줄 수 있다.[62] 국가 또는 정부의 명의로 조약을 체결하는 전권대표에 대한 위임장 발부는 외무성에서 한다. 위임장을 발급받으려는 기관은 조약의 명칭, 전권을 위임받을 일군의 직위와 이름, 조약체결장소 등을 적은 위임장발급의뢰 문건을 외무성에 제출해야 한다.[63]

　한편, 남한의 경우에는 조약의 서명을 받기 이전 단계로서 법제처심사와 국무회의 심의를 거쳐야 한다. 즉 정부조직법 제24조 제1항에 따라 법제처는 국무회의에 상정될 조약안에 관한 사무를 전문적으로 관장하며, 헌법 제89조 제3호에 따라 조약안은 국무회의의 심의를 거쳐야 한다. 반면 북한의 경우에는 조약의 비준 또는 승인을 받으려는 기관은 비준 또는 승인에 필요한 문건을 만들어 외무성과 합의하고 해당 기관의 심의를 받아야 한다.[64]

---

60) 법무부, 『조약의 국내적수용 비교연구』(서울: 법무부, 1996), pp.132-133.
61) 북한 조약법 제6조.
62) 북한 조약법 제7조.
63) 북한 조약법 제8조.
64) 북한 조약법 제12조.

다. 조약의 구속을 받겠다는 동의

조약의 구속을 받겠다는 동의 또는 기속적 동의는 조약문에 법적 구속력을 부여하는 행위를 말한다. 1969년 조약법협약은 서명, 조약을 구성하는 문서의 교환, 비준·수락·승인·가입과 당사국 간에 합의되는 기타의 방법을 국가에 의한 조약의 구속을 받겠다는 동의표시 방법으로 규정하고 있다.

남한의 경우에는 헌법 제73조에 "대통령은 조약을 체결·비준하고 ……"라고 규정되어 있어 비준에 관해서만 규정되어 있을 뿐이다. 여기에 반해 북한 조약법은 비준과 승인, 가입에 관해 규정하고 있다.

먼저 비준 및 승인에 관해 보면 1969년 조약법협약 제14조는 (a) 조약의 구속을 받겠다는 동의가 비준에 의하여 표시될 것을 그 조약이 규정하고 있는 경우, (b) 비준이 필요한 것으로 교섭국 간에 합의되었음이 달리 확정되는 경우, (c) 그 국가의 대표가 비준되어야 할 것으로 하여 그 조약에 서명한 경우 또는 (d) 비준되어야 할 것으로 하여 그 조약에 서명하고자 하는 그 국가의 의사가 그 대표의 전권위임장으로부터 나타나거나 또는 교섭 중에 표시된 경우에는 비준에 의하여 조약의 구속을 받겠다는 동의가 표시되고, 승인은 비준에 적용되는 것과 유사한 조건으로 표시된다고 규정하고 있다. 북한의 경우에는 국가 또는 정부 명의로 체결한 중요 조약과 해당 기관의 비준 또는 승인을 받기로 체약상대방과 합의한 조약은 해당 기관의 비준 또는 승인을 받아야 효력을 가지는 것으로 규정되어 있다.[65]

---

65) 북한 조약법 제11조.

조약의 비준과 관련하여 남한은 일부 조약의 경우에는 비준에 앞서 국회의 동의를 받아야 한다.[66] 북한의 사회주의헌법이나 조약법에는 이에 상응하는 규정이 발견되지 않는다. 다만 비준 또는 승인 기관이 조약의 중요도에 따라 다르게 규정되어 있는 특징을 발견할 수 있다. 다시 말해 나라의 자주권과 최고이익에 관계되는 중요 조약은 최고주권기관인 최고인민회의[67]에서 비준한다.[68] 그 밖에 국가 명의로 체결한 조약과 최고주권기관의 비준을 받기로 체약상대방과 합의한 조약은 최고인민회의 휴회 중의 최고주권기관인[69] 최고인민회의 상임위원회가 비준하며 정부 명의로 체결한 조약과 정부의 승인을 받기로 체약상대방과 합의한 조약은 내각이 승인한다.

조약의 비준과 관련하여 남북한 조약법을 비교해 볼 때 또 한 가지 차이점이 발견된다. 남한은 헌법 제73조의 규정에서 알 수 있듯이 조약의 체결권과 비준권이 동일한 권력기관에 속하고 있다. 반면 북한의 경우에는 조약의 체결권자와 비준권자가 다르게 규정되어 있다. 조약의 체결권은 앞에서 살펴본 바와 같이 국가, 정부 또는 해당 기관에 있는 반면[70] 조약의 비준권은 최고인민회의와 최고인민회의 상임위원회에 있다. 최고인민회의가 조약의 비준을 결정하면,[71] 최고인민회의 상임위원회가 조약을 비준하게 된다.[72]

---

66) 남한 헌법 제60조 제1항: 국회는 상호 원조 또는 안전보장에 관한 조약, 중요한 국제조직에 관한 조약, 우호통상항해조약, 주권의 제약에 관한 조약, 강화조약, 국가나 국민에게 중대한 재정적 부담을 지우는 조약 또는 입법사항에 관한 조약의 체결·비준에 대한 동의권을 가진다.

67) 최고인민회의는 북한의 최고주권기관이다. 북한 사회주의헌법 제87조.

68) 북한 조약법 제13조.

69) 최고인민회의 상임위원회는 최고인민회의 휴회 중의 북한의 최고주권기관이다. 북한 사회주의헌법 제106조.

70) 북한 조약법 제3조.

북한 조약법은 조약의 구속을 받겠다는 동의표시 방법으로 비준과 승인 외에 가입에 대해서도 규정하고 있다. 필요에 따라 이미 체결된 다자조약에도 가입할 수 있다는 조항이 그것이다.[73]

한편, 조약은 조약체결의 모든 절차를 거치는 정식조약(formal treaty)과 일부 절차를 생략한 채 간단한 절차에 의해 체결되는 약식조약(agreement in simplified form)으로 구분할 수 있다. 다시 말해 정식조약이란 조약문의 채택과 인증을 위한 서명과 그 조약에 의하여 구속을 받겠다는 동의표시라는 두 단계의 절차로 성립하는 조약을 말하는 반면,[74] 약식조약이란 서명만으로 조약문의 인증과 구속을 받겠다는 동의표시의 두 가지 기능을 동시에 행하는 간단한 절차의 조약을 말한다.[75] 북한은 약식조약을 간략조약으로 칭하면서 "조약체결의 모든 절차를 다 거치지 않고 교환공문, 교환각서, 합의의사록 등 간단한 문서의 교환방식으로 체결되는 조약"으로 정의하고 있다. 현재 북한에서는 약 30%가 약식조약으로 체결되고 있으며 그 비중이 나날이 늘어나고 있는 추세라고 한다.[76]

라. 조약의 등록 및 비준·승인서의 교환

먼저 조약의 등록에 관해 보면, 유엔헌장은 유엔헌장이 발효한 후 유엔회원국이 체결하는 모든 조약과 모든 국제협정은 가능한 한 신속히 사무국에 등록되고 사무국에 의해 공표된다고 규정하고

---

71) 북한 사회주의헌법 제91조 제17호.

72) 북한 사회주의헌법 제110조 제14호.

73) 북한 조약법 제9조 제2항.

74) 유병화·박노형·박기갑, 『국제법 Ⅰ』(서울: 법문사, 1999), p.144.

75) 위의 책, p.149.

76) 사회과학원 법학연구소, 『국제법사전』, p.3.

있다.[77] 그러나 유엔에 등록하지 않았다고 해서 그 조약이 무효가 되는 것은 아니다. 다만 등록되지 아니한 조약 또는 국제협정의 당사국은 유엔의 어떠한 기관에 대하여도 그 조약 또는 협정을 원용할 수 없을 뿐이다.[78] 북한의 경우 체결된 조약을 유엔사무국에 등록하는 일은 외무성이 한다.[79] 국제법사전은 조약 등록제도의 목적을 "조약이행에 대한 체약국들의 의무감을 높여 주어 조약의 법적 효력을 더욱 튼튼히 담보하는 데 있다."고 설명하고 있다. 또한 조약의 등록방식을 일반등록, 중복등록, 공동등록, 이중등록의 4가지로 구분하면서 일반등록은 체약일방이 하는 등록, 중복등록은 이미 등록된 조약을 다른 체약국이 다시 하는 등록, 공동등록은 체약국들이 공동으로 하는 등록, 이중등록은 두 개 이상의 국제기구에 등록하는 제도로 설명하고 있다.[80]

다음으로 비준 또는 승인서 교환을 보면, 비준 또는 승인문건의 교환과 비준 또는 승인 여부를 체약상대방이나 조약문을 보관하는 나라에 통지하는 일은 외무성이 담당한다.[81]

마. 조약의 국내 공포 및 공고

남한의 경우에는 비준된 조약공포문의 전문에는 국회의 동의 또는 국무회의의 심의를 거친 뜻을 기재하고, 대통령이 서명한 후 대통령인을 압날하고 그 일자를 명기하여 국무총리와 관계국무위

---

77) 유엔헌장 제102조 제1항.
78) 유엔헌장 제102조 제2항.
79) 북한 조약법 제16조.
80) 사회과학원 법학연구소, 『국제법사전』, p.346.
81) 북한 조약법 제14조.

원이 부서한다.[82] 그리고 조약은 관보에 게재하여 이를 공포해야 한다.[83] 반면 북한의 경우에는 조약을 체결한 기관은 조약원문을 정해진 기간에 외무성에 제출해야 하고, 외무성은 조약원문을 등록하고 그것을 중앙문헌지도기관에 이관해야 한다[84]고 만 규정되어 있을 뿐 남한의 조약 공포에 상응하는 제도에 대해서는 명시적인 규정이 발견되지 않는다. 이와 관련하여 북한에는 법무해설원이라고 해서 새로운 법령해설·법위반 자료폭로·법률상담 등의 업무를 수행하는 일종의 선전원이 있는데[85] 이들의 업무에 조약해설이 포함되는지는 불분명하다.

V. 조약의 효력 및 준수와 유보

1969년 조약법협약은 조약의 효력 및 준수와 관련하여 조약의 발효 및 잠정적 적용(제2부 제3절), 조약의 준수(제3부 제1절), 조약의 적용(제3부 제2절), 조약과 제3국(제3부 제4절) 등을 규정하고 있다. 이런 여러 주제들 가운데 북한 조약법 규정과 국제법사전 등을 통해 확인할 수 있는 분야에는 조약상대성의 원칙과 조약당사국의 의무 등이 있다. 아울러 조약의 효력과 관련된 문제로서 조약의 유보에 대해서도 살펴보기로 한다. 조약의 효력과 관련된 문제로서 국제법(조약)과 국내법과의 관계에 관한 이론에 대한 북

---

82) 법령등공포에관한법률 제6조.

83) 법령등공포에관한법률 제11조 제1항.

84) 북한 조약법 제22조.

85) 법원행정처, 『북한사법제도개관』(서울: 법원행정처, 1996), p.663.

한의 태도, 북한이 당사자인 조약이 북한 국내법체계에서 차지하는 지위, 조약이 북한 국내법으로 되기 위한 방식, 사법심사의 가능 여부 등에 대해서는 이 책 제2장에서 살펴본 바 있다.

1. 조약상대성의 원칙

조약은 제3국의 동의 없이는 의무를 부과하거나 권리를 창설하지 못한다.[86] 이를 일반적으로 조약상대성의 원칙이라고 한다. 물론 조약상대성의 원칙에는 예외가 있어서 일정한 경우에는 제3국에 대해서도 의무를 부과하거나 권리를 창설할 수 있다.[87] 북한 역시 2002년 국제법사전에서 "조약은 원칙적으로 체약당사국들에 한하여서만 법적 구속력을 가진다."고 하여 조약상대성의 원칙을 인정하고 있다. 2002년 국제법 사전은 계속하여서 "조약을 체결하는 데서 그 조약에 참가하지도 않은 제3국의 권리나 의무까지 규정한다면 그것은 제3국의 자주권을 무시하고 침해하는 것으로 되며 그 나라의 내정에 간섭하는 행위로 된다. 이것은 국제법상 내정불간섭원칙에 위반될 뿐 아니라 국가들 사이의 분쟁을 일으킬 수 있는 조건으로 된다."고 설명하고 있다.[88] 여기에서도 알 수 있듯이 북한 조약법에 규정되어 있는 조약체결의 원칙은 조약상대성의 원칙에서도 나타나고 있다.

---

86) 1969년 조약법협약 제34조.

87) 1969년 조약법협약 제35조～제36조.

88) 사회과학원 법학연구소, 『국제법사전』, p.349.

2. 조약당사국의 의무

  '서약은 준수되어야 한다.'(*pacta sunt servanda*)는 법언은 하나의 법의 일반원칙이라고 할 수 있다. 1969년 조약법협약은 "조약의 모든 당사국은 조약을 신의성실하게 이행하여야 한다."고 규정함으로써 이 점을 명시하고 있다.[89] 북한 조약법도 "조약을 체결한 기관은 조약에서 지닌 의무를 어김없이 리행하여야 한다. 어찌할 수 없는 사유로 조약을 리행할 수 없을 경우에는 체약상대방에게 알리고 해당한 대책을 세워야 한다."고 규정함으로써 이 원칙을 확인하고 있다.[90] 조약의 의무이행과 관련하여 북한에서 볼 수 있는 한 가지 특이한 점은 조약위반 또는 조약폐기의 책임 있는 자에게 행정적인 책임뿐만이 아니라 형사책임도 지우고 있다는 점이다. 북한 조약법 제23조는 "이 법을 어겨 조약사업에 엄중한 결과를 일으킨 기관의 책임 있는 일군과 개별 공민에게는 정상에 따라 행정적 또는 형사적 책임을 지운다."고 규정하고 있다.[91] 또한 현행 북한형법은 외국인이 외국 또는 외국에 있는 집단을 교사하거나 자금을 대주어 북한과 체결한 조약을 폐기하게 한 행위를 반국가범죄 가운데 하나인 '무장간섭 및 대외관계단절 사촉죄'로 규정하여 10년 이상의 노동교화형에 처하는 것으로 무겁게 처벌하고 있다.[92] 이와 같이 조약위반 또는 조약폐기의 책임이 있는 자에게

---

89) 1969년 조약법협약 제26조.

90) 북한 조약법 제17조.

91) 조약법 외에도 북한의 국내법에는 위반 시 행정적 책임 또는 형사책임을 지우고 있는 많은 특별법이 있는데 몇 가지 예를 들면 재정법(제55조), 발권법(제24조), 화폐류통법(제43조) 등이 있다.

92) 2005년 북한형법 제65조(무장간섭 및 대외관계단절 사촉죄): 다른 나라 사람이 다른 나라 또는 다른 나라에 있는 집단을 추겼거나 자금을 대주어 공화국에 대한 무장간섭을 하게 하

형사책임까지 묻고 있는 것은 민사책임과 형사책임이 혼재되어 있는 북한의 특이한 사법제도와 관계가 있는 것으로 이해된다. 다시 말해 북한의 경우에는 민사재판의 경우에도 형사책임을 추궁하는 것이 가능하게 규정되어 있고,[93] 반대로 형사재판의 경우에도 손해보상청구를 병합하는 것이 가능하게 규정되어 있다.[94]

3. 유보

　2002년 국제법사전은 조약의 유보를 조약의 보류라고 하면서 "국제조약의 보류는 조약을 조인, 비준, 승인, 수락하거나 조약에 추후 가입할 때 체약국 또는 추후가입국이 <u>해당 조약의 일부 조항들이</u> 자기 나라에는 법적 효력을 가지지 않는다는 것과 일부 조항의 <u>해석상 의미와 관련한 자체의 견해를 사전에 천명하며</u> 조약의 적용범위를 달리한다는 공식적 의사를 표시하는 법률행위"로 정의하고 있다.[95] 동 정의로부터 유보에 대한 북한의 입장 몇 가지를 알 수 있다.
　첫째, 조약 전체에 대한 유보가 가능한가와 관련하여 조약 전체

여거나 외교관계를 끊어 버리게 하였거나 공화국과 체결한 <u>조약을 파기하게 한 경우에는</u> 10년 이상의 로동교화형에 처한다(밑줄은 강조한 것임).

93) 2002년 북한 민사소송법 제135조: 재판소는 재판심리과정에 이혼당사자와 사건관계자가 법질서를 어기고 가정불화를 일으키면서 사회적 분위기를 흐리게 한 것을 비롯한 위법행위가 있을 경우 해당한 제재를 가할 데 대한 조치를 취할 수 있다. <u>위법행위의 정상이 엄중할 경우에는 형사책임을 추궁할 데 대한 판정을 한다</u>(밑줄은 강조한 것임).

94) 2005년 북한 형사소송법 제70조: 범죄로 손해를 입은 기관, 기업소, 단체와 공민은 보상책임 있는 자를 상대로 형사사건을 취급하는 예심원 또는 재판소에 <u>손해보상을 청구할 수 있다.</u> 검사는 기관, 기업소, 단체와 공민의 리익을 위하여 직접 재판소에 <u>손해보상청구를 할 수 있다</u>(밑줄은 강조한 것임).

95) 사회과학원 법학연구소, 『국제법사전』, p.347(밑줄은 강조한 것임).

에 대해 유보가 가해지더라도 유보로 보아야 하고 또 이것이 국가 관행임을 지적하는 견해가 있으며 유엔국제법위원회도 이 같은 시각에서 유보의 정의문제를 검토 중이다.[96] 그러나 북한에서의 유보의 정의는 1969년 조약법협약의 그것과 마찬가지로 일부 조항에 대한 유보만을 규정하고 있다. 1969년 조약법협약은 유보를 "자구 또는 명칭에 관계없이 조약의 서명·비준·수락·승인 또는 가입 시에 국가가 그 <u>조약의 일부 규정을</u> 자국에 적용함에 있어서 그 조약의 일부 규정의 법적 효과를 배제하거나 또는 변경시키고자 의도하는 경우에 그 국가가 행하는 일방적 성명"으로 정의하고 있다.[97]

둘째, 유보와 구별되는 개념으로 정책선언과 해석선언이 있다. 정책선언(declaration or statement of policy)이란 어느 국가가 조약규정과 국내법의 조화를 목적으로 조약의 구속을 받겠다는 동의표시 전 또는 그와 동시에 조약의 권리·의무에 직접 관계없이 선언이나 성명을 하는 것을 말한다. 일방적 선언이라는 점에서는 양자가 같으나 정책선언은 조약의 권리·의무에 변경을 가하지 않는 점에서 유보와 다르다.[98] 그리고 해석선언이라 함은 체약국이 조약규정에 대하여 특별한 해석을 부여하기 위한 일방적 선언을 말하는 것으로 조약 규정의 의미에 대하여 선언국이 자국의 입장을 표명하는 것을 말한다.[99] 만일 해석선언이 조약의 권리·의무에 변경을 가하는 것이면 유보이고, 조약의 권리·의무에 변경을 가하지 않는 것이라면 정책선언이라고 해야 할 것이다.[100] 다시 말해

---

96) 김석현, 「조약 유보의 정의에 있어서의 제문제」, 『국제법학회논총』, 제46권 제3호(2001. 12), pp.34 - 35; 김대순, 『국제법론』, 제9판(서울: 삼영사, 2004), pp.108 - 109.

97) 1969년 조약법협약 제2조 제1항 (d)(밑줄은 강조한 것임).

98) 유병화·박노형·박기갑, 『국제법 Ⅰ』, p.181.

99) 김석현, 「조약 유보의 정의에 있어서의 제문제」, p.31.

해석선언 가운데는 권리·의무에 변경을 가하는 유보에 해당하는 것도 있고 권리·의무에 변경을 가하지 않는 정책선언에 해당하는 것도 있다. 그러나 2002년 국제법사전은 '해석상 의미와 관련한 자체의 견해를 사전에 천명하며'라고 하여 해석선언을 모두 유보의 정의에 포함하고 있다.

셋째, 유보는 다자조약에 고유한 문제이며 양자조약에 있어서는 별 문제가 되지 않는다. 설령 양자조약에 대하여 유보가 가하여진다 하더라도 이는 다자조약에 있어서의 유보와는 근본적인 차이가 있다. 다자조약에의 유보는 조약 규정 자체에는 어떠한 영향도 주지 않고 단지 유보국에 대한 적용에 있어서 조약 규정의 '법적 효과'를 배제하거나 변경하려는 것인 데 반해, 양자조약에의 유보는 조약규정의 문언 자체를 수정하려고 시도하려는 것이다.[101] 북한의 2002년 국제법사전은 조약의 유보는 다자조약에서만 인정되며 양자조약에서는 인정되지 않는다고 설명하고 있다.[102]

VI. 조약의 무효

여기에서는 조약의 무효사유를 살펴본다. 아울러 특수한 문제로서 북한 학자들의 글을 통해 을사조약과 1998년 남한과 일본 간에 체결된 한일어업협정(이하 '신한일어업협정'), 강화도 조약, 한미행

---

100) 유병화·박노형·박기갑, 『국제법 Ⅰ』, p.181.
101) 김석현, 『조약 유보의 정의에 있어서의 제문제』, pp.47-49; 김대순, 『국제법론』, pp.110-111.
102) 사회과학원 법학연구소, 『국제법사전』, p.347.

정협정에 대한 북한의 입장을 알 수 있는데 이들 조약에 대해서도 간단히 살펴본다. 북한의 대학 중 법학부가 설치돼 있는 곳은 김일성종합대학, 인민경제대학, 인민보안성 정치대학 등 소수의 대학에 불과하며 그나마 단과대학이라고는 김일성종합대학 법학부가 1999년 9월 법률대학이라는 명칭으로 분리, 독립한 것이 전부인 점에 비춰 보면,[103] 아래에 소개할 북한 학자들의 글은 단지 어느 한 사람의 개인적인 의견이라기보다는 북한의 입장을 대변하고 있다고 보아도 무방할 것이다.

1. 조약의 무효사유

1969년 조약법협약은 제5부 제2절 조약의 부적법(Invalidity of Treaties)이라는 제목하에 조약체결권에 관한 국내법 규정(제46조), 국가의 동의표시권한에 대한 특정의 제한(제47조), 착오(제48조), 기만(제49조), 국가대표의 부정(제50조), 국가대표의 강제(제51조), 힘의 위협 또는 사용에 의한 국가의 강제(제52조), 강행규범과의 충돌(제53조) 등 8가지를 조약의 무효사유로 규정하고 있다.

이러한 조약의 무효사유는 북한의 경우에도 그대로 인정되고 있다. 다만 북한의 2002년 국제법사전은 '조약의 무효조건'이라는 항목에서 국가대표의 강제와 힘의 위협 또는 사용에 의한 국가의 강제 두 가지를 하나로 묶어 1969년 조약법협약에 조약의 무효조건이 7가지로 규정되어 있다고 설명하고 있다.[104] 또한 2002년 국제

---

103) 조선일보 통한문제연구소〈nk.chosun.com〉, 시사백과, 「사법제도: 법조인력양성제도」(검색일: 2006년 9월 24일).

104) 사회과학원 법학연구소, 『국제법사전』, p.349.

법사전은 '조약의 유효조건'이라는 제목에서 "조약의 규제내용이 체약국들의 법규범 특히 기본법에 부합되어야 하며 전권대표 자신들의 착오나 월권행위가 없어야 할뿐 아니라 그들에 대한 사기와 매수가 없어야 하며 체약국이나 전권대표에 대한 위협이나 무력적 강제가 가해지지 말아야 하며 조약 전반 규제사항이 일반국제법의 강행법규에 저촉되지 말아야 한다."고 다시 한 번 설명하고 있다.[105]

2. 을사조약과 신한일어업협정

북한의 2002년 국제법사전은 강제에 의해 체결된 조약에 대해서는 국가 자체에 대한 것이든 조약체결권을 위임받은 전권대표에 대한 것이든 막론하고 무효라고 하고 있다.[106] 주지하다시피 강제(또는 강박)에 의해 체결된 조약의 대표적인 예로는 1905년의 을사조약(또는 을사늑약)이 언급되고 있다. 이 점은 북한의 경우에도 마찬가지이다. 림동춘은 을사조약을 '불법무효한 강도적인 조약'이라고 하면서 그 이유 가운데 하나로 을사조약이 일제의 폭력과 강제에 의해 날조된 조약이기 때문이라고 한다. 그는 을사조약이 무효인 또 다른 이유를 들고 있는데 첫째, 국가로부터 조약체결의 전권위임을 부여받지 못한 자들이 서명하고, 둘째, 우리나라의 자주권을 심히 유린한 침략적인 조약이며, 셋째, 최고주권자나 최고입법기관의 비준을 받지 못했기 때문이라고 적고 있다.[107] 여기에

---

105) 위의 책, p.352.

106) 위의 책, p.5.

107) 림동춘, 「'을사5조약'은 국제법상 불법무효한 강도적인 조약」, 『김일성종합대학학보(력사법학)』, 제47권 제4호(2001), pp.70 - 73.

서도 알 수 있듯이 자주권을 강조하는 북한의 태도는 조약의 무효에도 나타나고 있다. 림동춘은 자주권을 반복하여 강조하고 있는데 관련 부분을 인용하면 다음과 같다.[108]

"'을사5조약'은 우리나라의 외교권을 일본에 넘김으로써 조선을 국제무대에서 완전히 빛을 잃게 하였으며 자주독립국가로서의 우리나라의 운명에 종지부를 찍었다. …… '을사5조약'은 이처럼 조선인민의 민족적 자치권과 자주적 발전의 권리를 송두리째 유린하였으며 ……"

북한이 강조하고 있는 자주권과 관련된 다른 조약으로 1998년 한일 간에 체결된 신한일어업협정을 들 수 있다. 남한에서는 신한일어업협정을 둘러싸고 의견의 대립이 있다. 논란의 핵심은 신한일어업협정상의 중간수역에 독도가 위치함으로써 독도 영유권이 침해되지 않았느냐 하는 점이다. 헌법재판소는 '대한민국과 일본국 간의 어업에 관한 협정비준 등 위헌확인에 확인에 관한 헌법소원'을 기각하면서 독도가 중간수역에 속해 있다 할지라도 독도의 영유권문제는 직접적인 관련을 갖지 않는다고 판시하였다.[109] 그러나 이와는 반대로 학자들 가운데는 독도가 중간수역 내에 위치하게 됨으로써 독도의 영유권이 훼손되었으며 따라서 신한일어업협정을 폐기해야 한다고 주장하는 견해들도 존재하고 있다.[110]

이에 비해 북한은 1999년 1월 29일 외무성 대변인의 담화를 통해 신한일어업협정을 절대로 인정하지 않으며 신한일어업협정은

---

108) 림동춘, 위의 논문, p.73.

109) 헌법재판소 전원재판부 2001. 3. 21. 99헌마139 · 142 · 156 · 160(병합).

110) 이상면, 「신 한일어업협정상 중간수역 문제」, 『국제법학회논총』, 제43권 제2호(1998. 12), pp.151 - 164; 신용하, 「한일 어업협정 재고하라」, 한겨레신문, 1998년 9월 29일, p.6; 김영구, 「독도, 잠정합의수역서 제외돼야」, 조선일보, 1998년 9월 30일, p.4.

완전무효라고 발표한 바 있다.[111] 김일성종합대학 교수인 박영수는
신한일어업협정을 우리 민족의 자주권과 영토완정을 유린하는 극
히 엄중한 침략적이며 매국적인 범죄 문건이라며 그 이유를 두 가
지로 들고 있다. 첫째는 신한일어업협정이 우리나라의 영토인 독도
의 존재를 무시하기 때문이라고 하며, 둘째는 독도 주변의 넓은
수역을 일본에 팔아넘김으로써 남한의 100만 어민들의 생존권을
위협하기 때문이라고 하고 있다.[112]

　이상에서 을사조약과 신한일어업협정에 대한 북한의 입장을 살
펴보았는데 을사조약이 무효라는 점에 대해서는 남북한의 입장이
동일하였다. 이것은 적절히 지적되고 있는 바와 같이[113] 조약법을
비롯한 국제법의 여러 분야에서 남북한이 상호 협력을 통해 민족
공동의 이익을 도모할 수 있다는 점에서 중요하다고 할 수 있다.
반면 신한일어업협정의 경우 중간수역과 독도영유권은 무관하다는
우리 헌법재판소와는 달리 북한은 신한일어업협정이 완전무효라고
주장하고 있다. 이러한 남북한의 입장 차이는 조약승계와 관련하여
우리 민족에게 중요한 과제를 던져 주고 있다고 보인다. 다시 말
해 남북통일 이전에 신한일어업협정이 폐기되거나 개정된다면 문
제가 달라지겠지만 그렇지 않고 그대로 둔 채 남북통일이 이루어
진다면 조약의 국가승계와 관련하여 신한일어업협정을 그대로 승
계할 것인지, 아니면 일부 조정하여 승계할 것인지 또는 승계하지
않을 것인지에 대해 상당히 많은 논란이 있을 것으로 전망된다.
따라서 남북통일 이후의 한일 간 어업질서에 대한 대책을 미리 강

---

111) 박영수, 「남조선괴뢰들과 일본반동들이 조작한 새 '어업협정'은 침략적이며 매국적인 범죄
　　　문건」, 『김일성종합대학학보(력사법학)』, 제45권 제3호(1999), pp.66에서 인용.

112) 박영수, 위의 논문, p.66, p.69.

113) 이장희 「북한의 국제법 일반에 대한 동향과 전망」, p.262.

구하는 것도 통일을 앞두고 있는 우리에게 주어진 중요한 과제 가운데 하나가 될 것이다.

3. 불평등조약

조약의 무효와 관련하여 어려운 문제 가운데 하나가 불평등조약의 문제라고 할 수 있다. 왜냐하면 평등의 개념은 추상적이고 상대적이어서 자의적으로 해석될 수 있기 때문이다. 조약체결에 있어서의 불평등은 1969년 조약법협약에는 조약 무효사유로는 명시되어 있지 않다. 그러나 사회주의 국가들은 불평등조약을 조약의 부적법 또는 최소한 조약의 종료 사유로 원용하고 있다.[114] 북한도 2002년 국제법사전에서 불평등조약은 국제법상 공인된 자주권존중 원칙과 국가평등의 원칙에 위반되는 조약으로 법적 효력을 가지지 못한다고 설명하고 있다.[115]

불평등조약과 관련하여 북한 문헌을 통해 강화도조약(병자수호조약 또는 조일수호조규)과 한미행정협정에 대한 북한의 입장을 알 수 있다. 북한은 강화도조약을 불평등조약으로 보고 있다.[116] 림동춘은 다음과 같이 적고 있다.[117]

---

114) Werner Morvay, "Unequal Treaties" in *Encyclopedia of Public International Law*, Installment 7(1984), p.516.

115) 사회과학원 법학연구소, 『국제법사전』, p.247.

116) 남한에서도 강화도조약이 불평등조약이라는 견해가 지배적이라고 할 수 있으나, 다른 시각에서 이해하는 견해도 없지 않다. 이근관 교수는 다음과 같이 적고 있다. "……수호조규의 체결이 단지 일본의 책략과 조선의 무지몽매함의 결합된 산물이 아니라는 것과 또한 당시 조선의 準據의 틀이었던 전통적인 동아시아의 국제질서의 관점에서 보면 수호조규의 형식 및 내용이 1876년 이전 시기의 동아시아 특히 朝·日 양국 간에 성립하고 있던 국제법적인 관행과 상당한 연속성(continuity)을 지니고 있었다……" 이근관, 「朝日修好條規(1876)의 再評價」, 『서울국제법연구』, 제11권 1호(2004), p.59.

> "이처럼 일본침략자들이 1876년 2월 27일에 강요한 '강화도조약'은 정치, 경
> 제, 군사, 외교 등 모든 분야에서 우리 민족의 자주권을 전면적으로 유린한 예
> 속조약이었으며 미국, 영국을 비롯한 구미열강들이 우리나라에 마음대로 기어
> 들 수 있도록 침략의 길을 열어준 불평등조약이었다."

또한 북한은 한민행정협정에 대해서는 "미국은 남조선을 강점하
고 저들의 침략적 핵군사기지로 전변시킴으로써 우리나라의 통일
을 가로막고 있을 뿐 아니라 조선반도에서 새 전쟁의 위험을 조성
하고 아세아와 세계의 평화와 안전을 위협하고 있습니다."고 한 김
정일의 교시를 내세우며 한미행정협정은 온 민족의 존엄을 해치는
현대판 노예문서로서 남한 주민들의 민족의 존엄과 자주권을 여지
없이 짓밟고 있다고 주장하고 있다.[118]

VII. 조약의 종료와 폐기 및 탈퇴

북한 조약법 제18조는 (ⅰ) 체약상대방과 조약을 폐기하기로 합
의하였을 경우, (ⅱ) 체약상대방이 조약의 본질적 내용을 이행하지
않았을 경우, (ⅲ) 나라의 자주권과 최고이익이 침해당하였을 경우
에 조약을 폐기할 수 있다고 규정하고 있다. 그리고 이어 북한 조
약법 제19조는 폐기절차에 관해 규정하고 있다. 동 조항에 따르면
조약을 폐기하려는 기관은 조약의 효력을 없애거나 조약에서 탈퇴
하는 것에 대한 문건을 만들어 외무성에 제출해야 하며, 외무성은

---

117) 림동춘, 「'강화도조약'은 침략적이며 불평등적인 예속조약」, 『김일성종합대학학보(력사법
    학)』, 제42권 제3호(1996), p.55.
118) 민주조선, 2006년 7월 11일, 「'행정협정'은 민족의 존엄을 해치는 현대판노예문서」

문건을 검토하고 그것을 해당 기관의 심의를 받도록 해야 한다.

북한 조약법 제18조에 규정되어 있는 첫 번째와 두 번째의 조약 폐기 사유는 1969년 조약법협약에도 규정되어 있는 것으로 국제관습법적인 내용을 성문법전화한 것이라고 말할 수 있다. 1969년 조약법협약 제54조 (b)는 다른 체약국과 협의한 후에 언제든지 모든 당사국의 동의를 얻는 경우에는 조약의 종료나 탈퇴를 할 수 있다고 규정하고 있고, 동 협약 제60조는 양자조약과 다자조약을 불문하고 어느 당사국에 의한 실질적 위반(material breach)이 있을 때에는 조약을 종료할 수 있는 것으로 규정하고 있다. 문제는 세 번째 폐기사유로 규정되어 있는 '나라의 자주권과 최고이익이 침해당하였을 경우'라고 할 수 있다. 국제관계에서 자국의 주권과 이익을 내세우는 것은 어찌 보면 당연한 일이겠지만 반면 자국에 유리하게 자의적으로 해석되는 경우에는 악용 내지는 남용될 가능성이 높다는 것도 쉽게 예상할 수 있다.

한편, 조약규정에서 조약의 효력기간을 명시하는 경우에는 그 기간이 만료되면 조약은 종료하게 된다. 이와 관련하여 한 가지 특기할 만한 것은 북한은 조약의 효력 기간에 따라 조약을 유기조약과 무기조약으로 구분하고 있는데 전자는 99년까지의 조약, 후자는 100년 이상 조약으로 나누고 있다.[119]

1969년 조약법협약 제56조는 종료·폐기 또는 탈퇴에 관한 명시적인 규정을 포함하지 아니하는 조약의 폐기 또는 탈퇴에 관해 규정하고 있다. 동 조 제1항에 따르면 (a) 당사국이 폐기 또는 탈퇴의 가능성을 인정하고자 하였음이 확정되는 경우 또는 (b) 폐기 또는 탈퇴의 권리가 조약의 성질상 묵시되는 경우에 해당되지 아

---

119) 사회과학원 법학연구소, 『국제법사전』, p.350.

니하는 한 조약의 폐기 또는 탈퇴는 인정되지 않는다. 이 문제와 관련하여 북한은 1997년 8월 21일 '소수민족의 보호와 차별 금지에 관한 유엔 소위원회'(일명 유엔 인권소위원회)가 북한의 인권에 관한 관행을 비판하는 결의를 채택하자 1997년 8월 25일 유엔 사무총장에게 '시민적 및 정치적 권리에 관한 국제규약'(International Covenant on Civil and Political Rights, 이하 '자유권규약')을 탈퇴한다는 통보를 한 바 있다.[120] 그러나 유엔 사무총장은 1997년 9월 23일 북한에 보낸 비망록(aide－mémoire)을 통해 북한의 탈퇴는 자유권규약의 모든 당사국이 동의하지 않는 한 불가능하다는 입장을 밝혔고,[121] 자유권규약위원회[122](Human Rights Committee)도 1997년 12월 8일 일반논평을 통해 자유권규약을 비준하거나 가입 또는 승계한 국가는 자유권규약을 폐기하거나 탈퇴할 수 없다고 하였다.[123] 따라서 북한은 아직까지 법적으로 자유권규약의 당사국이라고 할 것이다. 북한은 자유권규약 탈퇴 이후인 2000년 5월 4일 인권이사회에 2차 보고서를 제출한 바 있는데,[124] 이것은 북한 스스로 자유권규약의 당사국임을 대외적으로 천명한 것이라고 할 수 있다.[125]

---

120) 북한은 1981년 9월 14일 자유권규약에 가입하였다.

121) United Nations, Treaty Collection⟨untreaty.un.org/English/access.asp⟩, Status of Multilateral treaties deposited with the Secretary－General(검색일: 2006년 3월 6일).

122) Human Rights Committee는 그동안 흔히 인권이사회로 번역되었으나 유엔 인권이사회(Human Rights Council)가 설립됨에 따라 자유권위원회 또는 자유권규약위원회로 번역하는 것이 타당해 보인다. 유엔 인권이사회는 2006년 3월 15일 유엔 총회 찬성 170표, 반대 4표, 기권 3표로 설립 결의안이 통과된 바 있다.

123) Human Rights Committee, General Comment 26(1997. 12. 8), para.5.

124) UN Doc. CCPR/C/PRK/2000/2.

125) 북한의 자유권규약 탈퇴와 그 효과에 대한 보다 상세한 내용은 김명기, 「북한의 인권규약 탈퇴에 관한 연구」, 『국제법학회논총』, 제45권 제1호(2000. 6), pp.21－36, 지봉도, 「북한의 국제인권규약탈퇴의 법적 효과」, 『국제법학회논총』, 제42권 제2호(1997. 12),

Ⅷ. 결론

이상에서 1998년 채택된 형식적 의미에서의 북한 조약법 규정들을 중심으로 남한 조약법과 비교해 가면서 남북한 조약법의 공통점과 차이점 및 실질적 의미에서의 북한 조약법이 가지고 있는 특징을 분석해 보았다. 북한 조약법의 특징, 남한 조약법과의 차이점과 공통점으로 나누어 본문의 내용을 요약하면 다음과 같다.

첫째, 북한 조약법의 특징. (ⅰ) 가장 큰 북한 조약법의 특징이라고 할 수 있는 점은 자주권을 강조하고 있다는 것이다. 북한 조약법은 자주권을 조약체결원칙의 하나로 내세우고 있고, 자주권에 관계되는 조약은 중요 조약으로 간주하여 최고주권기관인 최고인민회의의 비준을 받도록 하고 있으며, 자주권 침해를 조약 폐기 사유의 하나로 규정하고 있다. 또한 자주권의 파생원칙으로 평등과 내정불간섭 원칙을 조약체결의 원칙들로 규정하고 있다. 그리고 강제조약이 무효임을 설명함에 있어서도 자주권이 언급되고 있다. (ⅱ) 불평등조약을 무효라고 하고 있다. 불평등조약이 무효라고 설명함에 있어서도 자주권존중원칙과 국가평등원칙에 위반되기 때문이라고 한다. (ⅲ) 조약위반 또는 조약 폐기의 책임 있는 자에게 형사책임을 지우고 있다. (ⅳ) 조약에 대한 유보와 관련하여 해석선언 가운데는 유보에 해당하는 것도 있는 반면 유보가 아닌 정책선언에 해당하는 것도 있는 것으로 이해되고 있으나 북한은 유보를 정의함에 있어 해석선언을 모두 유보의 정의에 포함시키고 있다.

둘째, 남북한 조약법의 차이점. 조약체결절차라든지 조약체결

<hr>

pp.197－213 참조.

권·조약비준권 등에 있어 가장 많은 차이를 보이고 있는데 이는 남북한 간의 정치구조의 차이에 기인한다고 볼 수 있다. 중요한 몇 가지 차이점은 다음과 같다. (ⅰ) 조약체결권이 남한의 경우에는 대통령 1인에게 있으나 북한은 국가, 정부 또는 해당 기관에 분산되어 있다. (ⅱ) 조약비준권의 경우에도 남한의 경우에는 대통령 1인에게 있으나 북한의 경우에는 최고인민회의와 최고인민회의 상임위원회에 분산되어 있다. (ⅲ) 조약의 체결권과 비준권이 대통령에 속해 있는 우리와 달리 북한의 경우에는 조약의 체결권자와 비준권자가 다르게 되어 있다. (ⅳ) 조약의 구속을 받겠다는 동의 표시에 있어 남한의 경우에는 헌법에 비준만이 규정되어 있는 반면 북한의 경우에는 형식적 의미에서의 북한 조약법에 비준과 더불어 승인과 가입도 규정되어 있다. 이와 같은 조약체결권과 조약비준권의 분산 및 조약의 구속을 받겠다는 동의표시의 한 형태로서의 승인은 향후 있을 수 있는 헌법 개정이나 나아가 남북통일 이후의 통일조약과 관련하여 검토의 필요성이 있다고 생각된다. (ⅴ) 남한은 조약을 관보에 게재하여 공포하고 있으나 북한의 경우에는 남한의 조약 공포 제도에 상응하는 제도에 대해서 명시적인 규정이 발견되지 않는다.

셋째, 남북한 조약법의 공통점. 조약의 체결절차가 남북한의 정치구조의 차이로 인해 여러 차이점을 보이고 있다면 조약상대성의 원칙, 조약당사국의 의무와 같은 조약의 효력에 관련된 문제 및 조약의 무효사유에 있어서 남북한 조약법은 대동소이하다. 특히 본문에서도 한 차례 언급한 바와 같이 을사조약에 대해서는 남북한의 입장이 동일하였는데 결국 이것은 조약문제, 나아가 독도영유권 문제, 간도문제, 중국의 동북공정을 비롯한 국제법의 여러 분야에

서 남북한이 상호 협력을 통해 민족공동의 이익을 도모할 수 있다
는 점에서 중요한 의미를 갖는다고 생각된다.

한편, 조약의 국내공포절차를 비롯한 중요한 몇 가지 문제는 조
약법이나 헌법에 명시되어 있지 않거나 북한 학자들의 글을 통해
서도 알려져 있지 않은 주제들이 있다. 이런 주제들은 앞으로 우
리 모두가 관심을 갖고 연구해 나가야 할 것이다. 아울러 불평등
조약을 무효라고 보는 북한의 입장, 해석선언을 모두 유보에 포함
시키고 있는 유보의 정의, 신한일어업협정을 무효라고 주장하는 북
한의 태도는 단순한 남북한 당국 간 또는 남북한 학자들 간의 인
식차이 정도로만 바라봐서는 안 될 것이다. 필자의 판단으로는 이
러한 문제들은 향후 남북한이 관련된 조약문제나 남북통일 시 조
약의 유무효 및 조약의 승계와 관련하여 적잖은 문제가 발생할 가
능성이 얼마든지 있어 보인다. 그렇기 때문에 각각의 문제에 대해
서는 면밀한 검토와 연구가 이루어져야 할 것이다.

〈표 Ⅲ-1〉 남북한 조약법의 비교[126]

구분	남한 조약법	북한 조약법
조약법상의 용어	양자조약	쌍방조약
	다자조약	다방조약
	유보	보류
	약식조약	간략조약
	조약법에 관한 비엔나(비인 또는 빈)협약	조약법에 관한 윈협약
조약의 국내적 연원	조약문제를 포괄적으로 다루는 독립된 국내법이 없음	조약법이 제정되어 있음
지방정부의 조약체결능력	없음. 관련 규정: 헌법 제117조 제1항, 지방자치법 제11조 1호	없음. 관련 규정: 사회주의헌법 제134조, 제141조 및 지방주권기관법 제10조, 제24조

---

126) 이 표는 필자가 북한 조약법, 북한 사회주의헌법 및 북한 문헌 등을 참조하여 정리한 것
이다.

구분	남한 조약법	북한 조약법
조약체결의 원칙		자주권 존중, 평등과 호혜, 내정불간섭(조약법 제2조 제2항).
조약체결권자	대통령(헌법 제73조)	국가, 정부 또는 해당 기관 (조약법 제3조).
조약비준권자	대통령(헌법 제73조)	최고인민회의가 비준 결정(헌법 제91조 제17호) 최고인민회의 상임위원회가 비준(헌법 제110조 제14호)
조약문의 작성 및 채택	외교통상부 조약국과 관련 부처 간의 사전 협의 필요	조약을 체결하려는 기관이 해당 기관의 승인을 받아야 함(조약법 제4조)
조약문 인증의 사전절차	법제처 심사와 국무회의 심의를 거쳐야 함(정부조직법 제24조 제1항, 헌법 제89조 제3호)	조약의 비준 또는 승인을 받으려는 기관은 외무성과 합의하고 해당 기관의 심의를 받아야 함(조약법 제12조)
조약의 구속을 받겠다는 동의	비준만 규정되어 있음 (헌법 제73조)	비준, 승인, 가입에 대해 규정되어 있음(조약법 제9조, 제12~14조)
조약 위반에 대한 책임	명시적인 규정 없음	조약위반의 책임 있는 일군과 개별 공민에게 정상에 따라 행정적 또는 형사적 책임을 지움(조약법 제23조)
조약 폐기에 대한 책임	명시적인 규정 없음	외국인이 외국 또는 외국에 있는 집단을 교사하거나 자금을 대주어 북한과 체결한 조약을 파기하게 한 경우에는 10년 이상의 노동교화형에 처함(북한형법 제65조)
조약의 등록, 비준·승인서의 교환		외무성이 담당 (조약법 제16조, 제14조)
조약의 공포 및 공고	관보에 게재하여 공포(법령등공포에관한 법률 제11조 제1항)	외무성은 조약원문을 등록하고 중앙문헌지도기관에 이관해야 함(조약법 제22조). 조약 공포에 대한 명시적인 규정은 없음
조약과 국내법의 관계	헌법에 의해 체결·공포된 조약은 국내법과 같은 효력(헌법 제6조 제1항)	헌법에 규정되어 있지 않고 국적법 제16조를 비롯하여 16개 하위 법률에서 규정하고 있음 조약과 국내법의 관계는 3가지 부류로 구분됨.
비준 시 국회 동의 여부	헌법 제60조 제1항에 언급되어 있는 조약은 국회동의 필요	명시적인 규정 없음
해석선언	유보에 해당하는 것도 있고 정책선언에 해당하는 것도 있는 것으로 이해되고 있음	해석선언을 모두 유보의 정의에 포함시키고 있음

제**4**장

국제인권조약 실행과 인권관 *

Ⅰ. 서론

  2008년 2월 북한인권정보센터(NKDB)가 발간한 『북한인권 문헌
분석』에 따르면 북한인권과 관련하여 2008년 2월까지 발간된 단
행본이 88권, 수기 및 증언이 165권, 석·박사학위논문이 23편(박
사 4편, 석사 19편), 주간지 및 잡지 587편, 학술논문 48편으로 조
사되고 있다.[1] 이 책의 발간사에서도 밝히고 있듯이 이 통계에는
누락된 것들도 다수 있는 것으로 보이므로 실제 북한인권과 관련
된 문헌 및 자료는 이보다 더 많다고 생각된다.

  북한의 인권실태와 개선방안에 대해서는 그동안 많은 논의가 있
어 왔다. 한편, 한 북한인권문제 전문가는 국내에서의 북한인권 논
의가 북한인권상황, 북한인권 개선방향 및 북한인권 관련 국제사회
의 동향 등 실천적인 면에 치중되어 있으며, 이론적인 논의가 부
족함을 지적하고 있다.[2] 이러한 맥락에서 이 글은 그동안 많이 다
루어졌던 북한인권실태 및 개선방향에 대해 논의하기보다는 그동
안 상대적으로 연구가 부족했던 이론적인 측면에 대해 살펴보고자
한다. 특히 국제법적인 시각에서 북한인권문제와 관련된 몇 가지
쟁점을 분석·평가하고자 한다.

  연구의 범위와 관련하여 북한인권의 범주를 간단히 언급할 필요
가 있다. 여기에 포함되는 문제들은 지리적인 범위를 기준으로 나

---

  * 본 장은 이규창, 「북한인권문제와 국제법」, 북한법연구회 제126회 월례발표회(2008. 3.
   27.) 발표문을 수정, 보완, 발전시킨 것입니다.

1) 북한인권정보센터, 『북한인권 문헌분석』(2008. 2), pp.48-61, pp.72-75, pp.104-
  108. 이는 탈북자, 새터민, 국군포로·납북자·이산가족 등의 인도주의 사안을 제외한 북한
  내 인권과 관련된 통계이다.

2) 서보혁, 『북한 인권: 이론·실제·정책』(파주: 한울 아카데미, 2007), pp.9-13.

눌 수 있다. 첫째, 북한 지역의 인권문제로서 좁은 의미의 북한인권문제라고 할 수 있다. 둘째, 해외에서의 북한인권문제가 있다. 해외 탈북자 문제가 여기에 속하는 대표적인 문제이다. 셋째, 한국에서의 북한인권문제가 있다. 새터민과 관련된 여러 가지 문제가 여기에 해당된다. 이 글은 좁은 의미에서의 북한인권문제만을 대상으로 한다.

그런데 좁은 의미에서의 북한인권문제로 범위를 좁히더라도 여기에는 또다시 여러 문제들이 내재되어 있다. 이것은 국제인권법, 국제인도법, 국제형사법과의 관계와도 관련이 있다. 북한인권문제라고 할 때 통상적으로 국군포로, 납북자, 이산가족문제도 포함하여 논의되고 있다. 그러나 이 문제들은 주로 인도주의사안으로서 국제인도법의 대상이라고 할 수 있다. 그렇지만 이 문제들이 국제인권법과 전혀 무관한 것은 아니다.[3] 아울러 북한인권과 관련하여 김정일 북한 국방위원장을 국제형사재판소(ICC)에 기소해야 한다는 주장이 꾸준히 제기되고 있다.[4] 예를 들어, 미국의 북한인권위원회

---

3) 국제인권법이 모든 상황에서 모든 개인에게 적용되는 반면 국제인도법은 무력충돌과 같은 특정한 상황에 특정한 사람들(예를 들어 부상자, 포로, 전시민간인 등)에게 적용된다. 또한 연혁적인 점에서도 국제인권법은 주로 2차 세계대전 이후 발전한 반면 국제인도법은 1899년과 1907년의 헤이그 제 협약 및 1949년의 4개 제네바협약과 1977년의 2개의 의정서를 주요 연원으로 하고 있다. 이와 같이 국제인권법과 국제인도법이 구분되기는 하지만 인권의 핵심적인 원칙이 국제인도법에도 들어 있으며, 무엇보다도 국제인도법이 적용된다고 해서 국제인권법의 적용이 배제되는 것은 아니다. Héctor Gros Espiell, "Humanitarian Law and Human Rights", Janusz Symonides(ed.), *Human Rights: Concept and Standards*(2000), pp.352-353.

4) 이와 관련하여 국제형사재판소(ICC)는 2009년 3월 4일 전쟁범죄 및 인도에 반하는 범죄혐의로 수단 대통령 오마르 알 바시르(Omar Al Bashir)에 대한 체포 영장을 발부한 바 있다. 이에 대해서 북한 외무성은 수단 인민의 지지를 받아 합법적으로 선거(선출)된 국가수반을 체포하겠다는 것은 주권국가의 자주권에 대한 전대미문의 난폭한 침해라며 비난했다고 북한 조선중앙통신이 2009년 3월 8일 보도했다. 연합뉴스, 2009년 3월 8일.
수단 대통령에 대한 체포영장은 국제형사재판소가 국가원수에 대하여 발부한 최초의 체포영장이다. 이러한 체포영장 발부가 김정일 정권에 대한 체포영장 발부로 연결될지 매우 주목된다. 수단과 북한은 2009년 3월 11일 현재까지 국제형사재판소 로마규정에 가입하지 않고

(HRNK)와 뉴욕의 대형법률회사인 스캐든 압스 슬레이트 미거 앤
드 플롬(Skadden, Arps, Slade Meager & Flom LLP)은 '북한인권보
호를 위한 법적 방안'(Legal Strategies for Protecting Human Rights
in North Korea)라는 보고서를 발표하였는데, 이 보고서는 시민단
체들이 국제형사재판소뿐만 아니라 미국법원에 김정일 정권의 반
인륜 범죄의 기소 여부를 검토하고 있다. 뿐만 아니라 북한의 인
권상황 개선을 위한 법적 수단으로 유엔 안보리가 북한을 유엔헌
장상의 '평화에 대한 위협'으로 간주해 제제를 가하는 방안, 미국
의 '외국인불법행위청구법'(Aliens Tort Claims Act; ATCA)을 통해
미국 내 북한 자산을 동결하는 방안 등을 제시하고 있다.[5] 또한
언론에 따르면 비팃 문타폰 유엔 북한인권특별보고관은 2008년 2
월 26일 북한의 인권침해에 대해 국제 차원에서 국가와 개인의 형
사책임을 물어야 한다고 강조하였다고 하였으며,[6] 한 시민단체는
북한이 '시민적 및 정치적 권리에 관한 국제규약'(이하 '자유권규
약') 제1조(개인의 자유와 안전에 관한 권리), 제7조(어느 나라로든
임의로 떠날 수 있는 권리), 제9조(자국에 귀국할 수 있는 권리),
제12조(가족의 화합을 지킬 권리), 제18조(사상의 자유를 지킬 권
리), 제23조(강제적 노동을 강요받지 않을 권리)를 침해하였다고 주
장하며 2007년 10월 15일 북한 당국을 자유권규약위원회(Human
Rights Committee)에 개인통보를 제출한 바 있다고 한다.[7] 그러나

있다. 그러나 동 규정은 유엔 안전보장이사회가 국제형사재판소의 관할범죄 가운데 하나 또
는 둘 이상이 발생한 것으로 보이는 사태를 국제형사재판소 검찰관에게 회부한 경우 국제형
사재판소가 관할권을 행사할 수 있다고 규정하고 있다(제13조 b).

5) 통일연구원, 『북한인권: 국제사회 동향과 북한의 대응』, 제2권 2호(2007), pp.11-12.

6) 조선일보 통한문제연구소〈nk.chosun.com〉, 「유엔인권보고관 '北 당국·개인에 인권침해
형사책임 물어야'」(검색일: 2008년 2월 26일).

7) 데일리엔케이(www.dailynk.com), 「납북귀환자들, 北당국 유엔인권위에 제소」(검색일: 2007년

이 글에서 이 모든 문제를 다 다룰 수는 없고, 범위를 한정하여 좁은 의미의 국제인권법과 관련된 문제들을 분석의 대상으로 삼고자 한다.

아래에서는 북한의 국제인권조약에 대한 실행과 북한의 인권관을 살펴보고 북한의 인권관과 관련된 쟁점을 국제법에 비추어 분석·평가하고자 한다.

II. 북한의 국제인권조약 실행

1. 북한의 국제인권조약 가입 및 유보 현황

소위 유엔의 7대인권협약의 경우를 보면 북한은 '경제적, 사회적 및 문화적 권리에 관한 국제규약'(이하 '사회권규약'), 자유권규약, '여성에 대한 모든 형태의 차별철폐에 관한 협약'(이하 '여성차별철폐협약'), '아동의 권리에 관한 협약'(이하 '아동권리협약') 등 4개 협약에는 가입하고 있으나 '모든 형태의 인종차별철폐에 관한 국제협약'(이하 '인종차별철폐협약'), '고문 및 그 밖의 잔혹한·비인도적인 또는 굴욕적인 대우나 처벌의 방지에 관한 협약'(이하 '고문방지협약'), '모든 이주노동자와 그 가족의 권리보호에 관한 협약'(이하 '이주노동자권리협약') 등 3개 협약에는 가입하지 않고 있다. 이와 관련하여, 북한은 인종차별과 인종격리는 가장 악독한 인간증오사상과 인종우열론에 기초를 두고 있는 엄중한 인권유린

____
11월 14일).

이라고 비판하면서도[8] 인종차별철폐협약과 '인종차별범죄의 억제 및 처벌에 관한 국제협약'에는 가입을 하지 않고 있다.

<표 Ⅳ-1> 남북한 국제인권조약 가입 및 유보 현황

2008년 10월 10일 현재

조약명	채택 및 발효연도	한국	북한
집단살해죄의 방지와 처벌에 관한 협약	채택: 1948. 12. 9. 발효: 1951. 1. 12.	가입: 1950. 10. 14. 발효: 1951. 12. 12. (조약 제1382호) 유보: 없음	가입: 1989. 1. 31. 발효: 1989. 5. 1. 유보: 없음
인종차별철폐협약	채택: 1966. 3. 7. 발효: 1969. 1. 4.	비준: 1978. 12. 5. 발효: 1979. 1. 4. (조약 제667호) 유보: 없음	미가입
경제적, 사회적 및 문화적 권리에 관한 국제규약	채택: 1966. 12. 16. 발효: 1976. 1. 3.	가입: 1990. 4. 10. 발효: 1990. 7. 10. (조약 제1006호) 유보: 없음	가입: 1981. 9. 14. 발효: 1981. 12. 14. 유보: 없음
시민적 및 정치적 권리에 관한 국제규약	채택: 1966. 12. 16. 발효: 1976. 3. 23.	가입: 1990. 4. 10. 발효: 1990. 7. 10. (조약 제1007호) 유보: 제22조	가입: 1981. 9. 14. 발효: 1981. 12. 14. 유보: 없음
시민적 및 정치적 권리에 관한 국제규약 선택의정서	채택: 1966. 12. 16. 발효: 1976. 3. 23.	가입: 1990. 4. 10. 발효: 1990. 7. 10. (조약 제1008호) 유보: 없음	미가입
시민적 및 정치적 권리에 관한 국제규약 제2선택의정서	채택: 1989. 12. 15. 발효: 1997. 7. 11.	미가입	미가입
전쟁범죄 및 반인도적 범죄에 대한 공소시효의 부적용에 관한 협약	채택: 1968. 11. 26. 발효: 1970. 11. 11.	미가입	가입: 1984. 11. 8. 발효: 1985. 2. 6. 유보: 없음
인종차별범죄의 억제 및 처벌에 관한 국제협약	채택: 1973. 11. 30. 발효: 1976. 7. 18.	미가입	미가입
여성차별철폐협약	채택: 1979. 12. 18. 발효: 1981. 9. 3.	비준: 1984. 12. 27. 발효: 1985. 1. 26. (조약 제855호) 유보: 제16조 1항 g	가입: 2001. 2. 27. 발효: 2001. 3. 29. 유보: 제2조 f, 9조 2항, 29조 1항

---

8) 박영수, 「인권을 위한 국제적 투쟁과 국제인권법전」, 『김일성종합대학학보: 력사법학』, 제39권 제12호(1993. 12), p.65.

조약명	채택 및 발효연도	한국	북한
여성차별철폐협약 선택의정서	채택: 1999. 10. 6. 발효: 2000. 12. 22.	가입: 2006. 10. 18. 발효: 2007. 1. 18. (조약 제1828호) 유보: 없음	미가입
고문방지협약	채택: 1984. 12. 10. 발효: 1987. 6. 26.	비준: 1995. 1. 9. 발효: 1995. 2. 8. (조약 제1272호) 유보: 없음	미가입
고문방지협약 선택의정서	채택: 2002. 12. 18. 발효: 2006. 6. 22.	미가입	미가입
스포츠에 있어서의 인종차별 방지 국제협약	채택: 1985. 12. 10. 발효: 1988. 4. 3.	미가입	미가입
아동권리협약	채택: 1989. 11. 20. 발효: 1990. 9. 2.	비준: 1991. 11. 20. 발효: 1991. 12. 20. (조약 제1072호) 유보: 9조 3항, 21조 a, 40조 2항 b, v	비준: 1990. 9. 21. 발효: 1990. 10. 21. 유보: 없음
아동의 무력충돌 참여에 관한 아동권리협약 선택의정서	채택: 2000. 5. 25. 발효: 2002. 2. 12.	비준: 2004. 9. 24. 발효: 2004. 10. 24. (조약 제1687호) 유보: 없음	미가입
아동의 매매·성매매 및 아동 음란물에 관한 아동권리협약 선택의정서	채택: 2000. 2. 25. 발효: 2002. 1. 18.	비준: 2004. 9. 24. 발효: 2004. 10. 24. (조약 제1688호) 유보: 없음	미가입
이주노동자권리협약	채택: 1990. 12. 18. 발효: 2003. 7. 1.	미가입	미가입
장애인 권리 협약 장애인 권리 협약 선택의정서	채택: 2006. 12. 13. 발효: 2008. 5. 3.	서명: 2007. 3. 30. 비준: X	미서명
강제실종으로부터 모든 사람을 보호하기 위한 국제협약	채택: 2006. 12. 13. 발효: 미발효	미서명	미서명

위의 표에서 보는 바와 같이 북한은 조약을 가입 또는 비준하면서 유보[9]를 하지 않고 있다. 다만 예외적으로 여성차별철폐협약의 경우에는 제2조 (f), 제9조 제2항, 제29조 제1항에 유보를 하고 있다.[10] 여기서 우리는 북한이 왜 이 조항들에 대하여 유보를 하였

---

9) 북한 조약법상의 유보에 대해서는 이 책 제3장 Ⅴ의 3 참조.

는지 생각해 볼 필요가 있다.

첫째, 제2조 (f)는 당사국에 대해 여성에 대한 차별을 구성하는 현행 법률, 규칙, 관습 및 관행을 수정 또는 폐지하도록 입법을 포함한 모든 적절한 조치를 취할 것을 약속하도록 규정하고 있다. 북한이 이 규정을 유보한 이유는 정확히 알 수 없다. 이와 관련하여 북한은 1946년 7월 30일 '북조선 남녀평등권에 대한 법령'을 제정한 바 있다. 이 법령 제1조는 "국가, 경제, 문화, 사회, 정치생활의 모든 령역에서 녀성들은 남자들과 평등권을 가진다."고 규정하고 있다. 1948년의 제정헌법에서도 동일한 내용을 규정하고 있다(제22조). 우리는 여기서 여성차별철폐협약 제2조 (f)가 법률, 규칙뿐만 아니라 관습(customs)과 관행(practices)의 수정 또는 폐지에 대해서도 규정하고 있음을 주목할 필요가 있다. 법·제도적인 측면에서는 북한 여성들이 정치·경제·사회·문화를 비롯한 모든 분야에서 남성들과 동등한 권리를 갖는다고 규정되어 있으며, 또한 여성차별철폐협약 이행에 대한 최초보고서에는 북한에서 여성차별은 오랜 역사를 통해 철폐되어 왔다고 주장하고 있다. 그러나 실제에 있어 북한여성의 사회적 지위와 역할은 북한이 주장하는 것만큼 향상되지 않았으며, 봉건적 가부장 질서에서 형성된 여성들에 대한 차별의식도 그대로 남아 있다. 정치 참여에 있어서도 1970년대 이래 북한 최고인민회의 대의원 가운데 20% 내외가 여성의원들이며 지방인민회의 대의원 비율도 20~30% 정도인 것으

---

10) 이와 같이 북한이 인권조약에 가입 또는 비준하면서 자국에 적용되는 국제인권의무의 범위를 축소할 수 있는 유보제도를 거의 활용하지 않는 것은 매우 이례적이며, 이와 같은 북한의 태도가 북한식의 통 큰 태도의 결과인지 아니면 북한 내 법치주의의 미확립에 따른 조약과 상충하는 국제법제 검토 소홀의 산물인지는 분명하지 않다는 점이 지적되고 있다. 정경수, 「북한의 국제법 인식과 인권정책」, 국가인권위원회, 『북한인권법제연구』(2006), p.334.

로 알려져 있다. 경제적 측면에서의 여성 참여는 남녀평등의 구현을 위해서라기보다는 사회주의 건설과 전후 복구사업을 추진하는 과정에서 절대적으로 부족한 노동력을 여성노동력으로 충당하기 위해 장려되었다.[11] 결국 북한이 여성차별철폐협약 제2조 (f)에 대해 유보한 것은 법·제도적인 측면보다는 실제적인 차원에서 여성에 대한 차별이 잔존하고 있음을 보여주는 것이라고 할 수 있다.

둘째, 여성차별철폐협약 제9조 제2항은 "당사국은 자녀의 국적에 관하여 남성과 동등한 권리를 여성에게 부여하여야 한다."고 규정하고 있다. 1999년 2월 26일 최고인민회의 상임위원회 정령 제483호로 수정된 북한 국적법 제5조 제2호는 '<u>공화국 영역에 거주하는 공화국공민과</u> 다른 나라 공민 또는 무국적자 사이에 출생한 자'가 출생에 의해 국적을 취득한다고 규정함으로써 출생에 의한 국적취득에 있어 소위 부부양계혈통주의의 입장을 취하고 있다. 따라서 여성차별철폐협약 제9조 제2항과 북한 국적법의 규정은 충돌되지 않는다. 그럼에도 불구하고 북한이 여성차별철폐협약 제9조 제2항에 유보를 한 점에 미루어 볼 때 북한에서는 실제로 부부양계혈통주의가 지켜지지 않는 것으로 판단된다.

셋째, 여성차별철폐협약 제29조 제1항은 "본 협약의 해석 또는 적용에 관한 둘 또는 그 이상 당사국 간의 분쟁이 직접교섭에 의해 해결되지 아니하는 경우 그들 중 하나의 요구가 있으면 중재재판에 회부되어야 한다. 중재재판 요구일로부터 6개월 이내 당사국이 중재재판 구성에 합의하지 못하면 동 당사국 중 일방은 국제사법재판소 규정에 부합하는 요청에 의해 동 분쟁을 국제사법재판소에 회부할 수 있다."고 규정하고 있다. 북한이 이 규정에 유보를

---

11) 통일연구원, 『북한인권백서 2008』(서울: 통일연구원, 2008), pp.224-229 참조.

한 이유는 2가지로 생각할 수 있다. 첫째는 일반적으로 이해되고 있는 중재의 개념과 북한에서의 중재 개념이 상이하기 때문인 것으로 생각할 수 있다. 둘째는 북한이 자주권을 강조한다는 점에서 분쟁이 국제사법재판소에 회부되는 것을 꺼리기 때문인 것으로 생각할 수 있다.

중재에 대해서 좀 더 살펴보면 일반적으로 중재(arbitration)라 함은 국내중재, 국제중재를 막론하고 민사상 분쟁을 분쟁당사자의 합의에 의해 선정된 제3자인 중재인 또는 중재기관이 중간에 서서 해결하는 것으로서, 재판기관인 법원의 법정에서 행하여지는 권력적 활동인 재판과는 다른 재판 외의 임의적 분쟁해결활동으로 이해되고 있다. 그러나 북한에서의 국내중재의 개념은 우리가 통상적으로 이해하고 있는 이와 같은 중재의 개념과는 다르다. 즉 북한의 국가중재제도는 우선 개인이 아닌 경제기관·기업소·단체라고 하는 사회주의적 소유조직이 인민경제계획을 수행해 나아가는 과정에서 발생하는 모든 분쟁에 대해 시비를 가리는 국가재판활동이며, 부차적으로는 사회주의적 소유조직이 인민경제계획에 기초하여 체결된 계약을 준수하여 인민경제계획을 달성할 수 있도록 지도·감독하는 행정활동이다. 북한의 국가중재제도는 이와 같이 인민계획경제에 기초한 계약상의 분쟁을 사법적 구조로 해결하려는 것을 본질로 하고 있다는 점에서 우리가 이해하고 있는 민사소송절차와 흡사하지만, 그 밖에 벌금을 부과한다든지 개별적 일군들을 사회주의법무생활지도위원회나 검찰기관에 넘긴다든지 혹은 검열·감독업무 등을 수행한다는 측면에서는 형사재판적인 특성과 행정적인 특성까지 함께 포함하고 있는 북한 나름의 독특한 분쟁해결 및 인민계획경제수행 시스템이라고 할 수 있다.[12] 그러나 국제중재의 개념은 우리가 통상적으로 이해하고 있는 것과 다르지 않다. 2002년에 발간된 북한 국제법사전은 국제중재를 "분쟁당사국들이 합의하여 선정한 제삼자의 재결에 따라 국제분쟁을 해결하는 재판형식"으로 정의하고 계속하여서 "…… 중재는 분쟁당사국들이 협정을 맺고 그에 따라 분쟁의 대상, 재결원의 사업절차규정, 내려진 재결에 복종할 권리와 의무 등을 규정한 데 기초하여 진행된다.……"고 설명하고 있다.[13] 이 점에서, 다시 말해 북한의 국제중재 개념이 우리와 다르지 않다는 점에서 앞에서 언급한 첫 번째 이유, 즉 중재의 개념이 다르기 때문에 북한이 여성차별철폐협약 제29조 제1항에 유보하였을 것이라는 가정은 설득력이 없다고 판단된다.

위와 같은 점에 미루어 북한이 여성차별철폐협약 제29조 제1항에 유보한 이유는 북한이 자주권(주권)을 중요하게 생각하여 분쟁이 국제사법재판소에 회부되는 것을 꺼리기 때문이라고 판단된다. 앞에서도 자세히 살펴본 바와 같이 북한은 대외관계에 있어 자주권을 매우 강조하고 있고, 이 같은 맥락에서 주체의 법이론, 주체의 국제법을 주창하고 있다.[14] 또한 뒤에서 언급하겠지만 인권 분야에서도 '주체의 인권론'을 내세우고 있다. 북한이 국제사법재판소의 분쟁 회부를 꺼려 하는 것은 항공법 분야에서 잘 나타나고 있다. 북한은 주요 항공범죄관계 다자조약에 가입하면서 분쟁을 국제사법재판소에 회부할 수 있다는 조항에 유보를 하고 있는데 그 이유에 대해서는 '국가의 자주권'을 강조하고 있다.[15]

---

12) 법원행정처, 『북한의 중재제도』(서울: 법원행정처, 1995), pp.3 - 7.

13) 사회과학원 법학연구소, 『국제법사전』(평양: 사회과학출판사, 2002), p.88. 여기서 재결은 중재판정, 재결원은 중재인을 말한다. 남북상사중재위원회 구성·운영에 관한 합의서 부록 참조.

14) 이 책 제1장 Ⅳ의 1. 자주권의 강조와 제3장 Ⅳ의 3 조약체결의 원칙 참조.

2. 보고서 제출 현황

　국제인권조약들은 당해 조약에서 규정하고 있는 조항들의 이행 및 준수를 감독하기 위한 기구로서 전문가위원회를 설치하고 있다. 이를 일반적으로 조약(이행)감시기구(Treaty Monitoring Bodies) 또는 조약(이행)감시기관이라고 한다. 7대유엔인권조약의 경우를 보면, 사회권규약위원회,[16] 자유권규약위원회,[17] 인종차별철폐위원회,[18] 여성차별철폐위원회,[19] 아동권리위원회,[20] 고문방지위원회,[21] 이주노동자권리위원회[22]가 각각 설치되어 있다.

　유엔 7대인권조약은 의무이행 수단의 한 방법으로 당사국들에 보고서를 제출하는 제도를 시행하고 있다. 그러나 앞에서 언급한 바와 같이 북한은 현재 사회권규약, 자유권규약, 여성차별철폐협약 및 아동권리협약에만 당사국으로 되어 있다. 북한이 각각의 전문가위원회에 제출한 보고서 및 위원회의 심의 현황은 아래 표와 같다.

---

15) 자세한 내용은 이 책 제8장 Ⅱ의 3. 국제항공형법 참조.

16) 다른 전문가위원회와 달리 이 위원회만은 조약에 의해 설치되지 않고 유엔 경제사회이사회의 일련의 결의안들을 통해 설치되었다. 토마스 버겐탈/양건·김재원(공역), 『국제인권법』(증보판, 2001), p.44.

17) 자유권규약 제28조.

18) 인종차별철폐협약 제8조.

19) 여성차별철폐협약 제17조.

20) 아동권리협약 제43조.

21) 고문방지협약 제17조.

22) 이주노동자권리협약 제72조.

〈표 Ⅳ-2〉 북한의 국가보고서 제출 및 심리 현황[23]

2009년 3월 11일 현재

조약	보고서 제출	위원회 심의	최종검토의견서
자유권 규약	최초보고서: 1984. 4. 2. 2차 보고서: 2000. 3. 20.	21차 회기: 1984. 4. 9. 72차 회기: 2001. 7. 19, 20, 26.	A/39/40 CCPR/CO/72/PRK
사회권 규약	최초보고서: 1984. 12. 18. 1989. 1. 14. 2차 보고서: 2002. 4. 12.	1차 회기: 1987. 3. 9. 6차 회기: 1991. 11. 25. 31차 회기: 2003. 11. 19, 20.	E/C.12/1987/5 E/C.12/1991/4 E/C.12/1/Add.95
아동권리 협약	최초보고서: 1996. 2. 13. 2차 보고서: 2002. 5. 16. 3·4차 보고서: 2007.12.10.	18차 회기: 1998. 5. 19. 36차 회기: 2004. 5. 1. 50차 회기: 2009. 1. 12.	CRC/C/15/Add.88 CRC/C/15/Add.239 미채택
여성차별 철폐협약	최초보고서: 2002. 9. 11.	33차 회기: 2005. 7. 18.	CEDAW/C/PRK/CO/1

3. 개인통보 및 국가통보 수락 현황

　개인통보제도[24]란 인권조약에서 인정된 권리를 침해당한 개인이
조약이행감독기관에 대하여 자신의 불만을 직접 청원함으로써 인
권침해국의 책임을 묻고자 하는 제도다.[25] 북한이 가입한 조약 가
운데는 자유권규약과 여성차별철폐협약이 개인통보제도를 시행하
고 있고, 아동권리협약과 사회권규약은 이 제도를 시행하지 않고
있다. 그런데 자유권규약상의 개인통보제도가 시행되기 위해서는
자유권규약 선택의정서를, 여성차별철폐협약상의 개인통보제도가
시행되기 위해서는 여성차별철폐협약 선택의정서를 각각 비준해야

---

23) 출처: 김수암, 『민주주의와 인권에 대한 북한의 인식과 대응』(서울: 통일연구원, 2007),
　　p.105를 일부 수정한 것임. 북한의 보고서 제출에 관한 보다 상세한 설명은 정경수, 「북한
　　의 국제법 인식과 인권정책」, pp.335-340 참조.

24) 개인통보(Individual communications)는 국내에서 개인청원, 개인고발, 개인진정으로도 번
　　역되고 있다.

25) 김태천, 「국제인권규약의 개인청원제도」, 『국제인권법의 실천제도』(서울: 박영사, 1998),
　　p.146.

한다. 그러나 북한은 현재 이 두 선택의정서에 가입하지 않고 있다. 결과적으로 북한 당국의 인권침해를 이유로 개인이 조약이행감시기관에 개인통보를 할 수 있는 길은 전무하다. 이와 관련하여 한 북한 학자는 북한이 자유권규약 선택의정서에 가입하지 않은 이유를 인권문제를 구실로 다른 나라의 내정에 간섭할 수 있는 본질적 약점이 있기 때문이라고 적고 있다.[26] 북한이 여성차별철폐협약 선택의정서에 가입하지 않는 이유도 마찬가지라고 생각할 수 있다.

국가통보제도 또는 국가고발제도란 인권조약의 당사국이 조약상의 인권보장의무를 이행하고 있지 않는 경우, 타 당사국이 이 사실을 해당 국가 또는 인권조약상의 기구에 통보하여 사태 해결을 도모하는 제도다.[27] 유엔 7대인권조약 가운데는 자유권규약과 인종차별철폐협약, 고문방지협약, 이주노동자권리협약이 이 제도를 시행하고 있다. 이 중 북한은 자유권규약에만 당사국으로 되어 있으므로 자유권규약에 의한 국가통보만이 가능하다. 그런데 자유권규약에 의한 국가통보제도가 가능하기 위해서는 당사국이 자유권규약 비준 외에 별도의 명시적인 국가통보 수락선언이 있어야 한다.[28] 그러나 아직까지 북한은 자유권규약상의 국가통보제도를 수

---

26) 박영수, 「인권을 위한 국제적 투쟁과 국제인권법전」, p.68.

27) 정인섭, 『국제인권규약과 개인통보제도』(서울: 사람생각, 2000), p.21. 국가통보제도는 국적을 연결점으로 하지 않는다는 점에서 새로운 권리구제제도라고 할 수 있다. 그럼에도 불구하고 현재의 국제질서 속에서는 인권의 국제적 보호에 커다란 기여를 하기 어렵다고 평가되고 있다. 그 이유는 어떤 국가도 다른 국가와의 관계 악화를 각오하면서까지 자국민도 아닌 외국인의 인권보호에 나서려 하지 않기 때문이다. 정인섭, 『국제인권규약과 개인통보제도』, pp.21 - 22. 2004년 12월 5일 현재 보편적 차원에서 국가통보제도가 이용된 사례는 전무하며, 지역적 차원에서 이용된 사례도 극히 일부에 불과하다. 2002년 현재 미주인권협약상의 국가통보사례는 없고 아프리카인권헌장상의 국가통보사례는 1999년에 콩고공화국이 부룬디와 우간다, 르완다를 상대로 제기한 국가통보 1건이 있을 뿐이다. 이규창, 『추방과 외국인 인권』(파주: 한국학술정보, 2006), p.349.

락하지 않고 있다.

III. 북한인권관의 특징

인권에 관한 북한의 문헌 및 언론매체를 보면 북한인권관의 특징은 자주성과 상대성, 집단성, 투쟁성을 강조하고 계급적 시각이 반영되어 있으며, 자유권과 사회권을 중심으로 인권을 이해하고 있음을 알 수 있다.[29]

1. 자주성의 강조: 주체의 인권론·우리식 인권론

앞에서도 자세히 살펴본 바와 같이 북한은 대외관계에 있어 자주권을 매우 강조하고 있다. 이 같은 맥락에서 북한은 주체의 법이론을 내세우고 있고, 국제법에 있어서도 '주체의 국제법'을 주장하고 있다.[30] 이와 같은 주권의 강조와 주체의 법이론, 주체의 국제법은 인권 분야에서도 발견된다. 북한 학자 김억락은 그들의 인

---

28) 자유권규약 제41조.

29) 북한인권관을 분석한 전문가들에 따르면 북한인권관의 특징은 대체로 유사하다. 서보혁은 북한인권관의 특징을 계급적 시각의 반영, 집단주의 강조, 기본권과 사회권 중심의 인권 이해, 국가주권과의 결부 등 4가지로 분석하고 있으며, 김수암은 우리식 인권개념, 계급적 시각과 집단주의 원칙, 사회권 중심의 인권 인식 등으로 파악하고 있다. 정경수 교수는 독자성(우리식 인권), 문화상대성(문화적 상대주의 태도), 집단성(집단주의적 인권), 주권우위성(주권종속의 인권), 계급성 등 5가지로 이해하고 있다. 서보혁, 『북한 인권: 이론·실제·정책』, pp.142 - 148; 김수암, 『민주주의와 인권에 대한 북한의 인식과 대응』, pp.35 - 44; 정경수, 「북한의 국제법 인식과 인권정책」, pp.326 - 331.

30) 이 책 제1장 Ⅳ의 1. 자주권의 강조와 제3장 Ⅳ의 3 조약체결의 원칙 참조.

권론을 '주체의 인권론'이라고 하면서 다음과 같이 적고 있다.[31]

"주체의 인권론은 력사상 처음으로 사람의 본질적 속성에 대한 과학적 해명에 기초하여 인권에 관한 심오한 사상리론을 정립하였다. 주체의 인권론이 창시됨으로써 종래의 진부한 인권론에 종지부가 찍어지고 인권에 관한 새로운 과학적인 사상리론이 정연하게 체계화되게 되었다. 주체의 인권론은 인권문제에서 기초적이며 관건적인 인권의 본질에 대하여 가장 과학적인 해명을 주고 있다."

그러면서 그는 "인권은 우선 자주적으로 살며 발전하려는 사회적 인간의 권리라는 데 그 본질적 측면의 하나가 있다."고 적고 있으며, 또한 "실로 인권은 자주적으로, 창조적으로 살며 발전하려는 사회적 인간의 신성한 권리라는 데 그 진정한 본질이 있다."고 강조하고 있다.[32] 또 다른 북한 학자는 인권을 "사회적 존재인 사람이 사회생활의 모든 분야에서 마땅히 가지고 행사하여야 할 자주적 권리"로 정의하고 있다.[33]

북한인권론의 특징 가운데 하나로 알려져 있는 '우리식 인권'은 주체의 인권론의 또 다른 측면으로 이해된다. 1950년대 북한에서 인권은 '사람으로서 마땅히 가져야 할 자유, 평등의 권리'로, 1970년대는 '인민이 응당 가져야 할 정치적, 경제적, 문화적 및 사회적 제반 권리'로 정의되었다고 한다.[34] 이와 같은 정의는 서구식 인권의 정의와 크게 다르지 않다. 그러나 1980년대 북한에서의 인권개념은 주체사상의 기본원리를 반영하여 '사회적 존재로서의 사람이 응당 가져야 할 권리'로 변화하였으며, 1990년대에서 와서 김정일

---

31) 김억락, 「인권의 본질에 대한 주체적 리해」, 『김일성종합대학학보: 력사법학』, 제43권 제4호(1998), p.42.

32) 위의 글, pp.42 - 43.

33) 박영수, 「인권을 위한 국제적 투쟁과 국제인권법전」, p.63.

34) 김수암, 『민주주의와 인권에 대한 북한의 인식과 대응』, p.36.

은 인권을 '정치, 경제, 사상문화를 비롯한 사회생활의 모든 분야에서 인민들이 행사하여야 할 자주적 권리'라고 규정하였다. 그리고 '자주적 권리'로 개념이 정의된 우리식 인권은 '자주적으로, 창조적으로 살며 발전하려는 사회적 인간의 신성한 권리'로 확립되었다.[35]

자주권, 주체의 인권론, 우리식 인권론을 강조하는 북한의 태도는 국제법에 있어서 국내문제를 이유로 하는 간섭의 금지와 인권침해를 이유로 하는 개입 가운데 어떤 것이 타당한가, 또한 인권침해를 이유로 하는 개입을 긍정한다고 할 때 인권침해란 구체적으로 어떤 것을 말하며 그 판단은 누가 하는가 하는 법적인 문제로 이어지게 된다. 이 문제는 아래의 북한인권문제와 관련한 국제법적 쟁점에서 살펴본다.

2. 상대성의 강조: 문화적 상대주의 태도

북한의 상대주의적 인권관은 1993년 비엔나 세계인권회의[36]에서 공식적으로 표명되었다. 백인준 북한대표는 "인권문제는 각국이 실정에 맞게 책임지고 보장해야 할 문제"라고 강조하였다. 이후 북한은 인권기준의 상대성 주장을 더욱 강화하여 "지구상의 모든 나라들은 각이한 전통과 민족성, 서로 다른 문화와 사회발전력사를 가

---

35) 정경수, 「북한의 국제법 인식과 인권정책」, pp.327 - 328.

36) 이 회의는 오스트리아의 비엔나에서 1993년 6월 14일부터 25일까지 개최되었다. 이 회의에는 참석자 전원의 consensus로 전문(前文)과 제Ⅰ부 39개 항, 제Ⅱ부 100개 항으로 구성된 '비엔나선언 및 행동강령'(Vienna Declaration and Programme of Action)이 채택되었다. 비엔나 세계인권선언에 대한 자세한 내용은 정경수 · 김정훈, 「1993년 비엔나선언의 의의와 전망」, 박기갑(편), 『21세기 국제인권법의 과제와 전망』(서울: 삼우사, 1999), pp.77 - 105 참조.

지고 있으며 매개 나라의 인권기준과 보장형태도 해당 나라의 구체적 실정에 따라 다르다."고 밝혔다. 또한 "인민이 좋아하고 그들의 요구와 이익에 부합하는 것"이 인권이고, "우리에게는 우리식의 올바른 인권기준이 있다."는 주장을 통해, 북한은 북한의 인권문제를 북한 인민의 관점에서 북한 실정에 맞게 평가하여야 한다는 입장을 확립하였다.[37]

이와 같이 문화적 상대주의를 강조하는 북한의 입장은 결과적으로 인권의 보편성을 부인하게 되어 국제인권(법)에 있어서 논쟁거리의 하나인 인권의 보편성과 문화적 상대성 문제로 이어지게 된다. 이 문제는 아래의 북한인권문제와 관련한 국제법적 쟁점에서 보다 자세히 살펴본다.

3. 자유권과 사회권 중심의 인권 이해

인권의 개념은 역사적으로 제1세대 인권개념을 필두로, 제2세대 인권, 제3세대 인권 등으로 발전하여 왔다. 제1세대 인권은 시민적·정치적 권리가 강조되었으며, 제2세대 인권은 경제적·사회적·문화적 권리가 강조되었다. 세 번째 단계는 소위 제3세대 인권으로서 평화를 향유할 권리, 경제적·사회적 발전을 향유할 권리, 건강한 환경을 향유할 권리, 인류의 공동유산을 향유할 권리, 국경을 넘어 교신할 권리, 인도적 지원 또는 원조를 받을 권리, 인민자결권 등이 여기에 속하는 것으로 인정되고 있다.[38] 또한 제3

---

37) 정경수, 「북한의 국제법 인식과 인권정책」, pp.328 - 329.

38) 김대순, 『국제법론』, 제10판(서울: 삼양사, 2004), p.584, p.601.

세대 인권은 앞으로 환경훼손으로 야기될 수 있는 인간다운 삶 자체에 대한 위협과 자연과학의 발달로 말미암은 인간의 존엄성에 대한 침해가능성 등 인권의 개념과 범주는 넓어질 수 있다는 점이 지적되고 있다.[39] 그러나 북한은 제1세대 인권에 속하는 자유권과 제2세대에 속하는 사회권 중심으로 인권의 개념을 이해하고 있다. 김억락은 "인권은 무엇보다도 정치적 권리로 표현되며 정치적 권리의 행사는 정치 분야에 사람들의 주인의 지위를 보장하게 된다."고 함으로써 제1세대 인권인 자유권을 강조하고 있다. 그는 계속해서 "인권은 정치적 권리뿐 아니라 경제문화적 권리로 표현되며 이 권리의 행사를 통하여 사람들은 경제문화 분야에서도 주인으로서의 지위를 차지하게 된다."고 함으로써 제2세대 인권인 사회권도 인권개념에 포함시켜 이해하고 있다.[40] 박영수도 주체사상이 밝힌 사람의 자주적 권리는 선거할 권리와 선거받을 권리, 언론·출판·집회·시위·결사의 자유, 인신보호 등 자유권에 속하는 권리와 경제적 권리, 사상과 문화의 자유, 교육과 치료받을 권리를 포괄한다고 보고 있다.[41]

4. 집단주의 강조

　1998년 북한 사회주의헌법 제63조는 "조선민주주의인민공화국에

---

39) 박기갑, 「21세기 국제인권법의 과제와 전망」, 박기갑(편), 『21세기 국제인권법의 과제와 전망』(서울: 삼우사, 1999), pp.10－16. 최근 한국에서는 북한의 3세대 인권에 대한 관심이 증가하고 있음은 주목할 만하다. 예를 들어 이근관, 「국제적 인권으로서의 평화권에 대한 고찰」, 『인권평론』, 창간호(2006), pp.195－233.

40) 김억락, 「인권의 본질에 대한 주체적 리해」, pp.45－46.

41) 박영수, 「인권을 위한 국제적 투쟁과 국제인권법전」, pp.66－67.

서 공민의 권리와 의무는 '하나는 전체를 위하여, 전체는 하나를 위하여'라는 집단주의 원칙에 기초한다."고 규정하고 있다. 이 같은 집단주의 원칙은 인권에 있어서도 예외가 아니다. 김억락은 다음과 같이 주체의 인권론의 집단성을 강조하고 있다.[42]

> "주체의 인권론은 인권 행사에서 불평등과 차별을 없애는 것은 물론이고 인권을 단순한 사람들의 권리행사문제로서가 아니라 <u>사람들이 사회에서 차지하는 주인의 지위와 직접 관련된 문제</u>로 과학적으로 정립하고 있다."

그는 또한 다음과 같이 적고 있다.[43]

> "인권은 또한 창조적으로 살며 발전하려는 <u>사회적 인간의 권리</u>라는 데 다른 하나의 본질적 측면이 있다."

> "<u>인권은 사회적 인간의 신성한 권리</u>라는 데 그 본질적인 다른 측면의 하나가 있다. …… 인간은 고립적인 존재로서 개별적으로 활동하는 것이 아니라 <u>사회적 존재</u>이므로 활동하는 것이 어디까지나 사회적 집단 속에서 생활하며 활동하게 된다."

5. 투쟁의 강조와 계급주의 시각의 반영

북한인권관에서 볼 수 있는 또 하나의 특징은 투쟁을 강조하고 있다는 점이다. 이것은 주체적 권리 또는 자주적 권리를 강조하고 있는 북한의 태도와 관련이 있어 보인다. 박영수는 다음과 같이 적고 있다.[44]

---

42) 김억락, 「인권의 본질에 대한 주체적 리해」, p.44. 밑줄은 강조한 것임.
43) 위의 글, pp.42 – 43. 밑줄은 강조한 것임.

"인권은 사회적 존재인 사람이 사회생활의 모든 분야에서 마땅히 가지고 행사하여야 할 자주적 권리이다. 사람은 그 누구에게도 예속되지 않으며 그 누구의 구속이나 착취와 압박도 받음이 없이 자유롭게, 평등하게 살며 발전하려는 요구를 가지고 있다. 이 요구는 그 누구에 의하여 부여되거나 빼앗기지 않으며 사람이라면 누구나 마땅히 가지게 되는 본성적 요구이다. 이 본성적 요구를 구현한 권리가 바로 인권이다. <u>인권문제라고 할 때 그것은 사람들의 이 본성적 요구를 옹호고수하며 실현하기 위한 문제이다. 이런 의미에서 인권문제는 인간에 대한 억압과 착취와 같은 사람의 자주성을 유린하는 행위가 발생하면서부터 제기되었으며 인권을 위한 투쟁은 자주성을 위한 투쟁과 밀착되어 진행되어 왔다.</u>"

그는 이러한 투쟁의 선두에 노동계급이 있음을 강조하고 있다. 즉 그는 인권법전(세계인권선언, 자유권규약, 사회권규약을 말함)이 채택되게 된 요인 가운데 하나로 "세계적 범위에서 광범한 피압박 인민대중이 인권을 위한 투쟁에 일떠섰으며 이 투쟁의 선두에 로동계급이 선 것"을 들고 있다.[45] 이 같은 맥락에서 북한 국제법사전은 인권문제를 "사람의 기본권리를 보호하고 보장하며 그것을 유린하는 행위와 투쟁할 데 대한 문제"로 정의하고 있다.[46]

Ⅳ. 북한의 인권관과 관련한 국제법적 쟁점

북한인권문제와 관련한 국제법적 문제에는 여러 가지가 있을 수 있겠지만 아래에서는 북한의 인권관과 관련하여 인권의 보편성 대 문화적 상대성을 둘러싼 문제, 인권침해를 이유로 하는 개입 대

---

44) 박영수, 「인권을 위한 국제적 투쟁과 국제인권법전」, p.63. 밑줄은 강조한 것임.

45) 위의 글, p.67.

46) 사회과학원 법학연구소, 『국제법사전』, p.582.

국내문제를 이유로 하는 불간섭 문제에 대해 생각해 보고자 한다.

1. 인권의 보편성 대 문화적 상대성

인권이란 보편적이기만 한 것일까? 바꿔 말해 어느 한 국가 또는 지역의 특수한 문화 또는 관습은 인정될 수 없는 것일까? 이에 대한 문제가 소위 인권의 보편성 대 문화적 상대성(또는 특수성)을 둘러싼 논란이다. 인권의 보편성을 옹호하는 측에서는 인권이란 모든 장소에서 동일하게 적용되는 보편성을 갖는다고 주장하는 반면 문화적 상대성(cultural relativism)을 옹호하는 측에서는 인권(권리)은 문화적인 맥락에서 이해되어야 한다고 주장한다.[47) 인권의 보편성만을 강조하다 보면 어느 한 국가 또는 지역의 문화적 상대성(특수성)을 무시하는 결과가 초래될 수 있고, 반면 문화적 상대성만을 강조하게 되면 인류의 보편적 가치로서의 인권은 자칫 유명무실하게 되는 결과가 초래될 수 있다.

북한이 주장하는 우리식 인권 또는 주체의 인권론이란 인권을 보편적인 측면에서 이해하기보다는 문화적 상대성 내지는 특수성을 강조하는 입장이라고 할 수 있다. 북한 국제법사전은 다음과 같이 서구 중심의 인권관을 비판하고 있다.[48)

"서방제국주의자들은 자기식 가치관에 기초하여 인권기준을 정하고 그것을 세계인권공통기준이라고 하고 있으며 다른 나라들의 인권상황을 여기에 비추어

---

47) H. Steiner & P. Alston, *International Human Rights in Context*, 2nd ed.(Oxford: Oxford University Press, 2000), pp.366 – 367.

48) 사회과학원 법학연구소, 『국제법사전』, pp.582 – 583.

또한 북한 국제법사전은 '인권의 국제적 보호문제'라는 항목에서 다음과 같이 기술함으로써 인권의 보편성에 대해 부정적인 입장을 보이고 있다.[49)]

> “······아직까지도 인권에 대한 명확한 국제기준이 설정되지 못함으로써 미국과 서방나라들은 저들의 인권관과 기준을 가지고 다른 나라들의 인권상황을 평가하면서 인권유린에 대하여 떠들어 대고 있다. 따라서 인권기준에 대해서는 국제적으로 더 명확한 견해를 세워야 할 필요성이 제기되고 있다.”

우리 정부는 김대중 정부와 노무현 정부 때에는 북한과의 관계를 고려하여 북한인권문제 언급을 자제하여 왔다. 법적인 근거는 남북기본합의서에서 찾을 수 있다. 남북기본합의서 전문(前文)은 남한과 북한의 관계를 “쌍방 사이의 관계가 나라와 나라 사이의 관계가 아닌 통일을 지향하는 과정에서 잠정적으로 형성되는 특수관계”로 정의하고 있다. 또한 제1조는 “남과 북은 서로 상대방의 체제를 인정하고 존중한다.”고 규정하고 있고, 제2조는 “남과 북은 상대방의 내부문제에 간섭하지 아니한다.”고 규정하고 있다. 아울러 제3조는 “남과 북은 상대방에 대한 비방·중상을 하지 아니한다.”고 규정하고 있다. 노무현 정부 말기에 채택된 '남북관계 발전과 평화번영을 위한 선언'(소위 10·4선언)에도 남북관계의 상호존중과 내부문제불간섭이 규정되어 있다.[50)]

---

49) 위의 책, pp.582 – 585.

50) 남북관계 발전과 평화번영을 위한 선언 제2조.
   남과 북은 사상과 제도의 차이를 초월하여 남북관계를 상호 존중과 신뢰관계로 확고히 전환시켜 나가기로 하였다.
   남과 북은 내부문제에 간섭하지 않으며 남북관계 문제들을 화해와 협력, 통일에 부합되게

　　이와 반대로 이명박 정부는 인권의 보편성을 강조하고 있다. 대통령직인수위원회는 '이명박 정부 국정과제 보고'에 '인권외교 및 문화외교 강화'가 47개 국정과제의 하나로서 제시하고 있어 북한 인권문제와 관련하여 이전 정부와 다른 자세를 보여주었다.[51] 이명박 대통령은 당선인 시절인 2008년 1월 10일 크리스토퍼 힐 미국 국무부 동아태차관보와의 면담에서 "북한인권문제는 전략적 차원이 아니라 인류의 보편적 가치에 입각해서 접근해야 한다."고 밝힌 바 있다.[52] 또한 2008년 3월 3일 스위스 제네바에서 개막된 제7차 유엔 인권이사회(Human Rights Council)에서 우리 정부 대표는 "북한의 인권 상황이 개선되지 않고 있다는 국제사회의 우려에 대해 북한이 적절한 조치를 취할 것을 촉구한다."고 함으로써 북한 인권문제를 공식 거론하였다.[53] 우리 외교통상부도 2008년 3월 11일 업무보고에서도 "대북전략측면이 아니라 인간의 보편적 행복 기준을 가지고 이야기해야 한다."고 하였으며,[54] 외교통상부 대변인도 2008년 3월 4일 정례브리핑에서 "북한인권문제는 다른 사안과 별도로 추구해야 할 인류 보편적 사안이라고 생각한다."고 말한 것으로 전해지고 있다.[55] 통일부 역시 2008년 3월 26일 대통령 업무보고에서 '인류 보편적 가치 차원에서 적극 추진'을 북한인권 개선 노력의 추진방향으로 삼고 있다.[56] 2009년 3월 3일에는 스위스

해결해 나가기로 하였다.
(이하 생략)

51) 글로벌 코리아로 대표되는 47개 국정과제는 10개의 핵심과제, 14개의 중점과제, 23개의 일반과제로 구성되어 있다.

52) 데일리엔케이(www.dailynk.com), "李 '北인권 인류 보편적 가치로 접근'"(검색일: 2008년 1월 10일).

53) 조선일보, 2008년 3월 4일, p.A1, p.A4.

54) 문화일보, 2008년 3월 12일, p.4.

55) 동아일보, 2008년 3월 5일, p.A2.

제네바에서 개최된 유엔인권이사회 제10차 고위급 세션에서 정부 수석대표로 참석한 신각수 외교통상부 제2차관이 기조연설을 통해 "북한의 비참한 인권 상황(the dire human rights conditions)에 대해 국제사회의 심각한 우려에 공감한다."면서 북한의 비참한 인권상황을 직접 거론하고 "북한이 당사국인 인권조약상의 의무를 완전히 이행하면서 인권개선을 위해 필요한 조치를 취해 줄 것을 촉구한다."고 하여 2008년에 비하여 인권개선조치도 보다 적극적으로 표현하였다.57)

1993년 비엔나 세계인권회의에서 채택된 '비엔나 인권선언 및 행동강령'(Vienna Declaration and Programme of Actions)은 인권의 보편성과 문화적 상대성의 관계를 잘 보여주고 있다. 비엔나 인권 선언 및 행동강령 제1항은 인간의 권리와 자유의 보편적 성격에는 의문의 여지가 없다고 천명함으로써(The universal nature of these rights and freedom is beyond question) 인권의 보편성을 강조하고 있다. 또한 이 선언 제4항은 "……모든 인권의 증진과 보장은 국제 사회의 정당한 관심사"(……the promotion and protection of all human rights is a legitimate concern of the international community) 라고 하고 있다. 물론 문화적 상대성을 전혀 인정하지 않는 것은 아니지만 이 선언은 문화적 상대성보다는 인권의 보편성에 무게를 두고 있다. 이 선언 제5항은 "모든 인권은 보편적……"이라고 규정한 다음 "……국가적·지역적 특수성과 다양한 역사적·문화적· 종교적 배경의 중요성은 염두에 두어야 하나, 어떠한 정치적·경제적·사회적 체제하에서도 모든 인권의 증진과 보장은 국가들의 임

---

56) 통일부, 『2008년 통일업무 보고』(2008. 3. 26).
57) 국민일보, 2009년 3월 4일, p.3.

무"임을 강조하고 있다. 제5항의 원문은 다음과 같다.

> All human rights are universal, indivisible and interdependent and interrelated. The international community must treat human rights globally in a fair and equal manner, on the same footing, and with the same emphasis. While the significance of national and regional particularities and various historical, cultural and religious background must be borne in mind, it is the duty of States, regardless of their political, economic and cultural systems, to promote and protect all human rights and fundamental freedoms. (밑줄 강조)

2. 인권개입 대 내정간섭

유엔헌장 제2조 제7항은 국내문제불간섭을 규정하고 있다.[58] 이 원칙은 현대국제법상 기본원칙 가운데 하나로 여겨지고 있다.[59] 앞에서도 언급했듯이 우리 정부 당국은 2008년 유엔 인권이사회에서 인권문제에 대한 북한의 행동을 촉구하고 나섬으로써 북한인권 문제를 공식 거론하였고, 2009년 인권이사회에서는 인권개선을 위해 필요한 조치를 취할 것을 거듭 촉구한 바 있다. 이에 대해 북한의 대남기구인 조국평화통일위원회(조평통)는 2008년 3월 6일 대변인을 통해 "최근 남조선의 보수 집권세력이 유엔 인권이사회 제7차 회의에서 있지도 않은 우리의 '인권문제'를 걸고 들었다."며 강하고 반발하였고, 북한의 온라인 매체인 '우리 민족끼리'도 3월

---

58) 유엔헌장 제2조 제7항: 이 헌장의 어떠한 규정도 본질상 어떤 국가의 국내 관할권한에 있는 사항에 간섭할 권한을 유엔에 부여하지 아니하며, 또는 그러한 사항을 이 헌장에 의한 해결에 맡기도록 회원국에 요구하지 아니한다. 다만 이 원칙은 제7장에 의한 강제조치의 적용을 해하지 아니한다.

59) 국내문제불간섭 원칙에 대해서는 김대순, 『국제법론』, pp.237 - 240 참조.

8일 논평에서 외교통상부를 비난한 것으로 언론은 보도하고 있다.[60] 2009년 3월 3일 인권이사회에서의 우리 외교통상부 제2차관의 발언에 대해서 북한 조선중앙통신은 주제넘은 인권훈시이며 북한의 존엄과 체제를 심히 중상모독하고 있다고 하였다.

간섭 또는 불간섭이란 개념이 자주 사용되고 있고 다른 국가의 국내문제개입은 불법으로 간주되고 있기 때문에 간섭이란 구체적으로 어떤 것을 말하는지가 중요하지만 간섭의 명확한 정의는 부족한 상황이다.[61] 국내문제(내정)불간섭과 관련하여 간섭의 수단(형태 또는 양태)과 간섭의 판단 주체로 나누어 생각해 본다.

가. 간섭의 수단

국내문제불간섭과 관련하여 간섭의 수단 내지 간섭의 유형에는 타국의 인권문제에 대한 단순한 거론, 인권상황 개선을 촉구하는 국가들의 결의, 경제제재조치, 과학기술수단에 의한 간섭 등 여러 형태가 있을 수 있는데 국제법상 어떠한 간섭이 허용되고 어떤 간섭은 허용되지 않는가?

첫째, 유엔 기구 내지 기관들에 의한 토의(discussion), 연구(study), 사실조사(enquiry) 또는 진상조사(fact – finding), 권고(recommendation) 등이 간섭에 포함되는가의 여부에 대해서 Lauterpacht는 간섭을 '이해 당사국에 직접적인 영향을 행사할 의도로 가하는 명령적 또는 강제적 개입'(dictatorial, mandatory interference)이라고 하면서 토의,

---

60) 데일리엔케이⟨www.dailynk.com⟩, "北 南인보수집권세력, '인권문제'로 공화국에 시비"(검색일: 2008년 3월 9일).

61) Thomas Oppermann, "Intervention", in *Encyclopedia of Public International Law*, Installment 3(1982), p.233.

연구, 사실조사, 권고를 간섭의 범위에서 제외하고 있다.[62] 간섭의 범위를 비교적 넓게 이해하고 있는 어느 전문가도 결의의 채택, 진상조사(fact – finding), 보고(reporting)는 간섭이 아니라고 보고 있다.[63] 이에 반하여 유엔 기구들의 활동을 간섭의 개념에 포함시키는 견해도 존재한다. Hans Kelsen은 유엔헌장 제2조 제7항에서 허용하고 있는 유일한 활동은 그 대상이 국내관할권 내의 문제인가의 여부와는 상관없이 결정에 이르기 위한 토의와 조사뿐이라고 한다. 그는 또한 긍정적인 결정이 있었다고 해서 동일한 사안에 대해 유엔 기관의 활동이 허용되는 것은 아니라고 한다. Lawrence Preuss와 D. R. Gilmour는 유엔헌장 제2조 7항의 초안작업을 할 때 간섭에 대해 광범위한 해석을 부여하는 것이 대표들의 의도였다고 하며, 간섭의 의미를 명령적 개입에 제한시키지 아니하고 토의와 권고를 포함한 유엔의 모든 활동을 대상으로 하고자 의도했었다고 한다.[64]

그러나 유엔헌장의 한 가지 뚜렷한 특징인 인권과 자유의 보호에 있어서의 간섭의 금지는 유엔 기관들에 의한 연구, 토의, 조사, 권고 등을 배제하지는 않는 것으로 생각된다.[65] 간섭의 범위를 지나치게 넓게 해석할 경우 유엔 기관들의 활동은 크게 제한받을 것이며, 따라서 국제평화와 안전의 유지가 크게 위협받을 수 있기 때문이다.

---

62) M. T. Kamminga, *Inter – State Accountability for Violations of Human Rights*(1992), pp.71 – 72.

63) B. Simma(ed.), *The Charter of the UNITED NATIONS*(1995), p.150. Ermacora는 간섭이란 "다른 국가의 국내문제에 대해 간섭을 반대할 기회를 부여하지 않은 채 법적 또는 정치적으로 변경을 가하기 위해 국내 문제에 관하여 행동을 취하는 것"이라고 한다. B. Simma(ed.), ibid., p.150.

64) M. T. Kamminga, *Inter – State Accountability for Violations of Human Rights*, p.72.

65) 김정건, 『국제법』, 전정증보판(서울: 박영사, 1998), p.140.

둘째, 단순한 토의, 연구, 사실조사 또는 진상조사, 북한 당국에 대하여 인권상황을 거론하거나 인권개선을 촉구하는 것은 어떠한가? 북한 당국에 대한 인권상황의 거론이나 개선촉구는 국제법상 문제를 야기하지 않는다. 다시 말해 북한의 인권상황을 거론하여 이를 비판하거나 개선을 촉구하는 것은 일반국제법상의 국내문제 불간섭 의무의 위반에 해당되지 않는다.[66]

셋째, 북한주민의 인권을 개선하기 위하여 국내법을 제정하는 행위는 어떠한가? 현재 북한주민의 인권개선과 관련된 국내법에는 한국의 '남북관계 발전에 관한 법률'(이하 '남북관계발전법')과 미국의 북한인권법(North Korean Human Rights Act),[67] 일본의 북한인권법[68] 등이 있으며 우리나라의 경우에도 북한인권법 제정이 국회에서 논의되고 있다.[69]

2005년 12월 29일 제정되어 2006년 6월 30일부터 시행되고 있는 남북관계발전법은 "정부는 한반도 분단으로 인한 인도적 문제 해결과 인권개선을 위해 노력한다."고 규정하고 있다(제9조 제1항). 남북관계발전법에 북한의 인권문제를 명시한 것에 대해서는 이를 긍정적으로 평가하는 견해와 부정적으로 평가하는 견해가 있을 수

---

66) 김석현, 「북한주민들의 인권개선을 위한 개입의 합법성 및 그 방법」, 『국제법학회논총』, 제42권 제1호(1997), p.16.

67) 2004년 제정된 미국의 북한인권법은 2008년 9월 23일 '2008 북한인권법 재승인법안'을 미국 하원이 만장일치로 가결처리함에 따라 2012년까지 시한이 연장되었다. 연합뉴스 〈www.yonhapnews.co.kr〉, 「북한인권법 2012년까지 4년 연장」(검색일: 2008년 9월 24일).

68) 법안의 정식명칭은 '납치 문제 및 기타 북한 당국에 의한 인권침해문제에의 대처에 관한 법률'이다. 한글 번역문은 북한인권시민연합, 『생명과 인권』, 통권 제41호(2006년 가을), pp.58-60에서 볼 수 있다. 이하 일본 북한인권법의 내용은 이 번역에 따랐음을 밝힌다.

69) 2005년의 북한인권법안(2005년 8월 11일 김문수 의원 대표발의), 북한주민의 인도적 지원 및 인권증진에 관한 법률안(2005년 6월 27일 황진하의원 대표발의)에 이어 2008년에 북한인권증진법안(2008년 7월 21일 황진하의원 대표발의)과 북한인권법안(2008년 7월 4일 황우여 의원 대표발의)이 국회에 계류(繫留)되어 있다.

있다고 생각된다. 이와 관련하여 북한의 인권문제를 언급하는 것은 체제인정과 존중을 규정하고 있는 남북기본합의서 제1조와 내부문제불간섭을 규정하고 있는 동 합의서 제2조에 위반되며 남북대화에서의 언급 및 남한법률에 명시하는 것은 실효성도 없고 적절치 않다는 견해가 있다.[70] 그러나 남북기본합의서의 정신과 취지는 존중해야겠지만 북한 주민들은 남한 주민과 같은 민족이며 더구나 헌법 제3조 영토조항의 해석상 북한 주민도 대한민국 국민이며 정부는 국민을 보호해야 할 책무가 있다는 점, 국제법상 국가는 다른 국가의 국내문제에 간섭해서는 안 되는 의무가 있지만 소위 '인도적 간섭 또는 인도적 개입'의 경우에는 예외가 인정되고 있다는 점, 구체적인 경우에 국제인도법적인 문제와 국제인권법적인 문제의 구별이 어려울 수 있다는 점, 이제 더 이상 북한인권문제를 외면해서는 안 된다는 당위 등 여러 가지 점을 종합적으로 고려할 때 남북관계발전법에 정부가 북한인권개선을 위해 노력한다고 명시한 것은 부정적인 요소보다는 긍정적인 요소로 평가되어야 할 것으로 생각된다.[71] 또한 법리적으로도 남북기본합의서에 일반국제법상 허용되고 있는 인도적 간섭(humanitarian intervention)을 배제한다는 것이 분명히 나타나 있지 않기 때문에 남북한 간에는 인도적 간섭이 허용된다고 보아야 할 것이다. 다시 말해 북한 내 인권문제에 대해 한국 정부가 간섭하는 것은 법적 정당성이 인정된다고 볼 수 있다.[72]

---

70) 이장희, 「남북관계법안에 대한 의견서」, 국회 통일외교통상위원회 '남북관계발전기본법안및 남북관계기본법안' 공청회(2005. 8. 23) 자료, p.52.

71) 이규창, 「남북관계 발전에 관한 법률의 분석과 평가」, 『법조』, 통권 제599호(2006. 8), pp.175 - 176.

72) 김석현, 「북한주민들의 인권개선을 위한 개입의 합법성 및 그 방법」, p.21.

미국 북한인권법은 ① 북한 내 기본인권의 존중과 보호 촉진, ② 북한 난민에 대한 보다 지속적인 인도적 해법의 모색, ③ 대북 인도적 지원에 대한 감시, 접근성 및 투명성의 강화, ④ 북한 내부, 외부로의 자유로운 정보유통 촉진, ⑤ 민주적 정부제도하에 평화적인 한반도 통일 달성 촉진 등을 입법 목적으로 하고 있으며, 북한 주민의 인권신장을 위해 ① 회계 지원, ② 라디오방송 지원, ③ 북한인권담당특사 임명 등을 내용으로 하고 있다. 이 점에서 미국의 북한인권법 제정도 국내문제간섭이라고는 볼 수 없다.

반면에 일본의 북한인권법 제정은 다른 시각에서 평가되어야 한다고 생각된다. 왜냐하면 일본의 북한인권법은 미국의 북한인권법과 달리 특정 선박의 입항 금지에 관한 특별조치법 제3조 제1항에 따른 조치, 외국환 및 외국무역법 제10조 제1항의 규정에 따른 조치 등을 강구해야 한다고 규정하고 있기 때문이다.[73] 이 문제는 항을 바꾸어 살펴본다.

넷째, 인권침해를 이유로 외국의 특정 선박의 입항 금지, 자금 동결 등 경제제재를 가하는 조치가 국제법상 허용되는가? 경제적 수단을 이용한 타국에의 간섭, 예를 들어 수출품의 통상금지나 위기상황에서의 경제적 원조의 철회조치 등과 같은 경제적·재정적·외교적·정치적 수단 그 자체는 무력과 달라 금지되는 것은 아니다. 그러나 우월한 상황을 이용하여 타국의 자유로운 국내문제에 고의적으로 개입하는 것은 간섭이 될 수 있음을 유의할 필요가

---

73) 일본 북한인권법 제7조: 정부는 납치문제 및 기타 북한 당국에 의한 일본 국민에 대한 중대한 인권침해상황에 대하여 개선이 도모되지 않다고 인정될 때에는 북한 당국에 의한 인권침해문제에의 대처에 관한 국제적 동향 등을 종합적으로 감안하여, 특정 선박의 입항 금지에 관한 특별조치법(2004년 법률 제125호) 제3조 제1항의 규정에 따른 조치, 외국환 및 외국무역법(1949년 법률 제228호) 제10조 제1항의 규정에 따른 조치, 기타 북한 당국에 의한 일본국민에 대한 인권침해의 억제를 위해 필요한 조치를 강구해야 한다.

있다.[74]

　인권침해를 이유로 하는 경제제재에 관한 논의의 핵심은 적절히 지적되고 있듯이 이 조치가 경제적으로 인권침해 국가를 고립시켜 인권의 향상을 꾀하려 하지만, 이것이 당해 국가의 인민들에게 보다 심화된 고통을 제공할 수도 있는데 경제재재의 적법성을 과연 인정할 수 있느냐 하는 것이다.[75] 이 문제를 국제법적인 시각에서 평가한다면 결국에는 경제제재조치가 복구 또는 대응조치의 요건을 충족하였는가의 여부에 달려 있다고 볼 수 있다.

　전통 국제법상 평시복구의 요건은 첫째, 복구의 목적은 가해국의 국가정책을 변경시켜 국제법을 준수하도록 하는 것이어야 한다. 둘째, 복구행위는 가해국에 불법행위의 중지 및 손해배상을 요구한 후에 이루어져야 하고, 위반이 종료되고 반복의 위험이 더 이상 존재하지 않으며 손해배상이 이루어진 경우에는 즉시 종료되어야 한다. 셋째, 복구조치는 가해행위와 비례해야 한다. 넷째, 무력 사용은 금지된다는 것 등이었다.[76]

　한편, 2001년 11월 국제법위원회(ILC)가 제53차 회기에서 채택한 '국제위법행위에 대한 국가책임 초안'[77](이하 '2001년 국가책임 초안')은 제3부 제2장에서 대응조치에 관해서 규정하고 있다. 대응조치의 목적 및 한계에 대해서는 피해국은 가해국가로 하여금 초안 제2부(국가의 국제책임의 내용)에 규정된 의무를 준수하도록 하

---

74) 김정균 · 성재호, 『국제법』, 제5개정판(서울: 박영사, 2006), p.189.

75) 이재강, 「국내문제불간섭원칙과 인권침해에 대한 국제사회의 대응 – 비무력적 간섭을 중심으로 – 」, 『국제법 동향과 실무』, 통권 제18호(2007), p.29.

76) K. J. Partsch, "Reprisals", in *Encyclopedia of Public International Law*, Installment 9(1986), pp.331 – 332.

77) Draft Articles on Responsibility of States for Internationally Wrongful Acts, UN Doc. A/56/10.

기 위해서만 대응조치를 취할 수 있고, 가해국에 대하여 국제의무를 일시적으로 불이행하는 것에 한정되며, 가능한 한 문제된 의무의 이행을 재개시킬 수 있는 방법으로 취해져야 한다고 규정하고 있다.[78] 대응조치에 호소하기 위해서는 손해배상의 이행 요구, 대응조치 결정의 통보 및 협상 제안을 해야 하고, 가해국의 위법행위가 중단되고 분쟁이 당사국에 구속력 있는 결정을 내릴 수 있는 법원에 계류 중인 경우에는 대응조치가 취해질 수 없고 이미 취해진 경우에는 지체 없이 중단해야 하며,[79] 가해국이 손해배상을 한 경우에는 대응조치를 즉시 종료해야 한다.[80] 또한 대응조치는 유엔헌장에 구현되어 있는 무력의 위협 및 무력 사용 금지 의무, 기본적 인권의 보호 의무, 복구가 금지되는 인도적 성격의 의무, 일반국제법상의 강행규범에 따른 의무에 영향을 주어서는 안 되며 대응조치를 취하는 국가는 분쟁해결절차에 따를 의무, 외교 및 영사관원·공관·문서 및 서류의 불가침을 존중할 의무의 이행으로부터 면제되지 않는다.[81]

나. 간섭의 판단 주체 및 기준

간섭의 판단, 다시 말해 국내문제의 여부에 대한 판단을 누가 하는가? 국제연맹은 국내문제에 속하는가의 여부를 연맹이사회가 결정하도록 하였었다.[82] 그러나 유엔헌장은 국내문제에 속하는가

---

78) 2001년 국가책임 초안 제49조.
79) 2001년 국가책임 초안 제52조
80) 2001년 국가책임 초안 제53조.
81) 2001년 국가책임 초안 제50조.
82) 국제연맹규약 제15조 제8항: 분쟁당사국의 일방이 그들 사이의 분쟁이 국제법상 오로지 그 당사국의 국내관할권에 속한 사항에 관하여 발생한 것이라고 주장하고, 연맹이사회가 그

의 여부를 누가 결정할 것인가에 관한 규정을 두고 있지 않다. 그러나 비록 유엔헌장에 명문의 규정이 없다 하더라도 유엔의 설립목적 및 국제협력증진이라는 시각에서 볼 때 국내문제의 결정권이 유엔의 관계기관에 있다고 보는 것이 타당할 것이다.[83] 아울러 강행규범으로 간주되고 있는 일부 인권의 경우에는 그 성격상 국내문제라고 할 수 없을 것이다.[84] 또한 자국민 대우에 관한 문제라도 이를 전적으로 국내문제라고 할 수는 없을 것이며, 따라서 국제인권법의 규율대상이라는 지적에 주목할 필요가 있다.[85]

유엔헌장 제24조 제1항은 유엔 안보리에 국제평화와 안전의 유지를 위한 일차적인 책임을 지우고 있다. 유엔헌장 제39조는 유엔 안보리가 평화에 대한 위협, 평화의 파괴 또는 침략행위의 존재를 결정하고, 국제평화와 안전을 유지하거나 이를 회복하기 위하여 권고하거나 나아가 유엔헌장 제41조의 비무력적 조치 또는 제42조의 무력을 동반한 조치를 취할 것인지를 결정할 수 있도록 규정하고 있다. 따라서 북한에서의 인권문제가 평화에 대한 위협 또는 평화의 파괴로 간주되는 경우 국제사회의 평화와 안전의 유지에 대한 1차적인 책임을 지고 있는 유엔 안보리가 북한인권문제에 개입할 수 있다.

개별국가에 의한 간섭은 어떠한가? 비인도적인 행위에 대한 구

렇게 인정한 경우에는 연맹이사회는 그 취지를 보고하고 또한 그 분쟁의 해결에 관한 아무런 권고도 하지 않을 것으로 한다.

83) 김정건, 『국제법』, p.141.

84) 침략, 집단살해, 고문, 노예매매, 인종차별, 인도에 반하는 범죄의 금지, 자결권은 강행규범에 속하는 것으로 인식되고 있다. James Crawford, *The International Law Commission's Articles on State Responsibility*(Cambridge: Cambridge University Press, 2002), p.188.

85) 최승호, 「국가관할권이 행사되는 근거 및 이와 관련된 몇 가지 문제」, 오윤경 외, 『21세기 현대 국제법질서』, 개정판(서울: 박영사, 2001), p.68.

제로서 행하여지는 인도적 간섭은 오늘날의 법이론상 유엔에 의하여, 또는 특수한 상황하에서는 개별국가에 의해 행하여지는 것이 인정되고 있다고 보아야 한다. 특히 코소보 사태 이후 이러한 논의는 더욱 활발해졌다. 그러나 법적 기초로서의 명확한 기준이 제시되지 않는다면, 인권침해를 구제한다는 명분하에 불법적 간섭이 남용되는 것을 방지할 수 없게 된다. 그러므로 인도를 이유로 간섭하는 것이 필요하다 할지라도 무엇이 인도에 반하는 것인가의 판단에서는 신중한 객관적 고려가 행하여져야만 한다. 이와 같은 이유에서 일단의 기준이 제시되어 왔으나, 합법적이고 완전한 기준은 Rougier가 『인도적 간섭 이론』(*La Theorie de L'Intervention d'Humanite*)을 간행함으로써 처음 등장하였다고 한다. 그는 간섭을 자극하는 사건은 단순히 사인에 의한 것이 아닌 공공당사자의 행위일 것, 이러한 행동은 인도법(人道法)에 위반하는 것이어야지 그 국가의 실정법 위반과는 무관한 것일 것, 간섭은 일정한 환경적 요구를 충족시킬 것 등을 기준으로 제시하고 있다.[86]

이러한 논의를 배경으로 인도적 간섭이 정당화되기 위한 기준으로 실질적 기준, 절차적 기준, 선택적 기준의 세 가지가 제시되었다. 첫째, 실질적 요건에 해당하는 것으로 기본적 인권의 침해가 대규모로 진행 중이거나 현저한 경우일 것, 간섭 측의 동기가 상대적으로 공평할 것, 간섭행위 자체의 특성이 불필요한 강제가 아니어야 하며 피간섭국의 권력구조에 불필요한 영향을 끼치려는 것이 아닐 것 등을 제시하고 있다. 둘째, 절차적 기준으로는 평화적 해결 수단을 다한 후에 행할 것, 국제기구에 의한 적시의 행동에 대한 합리적 기대가 없는 경우일 것, 적절한 국제기구에 대하여

---

86) 성재호, 「국제연합하의 인도적 간섭」, 『국제법평론』, 통권 제13호(2000. 8), p.15.

즉각적이고 완전한 보고와 제출이 있을 것 등을 거론하고 있다. 마지막으로, 선택적 기준으로는 집단적 조치일 것과 피간섭국의 요청이나 동의가 있을 것을 제시하고 있다. 혹자는 인도적 간섭의 요건으로 다음의 5가지를 들기도 한다. 첫째, 필요성의 원칙으로, 제노사이드협약이나 기본적 인권의 심각하고 지속적이며 체계적인 위반이 있는가 하는 것이다. 둘째, 비례성의 기준으로, 적용된 강제의 기간이나 적절성을 문제 삼는 것이다. 셋째, 목적을 기준으로 하는 것으로, 간섭이 인도적 고려에서 이루어졌는가 또는 간섭 측의 이해나 복합적 동기에서 이루어졌는가를 기준으로 하는 것이다. 넷째, 간섭조치가 집단적인 것인가 또는 개별적인 것인가를 보는 것이다. 다섯째, 간섭이 최선의 결과를 극대화한 것인가를 보는 것이다. Lillich는 인도적 간섭의 요건으로 인권침해의 급박성, 광범성, 적절한 당사자의 요청, 사용된 강제조치의 정도, 간섭 측의 상대적 공평성을 기준으로 제시하고 있다.[87]

V. 결론

북한인권 개선을 위한 노력은 북한 내에서의 자발적인 인권개선, 한국 정부 당국의 노력, 유엔을 비롯한 국제사회의 노력, 국내외 NGO의 노력 등으로 나눠 볼 수 있다. 북한은 현재 소위 6대유엔 인권조약 가운데 자유권규약, 사회권규약, 여성차별철폐협약, 아동권리협약에 가입하고 있지만 고문방지협약과 인종차별철폐협약에

---

87) 성재호, 위의 논문, pp.15 - 16.

는 가입하지 않고 있다. 또한 앞의 4개 국제인권조약에 가입하고
는 있지만 개인통보제도와 국가통보제도를 전혀 시행하지 않고 있
다. 이러한 점들을 고려하면 ─ 형법, 형사소송법의 개정 등 일부
국내법적 차원의 인권개선노력이 전혀 없는 것은 아니지만 ─ 북한
내에서의 국제인권법을 통한 자발적인 인권개선은 기대하기 어렵
다. 따라서 북한인권 개선을 위한 한국 정부 당국의 노력, 유엔을
비롯한 국제사회의 노력, 국내외 NGO의 노력이 필요하다.

　북한의 인권관은 여러 특징이 있지만 특히 자주성과 상대성을
강조하고 있다. 그리고 이러한 점에서 문화적 상대성을 내세우고
인권문제 거론을 내정간섭이라고 비난하고 있다. 또한 우리는 남북
관계의 특수성을 고려하지 않을 수 없다. 그러나 남북관계의 특수
성, 문화적 상대성을 고려한다고 하더라도 1993년 비엔나 세계인
권회의에서 문화적 상대성보다 인권의 보편성을 강조하였다는 사
실을 주목할 필요가 있다. 아울러 북한이 강조하고 있는 주권 개
념 자체도 변화하고 있음을 주목할 만하다. 다시 말해 현대 국제
법에 있어 주권은 단순히 권리로서의 기능을 할 뿐만 아니라 국가
책임과 국가 간 협력의 근거가 되기도 한다는 점이 지적되고 있
다.88) 북한이 국제사회의 책임 있는 일원이 되기 위해서는 주권의
행사가 이와 같은 주권의 기능에 부합되어야 함은 물론이다.

---

88) N. Schrijver, "The Changing Nature of State Sovereignty", 70 *British Yearbook of
　　International Law*(1999), p.98.

제5장

해양법(Ⅰ): 영해제도 *

Ⅰ. 서론

   일반적으로 영해제도에는 영해의 폭과 기선에 관한 문제, 무해통항권에 관한 문제, 영해 내에서의 재판권 및 해난구조에 관한 문제, 해협에 관한 문제 등이 포함된다. 그러나 본 장에서는 활용 가능한 자료의 제한성으로 인해 북한의 영해제도에 관한 전반적 문제를 다루지 못하고 그중 영해의 폭 및 기선에 관한 문제, 그리고 무해통항권에 관한 문제만을 고찰의 대상으로 하려 한다.

   북한과 관련된 국제법적 문제는 허다하다. 그럼에도 불구하고 여기서 굳이 북한의 영해제도를 다루게 된 것은 국제법상 영해제도란 것이 그만큼 중요하기 때문이다. 국가를 동태적(動態的)으로 보면 거기에는 하고 많은 기능이 발견되지만 정태적(情態的)으로 보게 되면 그것은 정주(定住)하는 국민, 확정된 영역(領域), 정부, 그리고 타국과의 관계를 유지할 수 있는 능력을 가진 하나의 국제법인격체로 파악된다.[1] 이 가운데서 영역은 국가의 공간적 범위라고 할 것이다. 영역은 영토, 영해 및 영공으로 구성되지만 영토와 영해의 관계는 특별하다. 영해를 표현하는 말에는 종래 marginal sea, maritime belt, maritime frontier, territorial waters 등 여러 가지가 있었으나 지금은

---

  * 본 장은 김찬규, 「북한의 영해제도」, 『국제법학회논총』, 제40권 제1호(1995. 6), pp.79 - 95에 최근의 상황을 반영하여 일부 내용을 추가한 것입니다.

1) 1933년 12월 26일의 Montevideo Convention on the Rights and Duties of States 제1조 참조. See also Lori F. Damrosch, Louis Henkin, Richard Crawford Pugh, Oscar Schachter and Hans Smit, *International Law: Cases and Materials*(4rd ed., 2001), pp.250 - 258.
이 기준은 지금도 유효하다. Rosalyn Higgins, *Problems and Process: International Law and How We Use It*(1994), p.39; Bengt Broms, "States", in *International Law: Achievements and Prospects*, edited by Mohammed Bedjaoui(1991), pp.43 - 45.

territorial sea로 통일되는 경향을 보여주고 있다.[2]

1953년 7월 12일의 노르웨이 칙령은 노르웨이 어업수역에 관한 것을 그 내용으로 하고 있었다. 그 칙령에는 어업수역이란 말이 쓰이고 있을 뿐, 영해에 대한 언급은 없었지만 1951년 12월 18일의 국제사법재판소 판결에는 "이 칙령에 의해 경계획정되는 수역이 노르웨이가 자국의 영해라고 생각하는 해역과 다른 것은 아니다."라는 구절이 있다.[3] 이것은 영해가 fisheries zone으로 표현되는 경우도 있음을 보여주는 것이다.

territorial waters라는 말은 국내입법상 내수 또는 내수와 영해를 합한 개념으로 사용되는 때가 있어 혼란을 야기한다고 한다.[4] 그리하여 1930년 헤이그 국제법편찬회의 이후 territorial sea라는 표현이 쓰이기 시작하여 지금에 이르고 있는 것이다.[5]

우리는 앞서 영토와 영해의 관계가 특별하다는 것을 지적한 바 있거니와 그것은 영해가 영토의 종물(從物)로 간주되고 있기 때문이다. 일찍이 1909년 상설중재재판소는 영토의 할양 시 영해의 귀속이 어떻게 되는가 하는 문제와 관련하여 "이 육지영역의 불가분의 종물을 구성하는 해양영역의 범위는 자동적으로 이 할양의 일부를 형성하는 것이어야 한다."는 견해를 밝힌 바 있었다.[6] 여기서 '육지영역'(land territory)은 영토를 말하고 '해양영역'(maritime territory)은 영해를 일컫는 것이다. *Grisbadarna Case*에서 상설중재재

---

2) Ian Brownlie, *Principles of Public International Law*(7th ed., 2008), p.173.

3) *Fisheries Case, Judgment of December 18th, 1951: I. C. J. Reports 1951*, p.125.

4) Oppenheim – Jennings and Watts, *International Law*(9th ed., 1992), Vol. I, p.600.

5) *Yearbook of the International Law Commission 1956*, Vol. II, p.265.

6) D. J. Harris, *Cases and Materials on International Law*(6th ed., 2004), p.386. *Grisbadarna Case*.

판소는 영해를 영토의 '불가분의 종물'(an inseparable appurtenance)
로 보았던 것이다.

이러한 시각은 그 후 여러 재판상의 선례에서도 그대로 답습되고
있다. 예컨대 1951년 12월 18일 국제사법재판소에 의해 내려진 어
업사건에 대한 판결은 '영해의 성질에 내재하는 밀접한 기본적 고
려사항'의 하나로서 '육지영역에 대한 영해의 밀접한 의존성'(close
dependence of the territorial sea upon the land domain)을 지적하면
서 "연안국에 대해 그 거안(距岸)의 수역에 권리를 부여하는 것은
육지이다. 그 결과 그와 같은 국가에는 그 경계획정을 실제적 필요
및 현지의 요청에 적응시키기 위해 필요한 재량이 허용되어야 하지
만 기선의 책정은 연안의 일반적 방향에서 현저하게 일탈해서는 안
된다."고 하고 있다.[7]

이 판결에는 영국 출신 재판관 McNair 판사의 반대의견이 첨부
되어 있는데 이 반대의견에는 다음과 같은 일문(一文)이 있다.[8]

> 그 육지영역이 어떤 부분에서건 바다에 접하고 있는 모든 국가에 대해 국제법
> 은 영해(경우에 따라서는 국가수역)라고 불리는 것으로 구성되는 상응하는 해
> 양영역의 부분을 부속시키고 있다.
> 국제법은 국가에 대해 "국가가 원하는 경우 영해를 주장할 권리를 가진다."고
> 는 말하지 않는다. 그 어떤 바다에 접한 국가도 그것을 거부할 수 없다. 국제
> 법은 바다에 접한 국가에 대해 일정한 의무를 부과하고 있으며 또한 그 해양
> 영역에 대해 그 국가가 행사하는 주권에서 유래하는 일정한 권리를 부여하고
> 있다. 이 영역의 소유는 임의적인, 국가의 의사에 의존하는 것이 아니라 의무
> 적인 것이다.

"육지가 바다를 지배한다."(the land dominates the sea)는 것은

---

7) *Fisheries Case, Judgment of December 18th, 1951: I. C. J. Reports 1951*, p.133.
8) *Ibid.*, p.160.

이제 공인된 사실이거니와[9] 오늘날 영해는 영토에 대한 불가분의 종물로 간주되고 있다.[10] 그리하여 영토에 대한 권리주장, 또는 할양조약 같은 데서 영토에 대한 언급이 없다고 하더라도 거기에는 당연히 영해가 포함되는 것으로 해석해야 할 것이다. 예컨대 1947년의 對伊 평화조약 제11조 및 제14조의 경우에서 우리는 그것을 보게 된다. 또 하나의 사례로서는 Isle of Pines에 대한 미국과 쿠바 간의 조약[11]이 있으며 캐나다와 노르웨이 간의 서한(書翰)도 이에 대한 사례라고 할 것이다.[12]

1953년 7월 27일 판문점에서 조인되어 같은 날 발효한 한국 군사정전협정에는 군사분계선이 육상에만 있을 뿐, 해면(海面)에는 없다(협정 제1조 참조). 그럼에도 불구하고 이 협정에는 "본 정전협정이 효력을 발생한 후 10일 이내에 상대방의 한국에 있어서의 후방과 연해도서 및 해면으로부터 그들의 모든 군사역량, 보급물자 및 장비를 철거한다."(withdraw all of their military forces, supplies, and equipment from the rear and the coastal islands and waters of Korea of the other side)고 되어 있다(제2조 13 ②).[13]

1991년 12월 13일 조인되어 1992년 2월 19일 발효한 '남북 사이의 화해와 불가침 및 교류·협력에 관한 합의서'에는 "남과 북의 불가침 경계선과 구역은 1953년 7월 27일자 군사정전에 관한

---

9) *North Sea Continental Shelf, Judgment, I. C. J. Reports 1969*, p.51, para. 96, *Aegean Sea Continental Shelf, Judgment, I. C. J. Reports 1978*, p.36, para. 86.

10) Ian Brownlie, *op. cit.*, p.118.

11) See 19 *American Journal of International Law* (1925), p.95.

12) See 27 *American Journal of International Law* (1933), p.93.

13) 한국 군사정전협정의 정본은 영문, 한국문 및 중국문으로 되어 있다(제5조 63). 영문 텍스트에 대해서는 See 47 *American Journal of International Law* (1953), Suppl., pp.186 – 205.

협정에 규정된 군사분계선과 지금까지 쌍방이 관할하여 온 구역으로 한다."는 규정이 있다(합의서 제11조). 여기서는 선(線)뿐만 아니라 면(面)이 규정됨으로써 군사정전협정에 비해 진일보했다 할 것이나 남북 간의 해양경계에 대해서는 여전히 함구하고 있다.

여기에 앞에서 언급한 불가분의 종물이론을 적용하면 어떻게 될 것인가? 거기에는 인접 당사국 간의 해양 경계획정에 적용되는 일반원칙이 적용될 것이다.[14] 이때 유의해야 할 사항은 합의문에 나오는 '지금까지 쌍방이 관할하여 온 구역으로 한다.'는 구절이다. 이것은 군사정전협정 발효 후 40여 년이 흐르는 동안 조성된 현상을 그대로 인정해야 한다는 의미이다.

영해가 영토의 불가분의 종물이라는 논리구조에 대해서는 예외가 없는 것이 아니다. 국경하천의 경우는 그 전부가 연안국 중 일방에 속할 수 있다는 것이 그것이다. 국경하천의 경우에 있어서는 당사국 간의 합의에 의해 상대국 제방까지의 하천의 전부를 일방에 양도할 수 있는 것이다.[15]

우리는 위에서 영해가 영토의 불가분의 종물임을 보았거니와 영해가 중요한 것은 바로 이러한 이유 때문이다. 그리고 이것이 북한과 관련된 하고 많은 문제 중 굳이 영해제도를 살피는 까닭이라고 할 것이다.

---

14) See René-Jean Dupuy and Daniel Vignes, *A Handbook on the New Law of the Sea*(1991), Vol. I, p.425 *et seq.*; Gary Knight and Hungdah Chiu, *The International Law of the Sea: Cases, Documents and Readings*(1991), p.141 *et seq.*

15) Oppenheim-Lauterpacht, *International Law*(8th ed., 1955), Vol. I, p.463.

II. 북한의 영해 폭

구소련 측 자료에 따르면 북한은 1955년 3월 5일의 내각결정 제25호에 의해 영해 12해리를 채택했다고 한다.[16] 그리고 미국 측 자료에도 그들의 영해 폭은 12해리로 분류되고 있다.[17]

1985년 4월 17일 북한과 소련은 '소ㆍ朝 국경획정에 관한 소비에트 사회주의공화국연방과 조선민주주의인민공화국 간의 조약'(Treaty between the Union of Soviet Socialist Republics and the Democratic People's Republic of Korea on the Demarcation of the Soviet − Korea National Border)이라는 것을 체결한 바 있거니와[18] 이 조약의 내용은 두만강의 朝ㆍ中ㆍ소 3개국 국경에서 하구까지의 16.93km와 하구에서 동해로 뻗은 朝ㆍ소 양국 12해리 영해 외측한계까지의 22.2km의 도합 39.13km에 이르는 구간의 경계획정을 위한 것이라고 한다.[19] 여기서도 북한의 영해가 12해리임이 전제되고 있다.

그런데 정작 북한 측 자료에는 그들의 영해 폭이 얼마인가에 대해 언급이 없다. 예컨대 '조선민주주의인민공화국 사회과학원 법학연구소' 편찬으로 1971년 출판된 북한 『법학사전』은 영해를 "해안

---

16) Choon − ho Park, *East Asia and the Law of the Sea*(1988), p.170.

17) *Limits in the Seas No.36, National Claims to Maritime Jurisdictions*(7th revision, January 11, 1995), p.83.

18) For its text see *Choon − ho Park's contribution, in International Maritime Boundaries*, edited by Jonathan I. Charney and Louis M. Alexander(1993), pp.1142 − 1144.

19) See Choon − ho Park, "River and Maritime Boundary Problems between North Korea and Russia in the Tumen River and the Sea of Japan", 5 *Korea Journal of Defense Analysis*(1993), pp.65∼98; Daniel J. Dzurek, "Deciphering the North Korean − Soviet(Russian) Maritime Boundary Agreement", 23 *Ocean Development and International Law*(1992), pp.31 − 54.

을 련접하고 있는 바다로서 그 나라의 주권이 실현되는 수역, 령
해는 국가령역의 구성부분이다."라고 정의하면서[20] 영해의 폭에
대해서는 다음과 같이 기술하고 있을 뿐이다.[21]

령해의 너비를 어느 정도로 설정하는가 하는 문제는 매개 나라의 자주권에 속
한다. 매개 나라는 자기 나라가 처하고 있는 구체적인 력사지리적 조건과 경
제국방상 리익을 고려하여 일정한 너비의 수역을 자기의 령해로 선포할 수 있
다. …… 오늘 모든 국가들이 자기 나라 실정과 국제법상 공인된 방법에 따라
서 3~12해리 혹은 그 이상의 령해를 설정하고 있다. 그럼에도 불구하고 미
제를 우두머리로 하는 제국주의자들은 '령해의 너비는 일률적으로 3해리로 되
어야 하다.'고 떠벌이면서 사회주의 나라를 비롯한 신생독립국가들이 그 이상
령해의 폭을 넓히는 것을 반대하는 악랄한 책동을 감행하고 있다. 이것은 연
안국의 령해를 좁힘으로써 그 나라의 수산자원을 비롯한 자연부원을 마음대로
략탈하며 나아가서 연안국의 정치적 독립과 안전을 침해하려는 데 그 목적이
있다. 공화국은 우리나라 령해를 침해하는 어떠한 행위도 허용하지 않으며 원
쑤들의 침략책동을 물리치고 나라의 자주권을 견결히 수호하고 있다.
경애하는 수령 김일성 동지께서는 다음과 같이 교시하시였다.
"우리 령해에 무장간첩선 '푸에블로'호가 침범한 데 대하여 말한다면 그것은
날강도적인 해적행위이며 주권국가에 대한 란폭한 침해이며 조선에서 새 전쟁
을 일으키려는 미제국주의자들의 계획적인 책동의 일환인 것입니다."(『조선인
민군창건 스무돐을 맞이하여』, 9~10페이지)
조선민주주의인민공화국 정부가 조선정전협정을 란폭하게 유린하고 정탐활동
을 목적으로 우리나라의 령해에 깊이 침입하여 온 미제의 무장간첩선 '푸에블
로'호를 나포한 것은 주권국가로서의 당연한 권리의 행사였으며 미제의 새 침
략 전쟁도발책동에 대항 응당한 징벌이었다. 만일 미제가 공화국 정부의 강경
한 경고에도 불구하고 계속 새 전쟁 도발에 미쳐 날뛴다면 놈들이 얻을 것이
란 시체와 죽음뿐이다.

---

20) 사회과학원 법학연구소, 『법학사전』(평양: 사회과학출판사, 1971), p.182.

21) 위의 책, pp.182 - 183. 푸에블로호 사건에 대해서는 다음 문헌을 참조. 김찬규, 「해양법
　　에 대한 북한의 태도연구(상)」, 『정경연구』, 1978년 6월호, pp.244 - 250; Alfred P.
　　Rubin, "The Impact of the Pueblo Incident in International Law", 49 *Oregon Law
　　Review*(1969), pp.1 - 12.

1971년에 출간된 북한 법학사전에는 이처럼 "령해의 너비를 어느 정도로 설정하는가 하는 문제는 매개 나라의 자주권에 속한다. 매개 나라는 자기 나라가 처하고 있는 구체적인 력사지리적 조건과 경제국방상 리익을 고려하여 일정한 너비의 수역을 자기의 령해로 선포할 수 있다. ……오늘 모든 국가들이 자기 나라 실정과 국제법상 공인된 방법에 따라서 3~12해리 혹은 그 이상의 령해를 설정할 수 있다."고 되어 있을 뿐, 그들의 영해 폭이 구체적으로 어떻게 되고 있는가에 대해서는 밝히지 않고 있다.

제3차 유엔해양법회의의 벽두(劈頭), 카라카스에서는 회의에 참가한 각국 대표들의 기조연설이 있었는데 이때 북한 수석대표 김국훈(金國薰)은 1974년 6월 28일 다음과 같은 견해를 표명한 바 있었다.[22]

> 북한은 각 국가가 자국의 지리적 조건, 경제적 현실, 국방상의 안전 그리고 이웃 연안국들의 이익을 고려한 적절한 기준에 의해 그 영해 및 국가관할권하에 있는 한계를 독자적으로 정해야 한다는 제3세계 국가들의 요구를 전폭적으로 지지한다.

여기서도 북한은 "각 국가가 자국의 지리적 조건, 경제적 현실, 국방상의 안전 그리고 이웃 연안국들의 이익을 고려한 적절한 기준에 의해 그 영해 및 국가관할권하에 있는 한계를 독자적으로 정해야 한다."(each country should independently fix its territorial sea and limits under national jurisdiction by a proper standard taking into account its geographical conditions, economic realities, defence

---

22) *Official Records of the Third United Nations Conference on the Law of the Sea*(1975), Vol. I, p.67, para. 23.

security and the interests of neighbouring coastal states)는 일반론을 개진하고 있을 뿐, 영해 폭에 관한 구체적 수치에 대해서는 언급하지 않고 있다.

주지하는 바와 같이 자유세계에서 북한 학자들의 논문을 접하기란 여간 어렵지 않다. 많지 않은 그들의 문헌 중 1988년 간행된 한 저서에는 영해의 폭에 관해 다음과 같은 설명이 나오고 있다.[23]

령해의 폭을 어느 정도로 설정할 것인가 하는 것은 오랫동안 치렬한 론쟁문제로 되었다.
미제국주의자들을 비롯한 서방제국주의자들은 령해의 너비를 3마일로 하여야 한다는 것을 고집하였고 사회주의 나라들과 신흥세력나라들은 령해의 너비를 3마일이 아니라 그보다 훨씬 더 크게 정해야 한다고 강렬히 주장하였다. 이리하여 1957년 제네바해양법회의에서는 령해의 너비에 대해서는 합의에 도달하지 못하였다.
이 회의 후 령해의 너비를 제정하는 것은 나라마다 자기의 실정을 고려하여 제정하였다.
령해의 너비를 정한 정형을 보면 3마일 령해를 선포한 나라는 13개, 12마일 령해를 선포한 나라는 73개, 15마일로부터 50마일까지의 령해를 가진 나라는 9개, 200마일 이상을 선포한 나라는 15개이다.
령해의 너비를 3마일로 하여야 한다는 제국주의자들의 고집의 근거는 이것이 '전통적'인 것이라는 것이다. 그러나 오늘날 3마일 령해설은 타당성을 가질 수 없다. 3마일 령해설은 18세기 포탄의 착탄거리에 기초하여 제정된 것이다.
오늘날 포탄의 착탄거리가 18세기의 거리보다 훨씬 늘어난 조건에서 3마일로써 연안국의 안전을 담보할 수 없다는 것은 명백한 사실이다.
그러므로 1982년 12월에 채택된 유엔해양법협약이 체결되기까지는 8년 동안 령해의 너비문제는 심각한 론쟁문제로 제기되었었다. 사회주의 나라들과 신흥세력나라들의 완강한 투쟁에 의하여 연안국이 12마일까지 령해를 정할 수 있다는 것이 규정되었다.

한편, 북한에의 쌀 수송을 위해 1995년 6월 청진항에 갔던 *Sea*

---

23) 김영철·서철원, 『현대국제법연구』(평양: 과학백과사전종합출판사, 1988), pp.96－97.

*Apex*호 선장 김예민(金禮民) 씨가 돌아와 전한 바에 따르면 "북한 측의 영해는 12해리가 아니라 15해리라는 사실을 알았다."고 한다.[24] 그가 어떤 연유로 이러한 사실을 알게 되었는가에 대해서는 밝혀진 바 없으나 이것은 하나의 새로운 사실임에 틀림없다.

북한은 2002년 발간된 국제법사전에서 자신들의 영해가 기산선(기선)으로부터 12해리까지의 바다수역이라고 밝히고 있다.[25] 그러나 국제법사전은 북한이 오래전부터 실무적으로 12해리 영해를 주장하고 있지만 북한이 12해리 영해를 정식 선포하지는 않았다고 기술하고 있다.[26]

북한이 영해 폭을 선명하지 않은 데 비해 중국이나 구소련의 경우는 그것을 명백히 하고 있다. 중국은 1958년 9월 4일 영해선언(中國人民共和國政府關于領海的聲明)을 한 바 있는데 여기서 "중화인민공화국의 영해 폭은 12해리로 한다."(中華人民共和國領海寬度爲十二海里(浬))고 밝히고 있다.[27] 중국은 1992년 2월 25일 채택된 영해 및 접속수역에 관한 법(中華人民共和國領海及毗蓮區法)에서 자국의 영해가 12해리임을 정식으로 규정했다.[28]

이에 비해 소련의 경우는 좀 복잡하다. 유엔국제법위원회에서 해양법협약 초안에 관한 심의가 진행 중이던 1955년 위원회에서

---

24) 서울신문, 1995년 7월 1일, p.7 참조.

25) 사회과학원 법학연구소, 『국제법사전』(평양: 사회과학출판사, 2002), p.180.

26) 위의 책, p.181.

27) 國家海洋局海洋管理監測司法規處, 『中華人民共和國海洋法規選編』(北京: 海洋出版社, 1991), pp.1-2, 史逑心, 『現代國際法敎程』(安徽省合肥市: 中國科學技術出版社, 1993), p.156; Jeanette Greenfield, *China's Practice in the Law of the Sea*(1992), p.57.

28) 김찬규, 「중국의 영해법과 기선」, 『국제법학회논총』, 1994년 6월호, pp.17-35; 김찬규, 「중국의 영해법제정과 동아시아 해양분쟁의 가능성」, 『국제문제』, 1992년 11월호, pp.32-44 참조.

소련 출신 위원 S. B. Krylov는 일찍이 1912년 제정러시아가 12해리 영해를 채택했다고 언명한 바 있고,[29] 제1차 유엔해양법회의 때인 1958년 소련 대표단의 일원이던 G. I. Tunkin은 길이 25,000마일 이상의 해안선을 가진 소련이 12해리 영해를 채택하고 있으며 이것은 반세기 전에 정해진 것이라고 한 바 있다.[30]

그러나 한 서방학자의 조사에 따르면 제정러시아 이래 소련의 영해 폭은 일정하지 않았다는 것이다.[31] 소련이 국내입법을 통해 12해리 영해를 채택한 것은 1960년 8월 5일의 '소련국경보호법'(Statute on the Protection of the State Boundary of the Union of Soviet Socialist Republics)에서였다(제3조).[32] 이것은 1982년 11월 24일 제정된 '소련국경법'(Law on the State Boundary of USSR)으로 이어지고(제5조 1항),[33] 다시 소련의 해체 후 들어선 러시아연방에 의해 1993년 4월 1일 제정된 '러시아연방국경법'(Law on the State Boundary of the Russian Federation)으로 연결되고 있다(제5조 1항).[34]

---

29) *Yearbook of the International Law Commission 1955*, Vol. I, p.156.

30) *Official Records of the United Nations Conference on the Law of the Sea*(1958), Vol. III, p.31.

31) William E. Butler, *The Soviet Union and the Law of the Sea*(1971), p.26 *et seq.*

32) Alexander Gerard Oude Elferink, *The Law of Maritime Boundary Delimitation: A Case Study of the Russian Federation*(1994), p.142.
English Text in William E. Butler, *The Law of Soviet Territorial Waters: A Case Study of Maritime Legislation and Practice*(1967), pp.111 - 125.

33) Text in 22 *International Legal Materials*(1983), pp.1055 - 1076.

34) Alexander Gerard Oude Elferink, *op cit.*, p.146.

III. 기선제도의 특이성

1971년에 간행된 북한 법학사전에는 기선에 대해 다음과 같은 설명이 나온다.[35]

령해의 너비를 설정하는 방법에는 다음의 3가지가 있다. 1. 소여 국가연안의 최저간조선으로부터 계산하는 방법 2. 만수역, 항구수역 등 국내수역이 있는 경우에는 그 외계를 련결하는 선을 리용하여 계산하는 방법 3. 굴곡이 심하고 바위와 섬들이 널려져 있는 해안에서는 바다 쪽으로 제일 멀리 떨어져 있는 돌출부 혹은 섬을 련결하는 선을 기준으로 하여 계산하는 방법(직선기선).

1988년에 출판된 북한의 한 국제법 전문서에는 이 문제에 관해 다음과 같은 설명이 나온다.[36]

령해의 너비와 함께 령해를 측정하는 기산선(기준선)을 어떻게 설정하는가 하는 것은 령해의 제도와 관련하여 매우 중요한 문제로 나서고 있다. 기산선은 령해와 국내수역을 가르는 출발선으로 된다. 그러므로 기산선을 어떻게 선정하는가에 따라 령해의 폭이 커질 수도 있고 좁아질 수도 있다.
국제법적으로 인정된 령해의 기산선에는 해안의 지형과 썰물과 밀물의 차이에 따라 적용되는 일반기산선과 직선기산선이 있으며 이 밖에 만수역과 항구수역을 정하는 그 계선 자체를 기산선으로 하는 것도 있다.
일반기산선은 해안선의 나듦이 심하지 않고 비교적 단조로우며 밀물과 썰물의 차이가 크지 않는 지역에서 령해를 정할 때 적용된다. 그리고 밀물과 썰물의 차이가 클 때에는 최저썰물선(저조선)을 기산선으로 정한다. 최저썰물선을 기선선으로 하는 것은 이 선이 바다와 륙지를 가르는 가장 공고하고 안전한 해안선으로 되기 때문이다.
일반기산선은 오늘 매개 나라에서 령해의 너비를 정할 때 가장 많이 쓰인다.
직선기산선은 해안선의 굴곡이 심하거나 해안의 가까운 수역 안에 섬들이 많

---

35) 사회과학원 법학연구소, 『법학사전』, p.182.
36) 김영철·서철원, 『현대국제법연구』, p.97.

이 있는 경우에 바다 쪽으로 제일 멀리 나간 섬들과 륙지의 돌출부들을 련결하는 직선이다. 직선기산선은 해안의 일반적 방향으로부터 현저하게 떨어져 긋지 말아야 하며 이 선의 안쪽에 있는 수역은 국내수역제도가 적용될 수 있도록 륙지령역과 매우 밀접히 련관되어 있어야 한다. 등대나 항구적으로 바다의 수평면 우에 건축물이 세워져 있는 경우를 제외하고는 썰물 때에만 섬처럼 나타나는 륙지들 사이에 직선기산선을 그어서는 안 된다.
일반기산선과 직선기산선 이외에 항구수역과 만수역에 직접 잇닿아 령해를 설정하게 되는 경우에는 항구수역이나 만수역의 경계선 자체를 기산선으로 하여 령해의 너비를 설정할 수 있다.
오늘 바다를 가진 모든 나라는 자기 나라 해안의 자연지리적 조건과 경제국방상 리익, 력사적 조건을 고려하여 일반기산선과 직선기산선, 만과 항구 수역의 경계선을 기준선으로 삼아 령해의 폭을 설정하고 있다.

북한 측 문헌을 살피건대 북한은 기선으로서 3가지를 생각하고 있는 것 같다. 통상기선, 직선기선 그리고 '항구수역이나 만수역의 경계선 자체를 기산선으로 하여 령해의 너비를 설정'하는 경우가 그것이다.

북한은 1977년 6월 21일 '조선민주주의인민공화국 경제수역을 설정함에 관하여'라는 표제의 중앙인민위원회 정령(政令)을 통해 경제수역을 설정했다(같은 해 8월 1일 발효). 이 정령 제2항은 다음과 같이 되어 있다. "2. 조선민주주의인민공화국 경제수역은 령해의 기산선으로부터 200마일이며 200마일 경제수역을 그을 수 없는 수역에서는 바다 반분선까지이다."[37] 이 경우 '령해의 기산선'은 상기 3가지 중 어느 것으로 되어 있는가?

1977년 8월 1일 북한에서는 '군사경계선설정에 관한 조선인민군 최고사령부의 보도'라는 것이 나왔다. 그 전문(全文)은 다음과 같다.[38]

---

37) 박영수 · 정명선 · 방영애, 『국제법 및 해운법 참고서(법학부용)』(평양: 김일성종합대학, 1985), p.3.

38) 위의 책, p.4.

조선인민군 최고사령부는 우리나라에 조성된 정세의 요구로부터 조선민주주의
인민공화국 경제수역을 믿음직하게 보위하며 민족적 리익과 나라의 자주권을
군사적으로 철저히 지키기 위하여 군사경계선을 설정한다.
군사경계선은 동해에서 령해기산선으로부터 50마일, 서해에서는 경제수역경계
선으로 한다.
군사경계선구역 안(수상, 수중, 공중)에서 외국인, 외국군용함선, 외국군용비행
기들의 행동을 금지하며 민용선박, 민용비행기(어로선박 제외)들은 해당한 사
전합의 혹은 승인 밑에서만 군사경계선구역을 항행 및 비행할 수 있다.
군사경계선구역 안(수상, 수중, 공중)에서 민용선박, 민용비행기들이 군사적 목
적을 가진 행동과 경제적 리익을 침해하는 활동을 할 수 없다.

이처럼 '군사경계선설정에 관한 조선인민군 최고사령부의 보도'
에는 "군사경계선은 동해에서 령해기산선으로부터 50마일, 서해에
서는 경제수역경계선으로 한다."는 규정이 있는데 여기서 말하는
'령해기산선'이란 구체적으로 어떤 것일까? 이에 대한 북한 자신의
공식적 발표는 없었다.

그런데 日·朝 우호촉진의원연맹 대표단의 일원으로 북한과의
민간어업협정 체결을 협상하기 위해 1977년 8월 25일부터 9월 7
일까지 평양에 체류했던 일본 자민당 소속 중의원 의원인 하야시
요시로(林 義郎)가 귀국 후 9월 10일 시모노세키(下關) 시청에서
가진 기자회견에서 북한은 동해의 경우 항구폐쇄선을 기선으로 하
고 있다고 전했다.

여기서 만구폐쇄선(灣口閉鎖線)이라 함은 朝·소 국경에 있는
나주리와 군사분계선이 지나가는 강원도 간성(杆城) 북쪽의 두 지
점을 연결하는 직선을 일컫는 것이다. 이 직선은 경성만(鏡城灣)
및 동한만(東韓灣)을 모두 북한의 내수로 만들어 버리는 길이 약
300해리의 단일선이다.

여기서 우리는 몇 가지 사실을 정리할 수 있다. 첫째, 동해 쪽에

있어서의 북한의 '령해기산선'은 나주리와 간성 북쪽 군사분계선이 끝나는 지점을 연결시킨 길이 약 300해리의 직선이라는 사실, 둘째, 이 '령해기산선'은 북한이 생각하는 3가지 기선 중 통상기선도 아니고 직선기선도 아닌 '항구수역이나 만수역의 경계선 자체를 기산선으로 하여 령해의 너비를 설정'하는 만구폐쇄선이라는 사실, 그리고 셋째, 이러한 사실은 북한 스스로에 의해 정식으로 발표된 것이 아니라 북한 방문자의 전문(傳聞)에 따른 것이라는 게 그것이다.

기선에 관해서는 북한 측의 공식적 발표가 없고 북한에 다녀 온 일본 중의원 의원의 傳聞이 있을 뿐이기에 그 신뢰성에 의문이 제기될 수 있음은 당연하다. 그러나 그것이 보도된 것이 1977년 9월 10일의 일이었고 그로부터 32년이 지난 지금까지 그것은 북한 기선에 관한 정설로 되어 있다. 뿐만 아니라 이에 대해서는 북한 측의 반박도 없었다. 이러한 점을 고려할 때 동해 쪽에 있어서의 북한의 기선은 역시 나주리와 간성 북쪽 군사분계선이 끝나는 지점 사이를 잇는 길이 약 300해리의 직선이 아닌가 생각되는 바이다.

그렇다면 이 기선의 성격은 어떠한 것일까? 그것은 직선기선일까, 아니면 만구폐쇄선일까? 이 선이 비록 직선으로 되어 있긴 하나 북한 측 설명을 보면 그것은 전문용어로서의 직선기선이 아님이 명백하다. 왜냐하면 북한 측 표현을 빌릴 때 직선기선은 '굴곡이 심하고 바위나 섬들이 널려져 있는 해안' 또는 '해안선의 굴곡이 심하거나 해안의 가까운 수역 안에 섬들이 많이 있는 경우'에 적용되는데 이 기선이 설정된 곳의 지리적 조건은 그러한 것이 아니기 때문이다. 뿐만 아니라 북한 학자도 지적하듯이 "직선기선은 해안의 일반적 방향으로부터 현저하게 떨어져 긋지 말아야 하며 이 선의 안쪽에 있는 수역은 국내수역제도가 적용될 수 있도록 륙지령역과 매우 밀접히 련결되어 있어야 한다.” 그럼에도 불구하고 이 기선은 그러한 요건을 갖추고 있는 것이 아니기에 그것을 직선기선제도에 따른 것이라고 볼 수는 없을 것이다.

동해 쪽의 북한 기선은 만구폐쇄선일 수밖에 없다. 그렇다면 만구폐쇄선으로서의 북한 기선은 현 국제법상 적법한 것이라고 볼 수 있을 것인가? 1982년 4월 30일 채택되고 1994년 11월 16일 발효한 유엔해양법협약에는 만(灣)에 관한 다음과 같은 규정이 있다.

제10조 만

1. 본조(本條)는 그 연안이 단일국가에 속하는 만에 대해서만 적용된다.
2. 본 협약의 적용상 만이라 함은 굴입(屈入, penetration)이 그 입구의 넓이와의 대비에서 육지로 둘러싸인 수역을 포섭할 수 있고 또한 연안의 단순한 굴곡 이상을 형성하는 현저한 灣入(a well-marked indentation)을 말한다. 다만 만입은 그 면적이 당해 만입의 입구를 가로질러 그은 선을 직경으로 하는 반원의 그것과 동일하거나 그것보다 크지 않는 한 만으로 인정되지 아니한다.
3. 측정상, 만입의 면적은 만입 해안 주변의 저조선과 양 천연입구점(天然入口点)의 저조선을 연결하는 선 사이의 것으로 한다. 섬의 존재로 해서 만입이 2개 이상의 입구를 가진 경우에는 반원은 각 입구를 가로지른 선의 길이의 총계선상(總計線上)에 그어야 한다. 灣內의 섬은 만입 수역의 일부로 간주한다.
4. 만의 양 천연입구점의 저조선 간의 거리가 24해리를 초과하지 않는 경우에는 이들 양 저조선 사이에 폐쇄선을 그을 수 있으며 그 내측 수역은 내수로 인정된다.
5. 만의 양 천연입구점의 저조선 간의 거리가 24해를 초과하는 경우에는 24해리의 직선기선은 그 길이의 선으로서 가능한 최대한도의 수역을 포섭하는 방식으로 만 내에 그어져야 한다.
6. 前記한 제 규정은 이른바 ‘역사적’ 만, 또는 제7조에 규정된 직선기선제도가 적용되는 경우에는 적용되지 아니한다.

만에 관한 유엔해양법협약상의 규정은 1958년 4월 29일 제네바에서 채택된 '영해 및 접속수역에 관한 협약'상의 그것과 자구 하나 다르지 않다(뒤의 협약 제7조 참조). 이것은 만에 관한 양 협약상의 규정이 이미 국제관습법으로 化했음을 의미하는 것이며 바로 그러한 이유에서 이 규정은 양 협약의 당사국이든 아니든 국제사회의 모든 국가에 적용되는 것이라고 보아야 할 것이다.

그렇다면 북한의 만구폐쇄선이 상기한 기준에 비춰 과연 적법한 것이라고 볼 수 있을 것인가? 이와 관련해서는 먼저 경성만 및 동한만이 국제법상의 만인가 하는 문제부터 살펴야 하리라고 본다. 앞서 보았듯, 국제법상의 만이 되기 위해서는 삼면이 육지로 둘러싸이고 하나의 입구를 통해 外洋과 연결되는 '뚜렷한 만입'(a well- marked indentation)으로서 만입의 면적이 그 입구의 길이를 직경으로 하는 반원과 동일하거나 그것보다 커야 하도록 되어 있다. 그리고 그 입구의 길이는 24해리를 초과하지 않아야 한다. 이 같은 요건이 갖추어졌을 때 만구폐쇄선 내부 수역은 연안국의 내수로 되는 것이다.

다른 요건은 갖추어졌으되 입구의 길이가 24해리를 초과하는 경우에는 "24해리의 직선기선은 그 길이의 선으로서 가능한 최대한도의 수역을 포섭하는 방식으로 만 내에 그어져야 한다."(a straight baseline of 24 nautical miles shall be drawn within the bay in such a manner as to enclose the maximum area of water that is possible with a line of that length)39) 이것은 만구의 길이가 24해리를 초과하는 경우에는 만구폐쇄선이 적용되는 것이 아니라 직선기선제도가 적용됨을 의미하는 것이다.

경성만과 동한만은 국제법상의 만으로서의 요건을 하나도 갖추

---

39) 유엔해양법협약 제10조 5항.

고 있지 않다. 그것은 지명상 만으로 표기되어 있긴 하나 연안선의 완만한 굴곡일 뿐, '뚜렷한 만입'이라고 볼 수는 없다. 그곳에는 직선기선의 적용상 필요한 '굴곡이 심하고 바위와 섬들이 널려져 있는 해안'이 있는 것도 아니고 또한 그곳은 '해안선의 굴곡이 심하거나 해안의 가까운 수역 안에 섬들이 많이 있는 경우'도 아니기 때문에 직선기선제도가 적용된다고 볼 수도 없다. 그곳은 통상기선제도가 적용되어야 하는 장소라고 볼 수밖에 없는 것이다.

이와 관련하여 우리는 이른바 '역사적 만'(historical bay)에 관한 문제를 생각지 않을 수 없다. 국제법상의 만으로서 요건을 갖추고 있지 않은 경우라도 그것이 역사적 만으로 인정되면 결과는 달라질 수 있기 때문이다.[40] 국제법상 역사적 만이 되기 위해서는 역사적 權原(historic title)이 있어야 한다. 또한 역사적 권원은 타국이 이를 존중해야 하고 오랜 관행에 의해 유지되어 온 것이어야 한다.[41]

어업사건에 대한 국제사법재판소 판결에는 역사적 권원의 성립에 장기점유(*possesio longi temporis*), 공연성(公然性, notoriety) 그리고 외국의 일반적 묵인(general tolerance)이 필요한 것으로 되어 있다.[42] 그리고 미국 연방최고재판소 판결에서는 역사적 만이 되기 위한 요건으로서 당해 수역을 연안국이 외국의 묵인하에 계속적으

---

40) 역사적 만에 대해서는 김찬규, 「이른바 역사적 만에 관한 고찰」, 『학술원논문집』, 사회과학편 제12집(1973. 11), pp.177－233 참조. See also L. F. E. Goldie, "Historic Bays in International Law－An Impressionistic Overview", 11 *Syracuse Journal of International Law and Commerce*(1984), pp.211－273; Natalino Ronzitti, "Is the Gulf of Taranto an Historic Bay?", *ibid.*, pp.275－296.

41) *Continental Shelf(Tunisia/Libyan Arab Jamahiriya), Judgment, I. C. J. Reports 1982*, p.73, para. 100.

42) *Fisheries case, Judgment of December 18th, 1951: I. C. J. Reports 1951*, p.130 and 138－139.

로 지배해 왔어야 한다고 하고 있다. 이 판결은 이를 세분하여 첫째, 연안국이 그곳에 권한을 행사해 왔을 것, 둘째, 그 권한행사는 계속적인 것이었을 것, 셋째, 외국이 그 권한행사를 묵인해 왔을 것을 요구하고 있다.[43]

경성만과 동한만이 역사적 만으로 인정되기 위해서는 이 같은 요건을 갖추어야 하며 그것을 갖추고 있는가의 여부에 대한 거증 (擧證)책임은 북한에 있다고 할 것이다. 이와 관련하여 또 한 가지 유의해야 할 사항은 이른바 '사활적(死活的) 만'(vital bay)에 관한 주장인데 이것은 만으로서의 요건을 갖추고 있지 않은 수역일지라도 연안국이 그곳에 사활적 이익을 가지고 있으면 그것을 특별 취급해야 한다는 주장이다.[44] '사활적 이익론'은 오늘날 역사적 만과 관련하여 주장되는 것일 뿐, 그것이 독자적으로 만이론에 대한 예외를 구성하는 것은 아니라는 데 주목해야 할 것이다.

한편, 어떤 북한 학자에 의하면 북한은 동한만(동조선만) 외에도 서한만(서조선만)을 역사적 만으로 규제하고 있다고 한다. 그 지역은 평안북도 신도군의 비단섬 마안각과 황해남도 룡연군 장산곶 사이를 연결한 직선기선 안쪽 수역이라고 한다. 서한만을 역사적 만으로 규제한 이유는 첫째, 서한만 일대가 해안의 굴곡이 심하고 크고 작은 섬들이 많으며 밀물과 썰물의 차이가 심한 자연지리적 조건으로 인해 중세소업[45]과 양식 사업을 많이 하며 간석지 개간과 소금생산이 많이 진행되는 경제적으로 의의가 큰 곳이기 때문이

---

43) *US v. State of Alaska case*, in 14 *International Legal Materials*(1975), p.1017.

44) See D. P. O'Connell and I. A. Shearer, *The International Law of the Sea*(1982), Vol. I, pp.435 – 438; *Yearbook of the International Law Commission 1962*, Vol. II, pp.19 – 20.

45) 중세소업(中細小業)이란 중소기업을 말한다. 통일부〈www.unikorea.go.kr〉, 북한정보자료→북한용어(검색일: 2008. 12. 10).

며, 둘째, 서한만이 수도 평양과 서해안 지대 주요 공업지구를 보위함에 있어 매우 중요한 수역이 되기 때문이라고 한다. 북한 학자는 중국, 러시아는 물론 미국, 영국, 프랑스 등 세계 모든 나라들이 서한만을 역사적 만으로 인정하고 있다고 주장하고 있다.[46] 2002년 국제법사전도 동조선만과 서조선만이 역사적 만이라고 서술하고 있다.[47] 북한 측이 주장하는 서한만에 대해서는 북한의 방송, 규범적 문건, 실행 등을 관심을 가지고 계속해서 지켜봐야 할 필요가 있다.

IV. 무해통항권에 대한 태도

영해에서의 외국선박의 통항문제에 대해 북한 법학사전에는 "일체 외국선박들은 령해에 수립된 해당 국가의 법질서와 그 나라의 안전을 존중하는 조건하에서 사전허가를 받고 그 나라 령해를 항행할 수 있다."고 되어 있다.[48] 여기서 주목되는 것은 '일체 외국선박들'은 '사전허가를 받고 그 나라 령해를 항행할 수 있다.'는 부분이다. '일체 외국선박들'이란 표현으로 보아 북한에서는 군함 뿐 아니라 상선 등 일반선박에 대해서도 무해통항권이 인정되고 있지 않은 듯한 인상을 준다.

1988년에 출간된 북한의 한 국제법 전문서적에는 이 문제에 대해 다음과 같은 설명이 나온다.[49]

---

46) 최금숙, 「공화국국내수역의 중요제도」, 『김일성종합대학학보: 력사법학』, 제50권 제4호 (2004), p.70.

47) 사회과학원 법학연구소, 『국제법사전』, p.174.

48) 사회과학원 법학연구소, 『법학사전』, p.182.

공인된 령해제도에 의하면 연안국은 자기 령해에서 외국배의 '무해항행'을 허용한다(제네바해양법협약 제3장 참조).

'무해항행권'은 연안국의 안전과 경제적 리익을 침해함이 없이 령해를 통과할 수 있는 외국배의 권리이다. 외국배의 '무해항행'은 연안국의 국내수역에 들어감이 없이 령해를 통과하거나 국내수역 밖에 있는 가박지 또는 항만시설을 리용하기 위하여 그리고 국내수역과 국내수역에 있는 정박지 또는 항만시설을 리용하기 위하여 령해를 통과하는 경우에 인정된다.

령해에서 외국배의 통행은 지속적이며 신속한 것으로 되어야 한다. 령해에서 외국배는 리유 없이 설 수 없다. 그러나 외국배는 불가항력적 사유 또는 재난에 의하여 방조를 필요로 하는 경우 그리고 바다에서 재난에 처한 사람, 선박, 비행기에 방조를 줄 필요가 있을 때에는 정선 또는 닻을 내릴 수 있다.

외국배는 령해를 통과하는 경우에도 연안국의 승인을 받아야 하며 그의 지시에 따라 규정된 속도를 보장하고 지정된 항로로만 다녀야 한다. 외국배의 항행은 연안국의 질서와 안전을 해롭히지 않아야 한다.

그러나 외국배가 연안국의 자주권, 령토완정과 정치적 독립을 반대하여 무력을 행사하는 행위, 연안국의 국방과 안전을 해치는 정보수집과 선전행위, 임의의 항공기의 리착륙과 거기에 사람이 오르내리는 행위, 연안국의 세관, 재정, 위생 규정에 위반되는 상품, 화폐, 사람을 싣고 부리는 행위, 령해에서 물고기잡이를 하거나 령해를 오염시키는 행위, 령해에서 연구조사활동을 하거나 연안국의 통신체계를 혼란시키는 행위, 항행에 직접적인 관계가 없는 임의의 행위를 하는 경우에는 '무해항행'으로 인정될 수 없다.

'무해항행권'은 일반무역선에만 해당되며 군함에는 적용되지 않는다.

연안국은 외국배의 '무해항행권'을 인정할 의무를 지니지만 다른 편으로는 령해를 철저히 보호관리하기 위한 법질서를 주동적으로 세울 수 있다.

여기서는 혼란이 더욱 가중된다. 이 설명에서는 무해통항권이 인정되는 듯한 부분도 있고 인정되지 않는 듯한 부분도 있으며 인정된다고 하더라도 군함을 제외한 일반선박에만 인정되는 듯한 부분이 있기 때문이다.

이 문헌은 우선 "공인된 령해제도에 의하면 연안국은 자기 령해에서 외국배의 '무해항행'을 허용한다(제네바해양법협약 제3장 참

---

49) 김영철 · 서철원, 『현대국제법연구』, p.98.

조). ‘무해항행권’은 연안국의 안전과 경제적 리익을 침해함이 없이 령해를 통과할 수 있는 외국배의 권리이다.”라고 함으로써 ‘공인된 영해제도’상 ‘무해항행권’이 인정되고 있다고 한다. 그러나 곧이어 “외국배는 령해를 통과하는 경우에도 연안국의 승인을 받아야 하며 그의 지시에 따라 규정된 속도를 보장하고 지정된 항로로만 다녀야 한다.”고 함으로써 하나의 권리로서의 ‘무해항행권’이 인정되고 있지 않은 듯한 설명을 한다.

이처럼 이 문헌은 상충하는 설명을 하고 있어 영해에서의 외국선박의 통항문제에 대한 북한의 입장이 어떤가를 이해하는 데 혼란을 야기하고 있다. 전기한 법학사전에서는 군함뿐 아니라 상선 등 일반선박에 대해서도 무해통항권이 인정되고 있지 않은 듯한 설명을 하고 있는 반면, 이 문헌에서는 더욱 혼란스런 설명을 하고 있어 이 두 문헌만을 통해서 볼 때 무해통항권에 대한 북한의 태도가 어떤 것인지에 대해서는 알 길이 없다.

그렇다면 북한의 실천은 어떻게 되어 있는가? 우리는 앞서 1977년 6월 21일 제정된 ‘조선민주주의인민공화국 경제수역을 설정함에 관하여’라는 표제의 중앙인민위원회 정령을 통해 북한이 200해리 경제수역을 설정하고 이 정령의 발효일인 같은 해 8월 1일 ‘군사경계선설정에 관한 조선인민군 최고사령부의 보도’라는 것을 통해 ‘동해에서 령해기산선으로부터 50마일, 서해에서는 경제수역경계선’까지를 군사경계선으로 하고 있음을 보았거니와 이 같은 사실을 통해 추단(推斷)컨대 북한의 인접해역에는 우선 영해가 있고 그 외측에 군사경계수역이 있으며 다시 그 외측에 200해리 경제수역이 있음을 알게 된다.

그런데 영해 외측에 있는 ‘군사경계선구역 안(수상, 수중, 공중)

에서 외국인, 외국군용함선, 외국군용비행기들의 행동'은 금지되고 있고 "민용선박, 민용비행기(어로선박 제외)들은 해당한 사전합의 혹은 승인 밑에서만 군사경계선수역을 항행 및 비행할 수 있다."고 되어 있다.[50]

이것은 영해 외측에 있는 영해보다 몇 곱절 넓은 군사경계선구역 안에서는 무해통항권이 군함에 대해서뿐만 아니라 '민용선박'에 대해서도 인정되고 있지 않음을 의미하는 것이다. 우리는 이것을 上記 '군사경계선설정에 관한 조선인민군 최고사령부의 보도'가 "민용선박, 민용비행기(어로선박 제외)들은 해당한 사전합의 혹은 승인 밑에서만 군사경계선수역을 항행 및 비행할 수 있다."고 하는 데서 보게 된다.

이 같은 사실을 두고 우리는 영해 외측에 있는 영해보다 몇 곱절 넓은 군사경계선 수역에서 인정되지 않는 일반선박에 대한 무해통항권이 이 수역 내측에 있는 영해에서 인정된다고 볼 수는 없게 될 것이다. 왜냐하면 현 단계에서 북한에 있어서는 군사경계선수역을 거치지 않고 영해에 들어갈 수 없게 되어 있으며 이러한 상황에서 군사경계선 수역 안에서 인정되지 않는 일반선박의 무해통항권이 영해에서 인정된다고 보는 것은 무의미한 것으로 될 것이기 때문이다.

2002년에 발간된 국제법사전은 영해에서의 무해통항제도에 대해 다음과 같이 기술하고 있다.[51]

령해에서 외국의 일체 상선들은 연안국의 법과 규정을 지키는 조건에서 그리

---

50) 박영수·정명선·방영애, 『국제법 및 해운법 참고서(법학부용)』, p.3.
51) 사회과학원 법학연구소, 『국제법사전』, p.181.

고 그 나라의 안전을 침해하지 않는 조건에서 령해를 통과할 권리를 가진다.
연안국의 법질서를 위반한 외국상선들은 연안국의 주권을 침해한 것으로 인정
되며 나포, 몰수된다. 령해에서 외국의 군함은 연안국의 특별허가 밑에서만 항
행할 수 있으며 연안국의 특별허가가 없이 령해를 침범한 군함에 대해서는 연안
국의 자위권이 행사된다.

그러나 북한의 경우, 그 영해 내에서 일반선박에 대한 무해통항
권이 인정되고 있다고 하더라도 그 무해통항권은 군사경계선이 존
속하는 한 무의미한 것으로 되지 않을 수 없다. 그런 경우 그것은
군사경계선이 소멸되고 난 후라야 되살아날 수 있을 것이다.

V. 결론

노르웨이의 영해 폭 및 기선제도가 쟁점으로 되었던 영국, 노르
웨이 어업사건의 결과 해양법에 관한 많은 문제점이 해결되었음은
주지의 사실이다. 1951년 12월 18일 국제사법재판소에 의해 내려
진 이 사건의 판결에는 다음과 같은 일문(一文)들이 있다.

해역에 대한 경계획정은 항상 국제적 측면을 가진다. 그것은 연안국의 국내법
에 표명된 그 나라의 의사에만 의존할 수는 없는 것이다. 경계획정 행위가 연
안국만이 그것을 행할 권한을 가졌기에 필연적으로 일방적 행위인 것은 사실
이지만 타국에 대한 경계획정의 효력은 국제법에 의존하는 것이다.[52]

각 국가가 그 자신의 연안을 가장 잘 알기에 영해의 경계에 관한 현실적 경계
획정은 각 국가의 권한에 속하는 것이지만 이 경계획정을 행함에 있어 따라야 할

---

52) *Fisheries Case, Judgment of December 18th, 1951: I. C. J. Reports 1951,*
p.132.

원칙은 법의 영역에 속하는 것이지 각 국가의 재량에 속하는 것은 아니다.[53]

제 국가의 다양한 지리적·경제적 조건에 비추어 영해의 범위 및 그 범위가 산정되는 방법에 대해 모든 경우에 적용 가능한 단일규칙을 설정한다는 것은 불가능하다.
그러므로 각 국가는 합리적인 방법으로 그렇게 할 것을 조건으로, 다시 말해 당해 수역에 대해 감독을 행할 수 있고 또한 국제법에 의해 부과된 의무를 이행할 수 있으며, 타국이 취득한 권리를 침해하지 않으며, 일반적 이익에 해를 끼치지 않으며 또한 권리남용을 구성하지 않을 것을 조건으로 자국 영해의 범위 및 그 범위가 산정되는 방법을 결정할 수 있다.
국가는 자국 영해의 폭을 정함에 있어 그것이 정당함을 보여주는 지리적·경제적 또는 그 밖의 이유를 제시하지 않으면 안 된다.
이러한 원칙에 비추어 본건(本件)에서 행해진 것과 같은 기선, 직선기선, 만 등에 대한 10해리의 폐쇄선에 관한 제 문제를 거론하는 것은 그 이상 필요치 않다. 똑같이, 만일 어떤 국가가 자국의 육지영역 및 자국의 필요를 고려하여 과도한 폭의 영해를 채택한다면, 또는 그 나라가 제시하는 기선이 자의적으로 선택된 것으로 나타난다면 그것은 권리남용(an *abus de droit*)을 구성하게 될 것이다.[54]

여기서 우리는 다음과 같은 사실을 알게 된다. 해역의 경계획정에 대해서는 자신의 연안을 가장 잘 아는 것이 연안국이기에 그것은 필연적으로 연안국의 일방적 행위가 될 수밖에 없지만 그러나 그것에 대한 국제적 유효성이 인정되기 위해서는 국제법적 기준에 따라야 한다는 것이 그것이다.

국제법적 기준으로는 모든 것을 '합리적인 방법으로'(in a reasonable manner) 해야 한다는 점이 지적되고 있다. 이를 보다 구체적으로 말하면 연안국이 자국의 영해범위 및 그 범위가 산정되는 방법을 정함에 있어서는 당해 수역에 대해 '감독'(supervision)을 행할 수 있어야 하고 국제법에 의해 부과된 의무를 이행할 수 있어야 하며

---

53) Dissenting Opinion of Sir Arnold McNair, in *ibid.*, p.160.

54) Individual Opinion of Judge Alvarez, in *ibid.*, p.150.

타국이 취득한 권리를 침해하는 것이 아니어야 하며 '일반적 이익'(general interests)에 해를 끼치지 않으며 또한 권리남용을 구성하지 않는 것이어야 한다는 것이다.

유엔에의 가입조건에 유엔헌장에 규정된 제 의무를 수락해야 한다는 점이 포함되고 있다(헌장 제4조 1항).[55] 또한 유엔헌장에 규정된 제 의무에는 '정의가 유지될 수 있는 그리고 조약 및 그 밖의 국제법의 연원에서 유래하는 의무의 존중이 유지될 수 있는 조건'을 확립해야 한다는 것(前文), '정의 및 국제법의 원칙에 따라' 모든 분쟁 또는 사태를 평화적으로 해결해야 한다는 것이 포함되고 있다(제1조 1항).

북한은 유엔에 가입하기 전에 이미 유엔헌장 및 국제법의 준수에 대한 굳은 의지를 천명하고 있었다. 일찍이 1955년 한 북한 학자가 발표한 논문에는 다음과 같은 구절이 있다.

> 공화국 정부는 유·엔 헌장과 그의 원칙들을 준수하며 존중할 것이라는 것을 공식적으로 성명하였으며 또 사실에 있어서 그것을 시종일관 준수하여 왔고 존중하여 왔다. 따라서 유·엔은 조선민주주의인민공화국이 설혹 유·엔의 비성원 국가라 하더라도 조선인민의 민족적 리익과 공화국에 관계되는 중요한 문제가 토의되는 경우에는 반드시 그의 대표를 회의에 참가시키며 그의 의견을 존중시할 법적 의무를 지니고 있다.[56]

> 현대 국제법에는 국제 사회에서 일반적으로 공인되고 있으며 현대 국제법의 기본과 그의 주되는 내용을 이루고 있는 초보적인 개념, 초보적이며 기본적인 원칙들과 규범들이 존재한다.[57]

---

55) 김찬규, 「UN가입에 관한 조건과 절차」, 『한국공법의 이론』(목촌 김도창 박사 고희기념논문집, 1993. 2), pp.59-82.

56) 김진태, 「국제법의 민주주의적 원칙들의 공고 발전을 위한 조선민주주의인민공화국의 투쟁」, 『8·15해방 10주년 기념 법학 론문집(제1집)』(조선민주주의인민공화국 과학원 경제법학 연구소, 1955), p.184.

57) 위의 글, p.153.

북한에 유엔헌장을 존중하고 '국제적 의무의 량심적인 리행'을 하려는 뜻이 진실로 있다면 북한은 무엇보다도 영해의 폭 또는 거기서 유래하는 한계를 측정하기 위한 기선 및 경계획정선을, 그 위치를 확인하는 데 적합한 척도의 해도(海圖)상에 표시 발표하거나 그에 관한 측지원자(測地原子, geodetic datum)를 명시하는 각 지점의 지리상의 좌표목록(a list of geographical co-ordination)을 공표해야 할 것이다(유엔해양법협약 제16조 참조).

1958년의 '영해 및 접속수역에 관한 협약'에는 "연안국은 직선기선을 해도상에 명백히 표시해야 하며 이 해도를 적절히 공표해야 한다."고 함으로써(제4조 6항) 해도에의 표시 및 공표 의무를 직선기선에 한정시키고 있었다. 그러던 것이 1982년의 유엔해양법 협약에서는 이 의무를 통상적인 직선기선뿐만 아니라 하구 및 만의 경계선, 그리고 나아가 대향국(對向國) 또는 인접국(隣接國) 간의 영해의 경계획정선에 대해서까지 확대시키고 있으며 또한 공표한 내용을 유엔사무총장에게 통보해야 하도록 되어 있다(제16조).

이것을 공표해야 할 의무는 이것이 분명하지 않고는 항해자 및 어부들이 어떤 국가의 해역에 들어와 있는지 어떤지를 가늠할 길이 없게 되고 또한 직선기선 또는 하구 및 만의 폐쇄선의 남용을 방지하는 데 도움을 주게 된다는 데 있다.59)

---

58) 위의 글, p.153.

59) Satya N. Nandan and Shabtai Rosenne, *United Nations Convention on the Law of the Sea 1982: A Commentary*(1993), Vol. Ⅱ, p.145 ; R. R. Churchill and A. V. Lowe, *The Law of the Sea*(3rd ed., 1999), p.53.

제6장

해양법(II): 경제수역제도 *

Ⅰ. 서론

1977년 7월 1일 동경에서 청취된 평양 중앙방송에 의하면 북한 중앙인민위원회[1]는 같은 해 6월 21일 200해리 경제수역 설정에 관한 정령을 채택하고 8월 1일부터 이를 실시하기로 했다는 보도가 있었다. 우리 외무부 대변인은 7월 15일 다음과 같은 성명을 발표했다.

가. 북한 당국은 7월 1일 소위 200해리 경제수역을 설정하고 8월 1일부터 시행할 것을 성명한 것으로 보도되었다.

나. 만일 이 보도가 사실이라면 북한의 이와 같은 기도(企圖)는 한반도 주변 수역 특히 인접해상에서 생업을 위하여 어로(漁撈)에 종사하여 온 우리 어민들의 안전조업을 위태롭게 하고 남북한 간에 새로운 분규를 야기할 위험이 클 뿐만 아리라 1953년의 휴전 이래 한반도에서 유지되어 왔던 현상에 변동을 초래할 우려가 있기 때문에 우리는 북한의 200해리 경제수역 설정에 관한 성명을 인정할 수 없다.

다. 우리 정부는 남북한 인접수역에서 어로분규를 미연에 방지하기 위하여 지금까지 우리 스스로가 어로한계선을 설정하여 조업하도록 우리 어민을 지도하여 왔다. 휴전선에 인접한 동해와 서해의 해상에서 북한의 고의적인 도발로 인하여 우리의 선량한 어민의 안전조업을 북한 측이 방해할 때에는 우리는 우리 어민의 안전과 조업을 보호하기 위하여 필요한 조치를 취할 것이다.

라. 이 문제에 관하여서 만약 남북한 간에 의견 차이가 있다면 우리 측으로서는 7·4남북공동성명 정신에 입각하여 기존의 남북한 대화기구를 통하여 상호 협의할 용의가 있음을 밝혀 두는 바이다.

마. 따라서 북한이 이 문제에 대한 우리의 이와 같은 평화적이며 건설적인 입

---

* 본 장은 김찬규, 「북한의 경제수역에 대한 고찰」, 『북한법률행정논총』, 제5집(1982. 5), pp.91－109; 김찬규, 「해양법에 대한 북한의 태도연구(상)」, 『정경연구』, 제160호(1978. 6), pp.244－254를 이 책의 체계에 맞게 구성하고 이후 내용을 보완, 발전시킨 것입니다.

1) 중앙인민위원회는 북한 헌법상 국가주권의 최고지도기관이었으나(1992년 헌법 제117조) 1998년 북한 헌법 개정 시 폐지되었다.

장을 무시하고 한반도 주변 수역에서 분규를 야기할 경우에는 그로 인하여 파생되는 모든 결과에 대하여 북한 측이 그 책임을 전적으로 져야 할 것임을 엄중히 경고하는 바이다.

아래에서는 1977년 북한이 선포한 200해리 경제수역의 내용과 실천, 경제수역을 선포한 의도와 200해리 경제수역에 대한 북한의 견해를 살펴보고 국제법제도에 비추어 평가하고자 한다.

II. 북한 경제수역의 내용과 실천

북한은 1977년 6월 21일 중앙인민위원회 정령으로서 200해리 경제수역을 설정하고 같은 해 8월 1일부터 이를 실시했으나 이에 관한 부분적 실천은 이미 1966년부터 있었던 것 같다. 공산권 해양법 전문가인 하버드대학의 버틀러 박사에 의하면 북한은 1966년 이래 일본 어선에 대해 70해리 어업수역(漁業水域)을 적용해 왔다고 한다.[2] 또한 1968년 2월 8일 미 국무장관 러스크는 푸에블로호 사건에 대한 미국의 입장을 밝히는 가운데서 다음과 같은 언급을 한 바 있다.[3]

동경주재 미국 대사관은 북한 당국이 분명히 어업목적만을 위해 70해리의 관할권을 주장한 듯한 몇 번의 어선사건을 보고한 바 있다. 1966년 5월 그리고 또다시 1967년 5월 북한군은 북한 연안에서 각각 약 29해리 및 58해리에

---

2) William E. Butler, "The Pueblo Crisis: Some Critical Reflections", *Proceedings of the American Society of International Law*(1969), p.12.

3) Contemporary Practice of the United States Relating to International Law, in 62 *American Journal of International Law*(1968), p.756.

위치한 일본 어선을 나포했다. 어선의 선장은 북한이 70해리 관할권을 주장하
고 있다는 말을 들었으며 두 번째 사건에서 선장은 4개월 반 동안 억류되고
또한 "본인은 북한의 어장을 침범했다."고 시인하는 진술서에 서명하도록 강
요당했다.

이와 같이 북한이 이미 1966년에 부분적으로나마 어업수역을 실
시하고 있었음에도 불구하고 1977년에 이르러서야 비로소 200해
리 경제수역 설정을 공표한 것은 시기선택과 관련이 있었던 것 같
다. 공표하는 데서 얻는 이익과 공표하지 않고 실천만 하는 데서
얻는 이득의 비교형량하에 후자를 선택했기 때문에 북한은 이에
관해 함구해 온 것으로 생각된다.

북한이 경제수역을 선포했음은 앞서 본 것처럼 1977년 7월 1일
의 중앙방송 보도를 통해서였는데, 북한의 경제수역이 어떤 것인지
는 이 방송의 내용을 검토함으로써 어느 정도는 규지(窺知)할 수
있을 것 같다. 이 방송의 전문(全文)은 다음과 같다.

조선민주주의인민공화국 중앙위원회는 1977년 6월 21일 우리나라의 바다자
원을 보호관리하고 적극 개발 리용하기 위하여 '조선민주주의인민공화국 경제
수역 설정에 관한 정령'을 채택했다.
이 정령에 의하면 조선민주주의인민공화국의 경제수역은 령해의 기산선으로부
터 200해리이며 200해리 경제수역을 그을 수 없는 수역에서는 바다 반분선
까지로 설정되었다. 정령에는 또한 조선민주주의인민공화국은 이 수역, 즉 수
중 해저 지하의 수역 안에서 생물 및 비생물자원에 대한 자주권을 행사한다고
규제하고 있다.
그리고 정령에서는 조선민주주의인민공화국 해당 기관의 사전승인 없이 외국
인들과 외국선박 및 외국항공기들이 조선민주주의인민공화국 경제수역 안에서
고기잡이 시설물설치 탐사 개발 등 공화국의 경제활동에 장애로 되는 행위들
과 바다물이나 대기오염을 비롯하여 인민과 자원에 해를 주는 모든 행위들을
금지한다고 규정하고 있다.
이 정령은 1977년 8월 1일부터 실시하게 된다.

이상의 내용을 요약하면 그들은 바다자원을 보호관리하고 적극 개발 이용하기 위하여 200해리 경제수역을 설정했다는 것이며 그 내용은 첫째, 영해의 기산선에서 200해리를 그 범위로 하고, 둘째, 200해리 경제수역을 그을 수 없는 수역에서는 바다 반분선까지를 그 범위로 하고, 셋째, 수중·해저 및 지하를 포함하는 동 수역 안의 생물과 비생물자원에 대해서는 자주권을 행사하고, 넷째, 북한의 사전승인 없이 외국인들과 외국인선박, 외국항공기들이 북한의 경제수역 안에서 고기잡이, 시설물설치, 탐사 개발 등 북한의 경제 활동에 장애가 되는 행위를 하는 것과 바닷물이나 대기오염을 비롯하여 인민과 자원에 해를 주는 모든 행위를 하는 것을 금지한다는 것이다.

북한은 200해리 경제수역을 구체화하기 위해 '경제수역에 있어서의 외국인과 외국선박 및 외국비행기들의 경제활동에 관한 규정'이라는 것을 제정했다. 북한 정무원 결정 제160호로 된 이 규정은 1978년 8월 12일 공포되고 1980년 1월 1일부터 실시된 것인데 그 주요 내용은 다음과 같다.

이 규정은 경제수역의 설정에 관한 그들 정령을 정확히 집행함으로써 그들의 경제수역에 있어서의 수산자원을 비롯한 해양자원을 확고히 보호관리하고 적극적으로 개발 이용함을 목적으로 한다(제1조). 그들은 경제수역 안에 있는, 즉 경제수역의 수중 해저 지하에 있는 모든 생물자원 및 비생물자원에 대해 완전한 자주권을 행사한다(제2조). 이 규정은 그들의 경제수역에서 경제활동 및 과학조사사업을 행하는 모든 외국인·외국선박·외국항공기에 적용된다(제3조).

이 규정에서 규제되지 않은, 그들 경제수역 안에서의 외국인·

외국선박·외국항공기의 경제활동과 관련된 문제는 별도로 체결되는 협정 또는 합의서에 기(基)해 처리한다(제4조). 외국인과 외국선박은 그들 자원감독기관의 허가 없이는 경제수역에서 어로행위를 할 수 없다(제5조). 그들의 승인(협정 계약 인가)을 얻어 경제수역에서 어로행위를 하는 외국인과 외국선박에 대해서는 이 규정 부표(附表) Ⅱ와 같은 어로허가증을 발급해야 한다(제7조). 그들의 경제수역에서 어로활동을 하는 외국인과 외국선박은 이 규정과 어로에 관련된 그들의 법규를 정확히 준수해야 한다(제8조). 어로활동을 위해 그들의 경제수역에 들어오는 외국선박은 24시간 전에 경제수역의 경계선을 넘는 좌표, 일자 및 시간을 자원감독기관에 통지해야 한다(제9조). 외국선박이 그들의 경제수역에 들어오는 경우에는 선측(船側)과 상부갑판의 현측(舷側)에 선박의 명칭과 번호를 주야를 막론하고 잘 보이도록 표지(標識)해야 하며 자원감독기관이 필요에 따라 다른 표지를 다시 요구할 경우에는 그것을 부착해야 한다(제10조).

그들의 경제수역에서 어로활동을 하는 선박은 어로허가증과 국제해사법규에 규정된 선박의 상비문서를 휴대해야 한다(제11조). 그들의 경제수역에서 어로행위를 하는 외국선박은 자원감독기관에 대해 부표 Ⅲ에 따른 어로상황에 관한 순보(旬報) 및 일보(日報)를 제출해야 하며, 순보는 무전 또는 전보를 통해 다음 순(旬)의 5일까지, 일보는 문서(3통)로서 다음 달의 10일까지 제출해야 한다(제12조). 그들의 경제수역에서 어로활동을 하는 외국선박은 부표 Ⅳ에 따라 어로일지를 정상적으로 기록해야 하며 또한 어군(魚群)탐지기 기록철을 휴대하고 있어야 한다(제13조).

그들의 경제수역에서 사용할 수 없는 그물 눈(網目)의 크기와

잡아서는 안 될 생선의 크기에 대해서도 자세한 규정을 하고 있다
(제14조). 별도로 체결된 협정 또는 합의가 없는 한 그들의 경제수
역에서 게, 물개, 고래를 잡을 수 없다(제15조). 그들의 경제수역에
서 생선을 잡는 외국선박의 크기와 조명을 사용하여 생선을 잡는
선박의 조명도는 자원감독기관이 정하는 바에 따라야 한다(제16
조). 그들의 경제수역에서 생선을 잡는 외국선박은 별도의 합의가
없는 한 해당 기관이 정하는 요금을 지불해야 한다(제17조).

　전기 펌프, 폭발물질, 화학성 물질을 비롯한 어족자원에 해를 주
는 어구(漁具)와 방법을 사용하여 생선을 잡아서는 안 된다(제18
조). 그들의 경제수역에서 생선을 잡는 외국선박은 다른 선박의 어
로에 지장을 주는 행위를 해서는 안 된다(제19조). 외국인과 외국
선박은 그들의 군사경계선 내에서 그리고 별도로 정하는 금지구역
에서는 생선을 잡을 수 없다(제20조).

　수산자원감독원(監督員) 또는 해상경비에 종사하는 자는 그들의
경제수역에서 생선을 잡는 외국선박에 올라가고 어로상황을 검열
할 수 있으며, 외국선박은 그들이 선박에 올라갈 수 있도록 편의
를 보장하지 않으면 안 된다(제21조). 그들의 경제수역에서 생선을
잡은 외국선박은 수산감독원 또는 해상경비에 종사하는 자의 신호
(海上國際信號一汽笛)에 무조건 응하지 않으면 안 된다(제22조).
그들의 경제수역에서 생선을 잡는 외국선박이 경제수역의 설치에
관한 북한 중앙인민위원회의 정령과 이 규정 및 그 밖의 어로에
관한 그들의 법규에 위반한 경우에는 그 정도에 따라 ① 어로의
중지, ② 어로허가의 취소, ③ 어구 및 어로수단과 잡은 생선의 몰
수, ④ 피해액을 보상시키는 것, ⑤ 15만 원 이하의 벌금, ⑥ 인원
과 선박의 억류, 그리고 정상이 중대한 때에는 그들의 형법에 따

라 처벌한다(제23조).

북한은 200해리 경제수역을 선포한 후 이를 실력으로써 실시하였다. 북한은 이 수역을 침범했다는 이유로 몇 번에 걸쳐 일본 어선을 나포한 일이 있다. 1977년 8월 15일 일본 시마네현(島根縣) 하마다(濱田) 항에 돌아온 일본 오징어잡이 어선 第5北陽丸(84톤)의 선장 新田重春이 밝힌 바에 의하면 8월 5일 연해주 해상에서 조업을 위해 북한의 200해리 수역인 북위 40도, 동경 132도 부근을 통과할 때 북한의 해군함정이 따라와 퇴거명령을 했으며, 이때 이 함정은 포 덮개를 벗기고 사격할 준비를 했다고 한다. 또한 8월 11일 밤 9시경에는 소련 연안에서 조업 후 귀항하기 위하여 같은 해역을 지나가고 있던 일본 오징어잡이 어선을 북한의 경비정이 임검(臨檢)을 하고 동 수역을 또다시 침범할 때에는 나포하겠다는 경고를 했다는 것이다.

1977년 11월 10일에는 200해리 경제수역의 선포 이후 처음으로 동 수역을 불법침범했다는 이유하에 한 척의 일본 어선이 나포된 바 있다. 같은 날 오후 3시 30분께 흥남 동쪽 310㎞ 해상에서 10명의 선원을 태운 미야기현(宮城縣) 山一港業 소속 오징어잡이 어선 第57千島丸(197톤)이 나포된 것이 그것이다. 이것은 1975년 9월 2일 松生丸이 나포된 후 처음 있는 일이었다. 이 어선은 이틀 후인 11월 12일 석방되었는데 동경에서 청취된 평양방송에 의하면 일본과의 우호관계를 고려하여 이것을 처벌하지 않고 석방했다는 것이다.

1977년 11월 19일 오전 7시 30분경에는 또 하나의 일본 어선 호헤이 마루가 무수단 동남쪽 해상군사경계선 13해리 수역을 침범했다는 이유로 그들의 경비정에 의해 나포되었다가 곧 석방된 일도 있다. 이때 북한은 일본 국민들과의 선린관계 그리고 이들 영세어민들의 생계형편 등을 고려하여 되돌려 보내게 된 것이라고 말했다.

III. 경제수역 설정의 의도

북한이 경제수역을 설정한 데는 몇 가지 이유가 있을 것으로 생각되는바, 이는 우리와의 관계, 일본과의 관계, 중국과의 관계 그리고 구소련과의 관계에서 검토해야 하리라고 본다.

1. 한국과의 관계에서의 의도

먼저 우리와의 관계에서 보면 그들은 한국의 정통성, 즉 대한민국이 한반도에 있어서의 유일한 합법정부라는 지위를 약화시키고 상대적으로 그들의 지위를 격상시키며 나아가 서해5도를 비롯한 한반도 주변 해역에 있어서의 한국의 관할권 행사를 위축시키려는 의도를 가진 것 같다.

그들은 1977년 8월 1일 이른바 해상군사경계선을 선포하고 같은 날부터 이를 실시했는데, 이날 평양 중앙방송은 '군사경계설정에 관한 조선인민군 최고사령부 보도'를 하였다.[4]

보도 내용을 요약하면 해상군사경계선이란 북한의 경제수역을

---

4) 군사경계설정에 관한 조선인민군 최고사령부 보도 내용은 이 책 제7장 참조.

믿음직하게 보호하고 민족적 이익과 나라의 자주권을 군사적으로 철저히 지키기 위한 것이며, 그 내용은 첫째, 영해측정 기선으로부터 동해에서는 50해리, 서해에서는 그들의 경제수역을 그 범위로 하고, 둘째, 이 수역 내의 수상, 수중, 공중에 있어서 외국인 및 외국의 군용선박과 군용항공기의 활동을 금지하며, 셋째, 민용선박(어로선박은 제외) 및 민용항공기는 자기들의 사전합의 또는 승인 아래서만 이 수역 내에서 항행과 비행을 할 수 있고, 넷째, 민용선박이나 민용항공기의 활동이라 할지라도 군사적 목적을 가진 것과 그들의 경제적 이익을 침해하는 것은 이를 금지한다는 것이다. 뿐만 아니라 북한은 12해리 영해를 실시하고 있기도 하다. 물론 북한은 지금껏 공식적으로 영해선언을 한 바는 없다.[5] 그리고 이것은 소련이 일찍부터 영해의 폭을 12해리로 주장해 왔고,[6] 중국이 1958년 9월 4일의 영해선언을 통해 역시 12해를 공표한 것[7]과는

---

5) 북한의 영해제도에 대한 자세한 내용은 이 책 제5장 참조.

6) 구소련에서는 연안수역에 대해 광범한 권리를 주장하려고 한 전통이 있다. 예를 들면 제정러시아시대인 1821년 알렉산더 1세가 칙령을 통해 연안에서 110해리 수역에 대해 자국민의 어업독점권을 주장한 것이 그것이다. Kazimierz Grzybuwski, *Soviet Public International Law: Doctrines and Diplomatic Practice*(1970), p.149. 이러한 주장은 영·미의 항의에 부딪혀 곧 철회되고 그 후에는 영해의 폭을 3해리로 생각하게 되었다. 그리하여 관세문제에 관한 1892의 법령은 관세부과의 지리적 한계를 연안에서 3해리라고 규정하기에 이르렀다. 그런데 관세규제를 위한 이 범위는 1909년 12월 11일의 법령에 의해 12해리로 확대되고 다시 Pri-Amur government region에 있어서의 어업에 관한 1911년 5월 29일의 법령에서는 러시아의 영해를 12해리라고 규정했다. 이것은 1913년 5월에 채택된 어업에 관한 일반법에 그대로 계승되었다.
영해 폭을 12해리로 한다는 것은 구소련정부에 의해서도 그대로 답습되고 일부 구소련 학자들은 구소련의 영해가 12해리라는 것은 제정러시아시대에 이미 확립된 것이며, 따라서 그것은 구소련에 의한 영토적 승계의 일부로 본다는 견해를 표명하고 있다. 구소련 정부가 들어선 후 영해 폭을 12해리로 한다는 것을 공식적으로 밝힌 것은 북극해 및 백해(白海)에 있어서의 어업보호에 관한 1921년 6월 24일의 법령에서였다. 이것은 1927년 6월 15일의 구소련의 국경보호에 관한 법령에 그대로 계승되고 다시 1960년 8월 5일의 같은 명칭의 법률에 의해 확인되고 있다. *Ibid.*, p.50.

7) See Declaration on China's Territorial Sea, September 4, 1959, in *Peking Review*, Vol. I, No.28(September 9, 1959), p.21.

좋은 대조를 이루는 것이라고 할 것이다.

그러나 1953년 휴전협정이 체결된 후 지금까지 있은 일련의 사태를 관찰할 때 북한도 역시 12해리의 영해 폭을 채택하고 있음이 틀림없는 것 같다. 휴전협정에는 다음과 같은 규정이 있다(제2조 15항).

> 본 정전협정은 적대 중의 일체의 해상군사역량에 적용되며 이러한 해상군사역량은 비무장지대에 인접한 해면(海面) 및 상대방의 군사통제하에 있는 한국 육지에 인접한 해면을 존중해야 하고 한국에 대하여 어떠한 종류의 봉쇄도 하지 못한다(This Armistice Agreement shall apply to all opposing naval forces, which naval forces shall respect the waters contiguous to the Demilitarized Zone and to the land area of Korea under the military control of the opposing side, and shall not engage in blockade of any kind of Korea).

여기에서 해면(the waters)이란 무엇인가? 휴전협정의 교섭과정에서 공산 측은 영해 12해리를 주장하고 유엔군 측은 3해리를 주장했다. 그래서 결국 협정에는 영해란 말을 회피하고 다만 해면이라고만 표기되었는데 이 해면이라는 말의 해석에 대해 1969년도 미국 국제법학회 정기총회에서 당시 미 국무성 법률고문관(Assistant Legal Advisor)이었던 올드리치는 그것은 12해리로 이해된다고 말하고 있다.[8]

동시에 1954년 소련 국제법 학자 니콜레에브(A. N. Nikolaev)는 북한이 영해의 범위를 공표한 바 없다고 밝혔으나, 1961년 또 하나의 소련 국제법 학자인 콜로드킨(A. L. Kolodkin)은 북한을 12해리 영해를 갖는 부류에 분류했으며,[9] 구소련 해양법 전문가인 미

---

8) George H. Aldrich, "Questions of International Law Raised by the Seizure of the U. S. S. Pueblo", *Proceedings of the American Society of International Law*(1969), p.3.
9) William E. Butler, *op. cit.*, p.12, n. 14.

국의 버틀러 박사도 북한은 12해리 영해를 주장하고 있다고 지적한다.[10)

북한의 영해 폭이 12해리라 함은 푸에블로호 사건 때 미국 측에 의해 거의 확인된 것 같다. 푸에블로호 사건이라 함은 속칭 청와대피습 사건이 있은 이틀 후인 1968년 1월 23일 미 해군 소속 해양조사선 푸에블로호가 83명의 승무원을 태운 채 원산 근해에서 북한의 초계정(哨戒艇) 및 전투기에 의해 나포되어 원산항으로 예인된 사건이다. 이 사건과 관련하여 버틀러 박사는 푸에블로호가 북한의 12해리 영해대 내에는 들어가지 말라는 비밀지령을 받고 있었다고 밝히고 있는데[11) 만일 이것이 사실이라면 미국은 북한의 영해 폭을 12해리로 보아 왔다는 증거가 된다.

1968년 2월 8일 러스크 당시 미 국무장관은 이 사건에 대한 미국의 입장을 밝히는 가운데서 다음과 같이 언명했다.[12)

> 미국 정부는 북한에 의해 주장된 영해 폭에 관한 공식적 정보를 갖고 있지 않다. 그러나 우리는 북한이 대부분의 기타 공산제국의 주장에 따라 그리고 그것이 1953년의 정전회담에서 취한 입장에 비추어 12해리를 주장하고 있다고 상정한다.

버틀러 박사는 다시 푸에블로호 승무원들을 석방시키는 과정에서 미국은 북한의 영해 폭을 12해리로 인정했다고 해석한다. 푸에블로호 승무원들은 1968년 12월 22일 석방되었는데 그 교섭과정에는 많은 우여곡절이 있었다. 그것은 북한이 요구하는 문서에 미

---

10) *Ibid.*, p.12.

11) *Ibid.*, p.10.

12) Contemporary Practice of the United States Relating to International Law, in 62 *American Journal of International Law*(1968), p.756.

국 대표가 서명하는 대신 미국의 체면을 최대한 유지한다는 선에
서 결착(決着)되었거니와 먼저 1968년 12월 22일 미국 대표가 서
명한 문서를 보면 그것은 다음과 같다.13)

북한 정부 귀하
미합중국 정부는
1968년 1월 23일 북한 영해 내에서 인민군 해군함정의 자위조치에 의해 나
포된 선박이 북한 영해 내에 불법적으로 침입했다는 의미의 푸에블로호 승무
원의 자백 및 북한 정부 대표가 제시한 증거물의 타당성을 인정하며 전면적인
책임을 지며 또한 북한 영해를 침범한 후 북한에 대해 미국 선박이 범한 중대
한 간첩행위에 대해 엄숙히 사과한다.
그리고 미국 선박은 앞으로 북한의 영해 내에 다시는 침입하지 않을 것이라는
확고한 보장을 한다.
한편 미합중국 정부는 북한 정부에 대해 이들 승무원들이 그들의 범죄를 정직
하게 자백하고 북한 정부에 대해 관용을 청원했다는 사실을 배려하여 북한 측
에 의해 압류된 푸에블로호의 前 승무원을 관대하게 처리할 것을 열렬히 요구
한다.
본 문서의 서명과 동시에 下記名은 82명의 푸에블로의 前 승무원과 일구(一
具)의 시체에 대한 인수를 인정한다.

미합중국 정부를 대신하여 미국 육군장성 길버트 H. 우드워드

미국 대표는 상기 문서에 서명하기에 앞서 다음과 같은 성명을
북한 측에 수교(手交)했다.14)

푸에블로호 사건과 관련된 미국 정부의 입장은 판문점에서의 협상 및 공개석
상에서 일관성 있게 표시된 것처럼 동 선박이 불법활동에 종사하지 않았다는
것, 동 선박은 어느 시점을 막론하고 북한이 주장하는 영해에 침입했다고 하
는 확실한 증거가 없다는 것, 그리고 우리가 일어났다고 믿지 않는 행동에 대
해서는 사과할 수 없다는 것이었다. 본인이 서명하려는 문서는 북한인이 작성

---

13) See 63 *American Journal of International Law*(1969), pp.684 – 685.

14) See *ibid.*, pp.682 – 683.

한 것이며, 또한 上記한 입장과는 상치(相馳)하는 것이다. 따라서 본인의 서명
은 사실을 변경하지 않을 것이며 또한 변경할 수도 없다. 본인은 승무원을 해
방하기 위하여 그리고 승무원을 해방하기 위해서만 동 문서에 서명할 것이다.

그리고 같은 날 미 국무성 대변인은 다음과 같은 성명을 발표하
고 있다.[15]

우드워드 장군은 하나만의 이유 때문에 북한의 거짓 문서에 자기 이름을 기재
했다. 즉 불법적으로 사로잡혀 거의 11개월 동안이나 불법적으로 북한인들에
의해 인질로 억류되어 온 승무원의 자유를 되찾겠다는 것이 그것이다. 그는
자기의 서명이 동 문서 내에 있는 여러 가지 거짓 진술의 미국에 의한 수락을
의미하지 않았음을 명백히 했다. 진실로 우드워드 장군이 서명하기 직전 기록
을 위해 남긴 성명을 북한인이 사전에 접수한 것은 그들이 동 사건의 제 사실
이 유죄의 승인이 필요한 것도 아니고 사과가 필요한 것도 아니라는 우리의
입장을 인정했다는 것을 분명히 보여주는 것이다.

버틀러 박사에 의하면 북한 측에 수교(手交)된 미국 대표의 성
명 및 같은 날 발표된 미 국무성 대변인의 성명에 의해 푸에블로
호 승무원들이 북한의 영해를 침범하고 간첩행위를 했다는 시인은
말소되었지마는 "미국 선박은 앞으로 북한의 영해 내에 다시는 침
입하지 않을 것이라는 확고한 보장을 한다."는 구절은 그대로 살아
남으며, 여기에서 말하는 북한 영해란 논리적으로 북한에 의해 주
장되는 영해를 말하므로 결국 미국은 그들의 12해리 영해의 범위
에 대해 정식으로 승인한 것이 된다는 것이다.[16]
북한이 그 영해의 폭을 12해리로 하고 있다는 사실은 松生丸
사건을 통해서도 규지된다. 松生丸 사건이라 함은 1975년 9월 2일

---

15) See *ibid.*, p.683.
16) William E. Butler, *op. cit.*, p.13.

아침 9시경 압록강 하구의 신도(薪島 - 지금의 비단섬) 부근에서 어로작업을 하던 9.5톤짜리 일본 어선 松生丸이 북한 경비정의 총격을 받아 선장을 포함한 9명의 승무원 중 2명이 사망하고 2명이 부상했으며 선체가 나포된 사건을 말한다.

이때 일본 측에서는 동 선박이 북위 39도 10분, 동경 123도 55분의 위치에 있었으며 이것은 분명히 공해상이고 공해상에서 평화적 어업활동을 하는 어선에 대해 총격을 가하여 사상자를 내었을 뿐 아니라 선체를 나포한 것은 중대한 불법행위라고 비난했다. 이에 대해 북한 측은 그들의 영해를 침범한 정체불명의 선박이 있어 그것을 확인하려 하자 정선명령에 불응하고 도주했기 때문에 이를 추격하여 연행해서 조사해 보니 일본 어선 松生丸이었다고 주장했다.

그리고 같은 해 9월 11일발의 조선중앙통신은 松生丸의 선장이 기자회견에서 총격은 동 선박이 북위 39도 37.5초, 동경 124도 10.4초의 위치에 있을 때 일어났다고 말했음을 보도함으로써 자기들의 영해침범 주장을 뒷받침했다.

이 문제는 그 후 억류되었던 선체와 승무원들의 석방 및 김일성의 유감 표시 그리고 2명의 사망자 가족에게 각각 2만 달러씩의 조위금이 지불됨으로써 일단락되었으나 이와 관련하여 동년 9월 22일 일본 수산청은 일본의 어업단체 및 도(都)·도(道)·부(府)·현(縣)에 대해 다음과 같은 통첩을 발송한 바 있다.

한국 해역에 출어하는 일본 어선은 첫째, 선체의 보기 쉬운 곳에 직경 60㎝ 이상의 日章을 가진 세로 80㎝ 이상의 일장기를, 그리고 출항 전 그것을 개칠(改漆)하며 항상 선명하게 유지할 것, 둘째, 세로 1m 이상의 크기를 가진 일장기를 준비하여 긴급 시에는 이것을 게양할 것, 셋째, 북한의 영해는 12해리라고 생각해서 그 이상 접근하지 말 것, 넷째, 정확한 현재 위치를 수시로

松生丸 사건을 계기로 어업의 안전조업 문제에 대해 북한 측과 협의하기 위하여 1976년 6월 24일부터 7월 4일까지 북한을 방문한 바 있는 일본의 日·朝 우호친선방조어민대표단이 돌아와 전한 바에 의하면 북한의 조선대외문화연락협회 부위원장 주창준(朱昌俊)은 첫째, 그들의 영해는 세계적 추세에 따라 12해리로 하고 있고 둘째, 안전보호수역 50해리를 설정하고 있으며 셋째, 일본 어선이 안전보호수역 내에서 조업하는 경우 북한이 정한 식별신호에 따라 일본 어선임이 판명되었을 때에는 그 안전을 보장하며 넷째, 안전조업을 제도화하는 것은 일본의 대북한 적대정책 및 한반도의 긴장상태에 비추어 현재로서는 불가능하다고 말했다고 한다.

북한의 上記한 단체가 민간단체에 불과하므로 주창준의 말을 형식상 북한 자체의 태도의 표명이라고 볼 수는 없으나 그들의 체제상 정권에 의한 사전 수권(授權)이 없으면 그러한 말을 할 수 없다는 점에 주목해야 할 것이다.

이와 같이 북한은 12해리 영해에다 50해리 해상군사경계수역 그리고 200해리 경제수역을 덧붙임으로써 이중적으로 그들의 인접해양에 대한 권리를 강화시키고 있다. 이와 같은 그들의 작태는 외국으로 하여금 한반도 주변 수역에 있어서의 주권 행사를 위축시키려는 효과를 노린 것으로 생각된다.

이것은 특히 서해5도에 대한 그들의 입장을 강화시키는 반면 우리의 입장을 약화시키려는 효과도 아울러 노린 것으로 해석된다. 주지하는 것처럼 1973년 12월 1일 군사정전위원회 제346차 본회의 및 동년 12월 24일에 있은 제347차 본회의에서 북한 측 대표 김풍섭(金豊燮)이 휴전협정상 서해5도가 유엔군 총사령관의 군사통제하에 있음은 인정하나 주변 바다는 자기들 것이라고 주장하면서 서해5도에 이르기 위해 자기들 바다를 통과하려면 사전에 그들의 허가를 얻어야 한다는 것, 그리고 통과 선박은 그들의 검열검색을 받아야 한다는 것을 주장함으로써 이른바 서해5도 문제가 제기되었는데 그들은 위에서 지적한 3중의 법적 조치를 취함으로써 그들의 주장을 뒷받침하려 하는 것으로 생각되는 바이다.[17]

2. 일본·중국·구소련과의 관계에서의 의도

일본과의 관계에서는 일본의 200해리 어업전관수역이 1977년 7월 1일 발효한 데 대해 대항요건을 마련함으로써 일본의 북한 근해어업을 제도적으로 규제하고 나아가 일본 정부가 보증하는 그들과의 민간어업협정을 체결케 하려는 압력수단으로 이용케 하려는 것이 그들의 의도인 것 같다. 이것은 궁극적으로는 일본·중국 관계에서 보듯이 양자 간의 정치적 관계의 개선까지를 겨냥한 것이며, 이로써 한일관계를 와해시키려는 목적도 아울러 지닌 것으로 풀이된다.

대중국관계에서는 중국의 일반적인 주변 바다에 대한 주도권 행사 및 해저자원 탐사를 은연중에 견제하려는 의도가 숨어 있는 것 같고 구소련과의 관계에서는 1977년 3월 1일부터 발효한 구소련의

---

17) 김찬규, 「서해5도의 전략적 법적 지위」, 국제문제조사연구소, 『정책연구』, 1980년 3월호, pp.137 - 161 참조.

200해리 어업전관수역에 대응, 대등한 어업협정의 여건을 마련하려는 것이라고 볼 수 있을 것 같다.

Ⅳ. 경제수역에 대한 북한의 입장

앞에서 언급한 바와 같이 북한은 1969년에 이미 70해리 어업수역을 실시하고 있었다. 그리하여 1969년 5월 및 1967년 5월에는 이 수역을 침범했다는 이유로 일본 어선을 나포한 일이 있다. 그러나 그들이 200해리 경제수역에 대해 지지하는 뜻을 밝힌 것은 1974년이 처음이었다. 이해 6월 1일 마다가스카르 공화국 대사의 신임장 제정 시 김일성이 이러한 뜻을 표명했으며 평양을 방문한 페루 신문 엑스프레소의 주필과의 대담에서 같은 해 6월 2일 김일성은 다시 페루가 설정한 200해리 수역을 지지한다고 하면서 "우리들의 입장도 당신들과 같다."고 한 것이 그것이다. 같은 해 6월 9일 아르헨티나 주재 코스타리카 대사와의 회견 시에도 김일성은 200해리 수역에 대한 코스타리카의 권리 행사를 지지한다고 말했다.

1974년 6월 27일에서 8월 29일까지 베네수엘라의 수도 카라카스에서 있는 제3차 유엔해양법회의 제2회기 때 이 회의에 참석한 김국훈(金國薰, 주쿠바 대사)은 동년 6월 28일에 있은 기조연설에서 현대를 '세계의 정치적·경제적 관계에 대변혁이 일어난 때'로 파악하고 이에 따라 제3차 유엔해양법회의도 해양법과 관련하여 발생된 여러 가지 문제를 법전화(法典化)해야 할 긴급한 필요성에 당면하고 있다고 지적하면서 다음과 같이 말했다.[18]

본 회의는 새로운 경향 및 변경된 국제관계에 따라 국제해양법 분야에서 일어
나는 모든 문제를 토의해야 하며 모든 나라와 국민의 포부에 따라 그것을 해
결해야 한다. 개발도상국가의 인민들은 침략과 제국주의적 식민주의적 간섭에
대한 투쟁의 일환으로서 그들의 영해 및 천연자원을 수호하기 위해 열렬한 투
쟁을 전개하고 있다. 특히 해양법 분야에서 제3세계의 인민들은 그들의 영해
및 그 관할권하에 있는 수역의 범위를 자기들 나라의 현실적 여건에 따라 독
자적으로 획정하고 있으며, 그렇게 함으로써 영해를 불과 3해리로 국한시키려
는 제국주의자들의 노력을 좌절시키고 있다. 제3세계 나라들에 의해 올바르게
제기된 200해리 한계의 문제는 세계 여러 나라들의 지지를 얻고 있다.

이어 그는, 영해와 국가관할권하에 있는 수역의 범위는 '해당 국
가의 지리적 여건·경제적 현실·국방상의 안전 및 연안국의 이익
을 고려한 타당한 기준'(a proper standard taking into account its
geographical conditions, economic realities, defence security and the
interests of neighbouring coastal States)에 의해 독자적으로 정해야
한다는 제3세계 여러 나라들의 요구를 전면적으로 지지한다고 하
고,[19] 국가관할권 이원의 국제해저지역에 대해서는 평등한 기초
위에서 국제해저기구에 의한 단일방식으로 개발되어야 한다는 것
과 거기서 얻은 수익은 개발도상국가들의 발전을 위해 유효적절하
게 사용되어야 한다고 주장했다.[20]

그리고 "이 회의가 모든 국가의 포부, 소망 및 이익에 따라 그
것에 부여된 임무를 만족스럽게 해결하기 위해서는 제국주의자들
과 식민주의자들의 '해양독점'에 반대해야 하며 전 세계의 바다와
해양은 모두에게 개방되어야 한다."고도 했다.[21]

---

18) *Official Records of the Third United Nations Conference on the Law of the
Sea*(1975), Vol. I , p.67.

19) *Loc. cit.*

20) *Loc. cit.*

21) *Ibid.*, pp.67 – 68.

이어 동년 8월 5일 제2위원회의 제27차 회의에서 다음과 같은 그들의 구체적인 견해를 표명하고 있다. 첫째, 그들은 대부분의 대표단이 지지하고 있는 200해리 경제수역의 설정을 전면적으로 지지한다는 것, 둘째, 일부 제국주의 국가들은 영해 이원의 일정 수역에 있어서의 어업자원에 대한 배타적 권리에 반대하고 다른 일부는 연안국이 그 경제수역 내에서 자원의 완전이용을 하지 못할 때에는 외국 어부에게 비차별적 어업권을 인정해야 한다고 제안함으로써 동 제도를 반대하고 있으나, 이것은 개발도상 연안국을 위협하는 것이라는 것, 셋째, 새로이 제정될 조약에 포함되어야 할 경제수역 개념의 '중요하고도 본질적인 요소'(important and essential elements)는 ① 연안국은 그 경제수역 내에서 생물자원 및 비생물자원의 보존과 보호를 포함하여 동 자원에 대해 '주권적 권리'(sovereign rights)를 가져야 하고 과학적 조사와 해양오염의 규제에 대해서는 '관할권'(jurisdiction)을 가져야 한다는 것, ② 내륙국은 인접 연안국의 경제수역 내에서 '합리적인 권리와 이익'(reasonable rights and interests)을 가져야 하며 생물자원의 채취에 참가할 기회가 부여되어야 한다는 것, 그러한 권리 및 이익은 쌍무적 또는 지역적 협정을 통해 규정되어야 한다는 것, ③ 연안국은 동 수역에 대한 그 주권적 권리 및 배타적 관할권이 저해되지 않는 범위 내에서 항행과 상공비행 및 해저전선과 도관(導管) 부설의 자유를 허용해야 한다는 것, 다만 해저전선 및 도관 부설에 있어서는 그 노정(路程)에 관해 연안국의 동의를 얻어야 한다는 것, ④ 인접국 및 대향국 간의 경제수역의 경계획정은 등거리선 또는 중간선의 원칙에 따라 '협의에 의해'(by consultation) 결정되어야 한다는 것이 그것이다.[22]

---

22) *Official Records of the Third United Nations Conference on the Law of the*

　　북한 국제법 전문서적들은 "우리나라가 200마일 경제수역을 설정할 데 대한 결정을 채택한 것은 어디까지나 우리나라의 자주권을 행사한 데 불과한 것이며 객관적 조건으로부터 부득이하여 취한 조치"라고 한 김일성 교시를 내세우며 북한이 경제수역을 선포한 것은 주권국가로서의 마땅한 자주권 행사이며 구소련과 일본을 비롯한 주변 국가들이 200마일 경제수역 또는 어업수역을 먼저 선포하였기 때문에 부득이하게 취한 정당한 조치였음을 강조하고 있다. 관련 부분은 다음과 같다.

> 경제수역을 설정하는 것은 매개 나라의 자주권으로부터 나오는 합법적 권리이다. 특히 우리나라가 200마일 경제수역을 설정할 데 관한 결정을 채택한 것은 쏘련, 일본을 비롯한 주변 나라들이 200마일 경제수역 또는 어업수역을 먼저 선포한 조건에서 부득이하게 나라의 자주권을 수호하기 위하여 취해진 것이었다.[23]

> 공화국에서의 경제수역의 선포는 주권국가로서의 마땅한 자주권 행사이며 나라의 바다자원을 보호하고 적극 개발리용함으로써 나라의 자주적 발전을 보장하기 위한 적극적이며 혁명적인 조치이다. 또한 주변 나라들이 200마일 경제수역을 정한 것과 관련하여 부득이 취한 정당한 조치이다.[24]

　　2002년 발간된 국제법사전은 북한이 1977년 6월 21일 중앙인민위원회 정령으로 200마일 경제수역을 설정하여 공표하였으며, 정령에 따라 북한에서는 200마일을 너비로 하는 경제수역, 200마일을 너비로 할 수 없는 바다에서는 등거리반분선을 경계선으로 하는 경제수역이 설정되게 되었음을 확인하고 있다.[25]

Sea(1975), Vol. II, p.215.

23) 김영철·서철원, 『현대국제법연구』(평양: 과학백과사전종합출판사, 1988), pp.105－106.
24) 김일성종합대학출판사, 『국제법학(법학부용)』(1992), p.116.
25) 사회과학원 법학연구소, 『국제법사전』(평양: 사회과학출판사, 2002), p.12.

V. 결론: 북한 경제수역의 평가

이상에서 북한이 설정한 경제수역의 내용과 실천 및 경제수역을 설정한 북한의 의도 그리고 경제수역제도에 대한 북한의 태도를 살펴보았는데, 북한의 입장은 200해리 경제수역 설정 당시인 제3차 유엔해양법회의의 일반적 흐름에 비추어 커다란 괴리를 보여주는 것 같다.

1980년 7월 28일부터 8월 29일까지 제네바에서 있었던 유엔해양법회의 제9회기 속개회의 결과 같은 해 9월 22일 해양법협약안(비공식 초안)(Draft Convention on the Law of the Sea<Informal Text>)이 발표되었는데, 이 협약안에 규정된 배타적 경제수역(exclusive economic zone)제도의 개념은 다음과 같다.

첫째, 배타적 경제수역이라 함은 영해에 인접하되 그 외측에 있는 수역으로서 해양법협약이 정하는 특별한 법제도에 따르는 것을 말하고(제55조), 그 범위는 영해측정 기선에서 200해리를 초과해서는 안 된다(제57조). 둘째, 배타적 경제수역 내에서 연안국은 해저, 지하 및 상부수역의 천연자원(생물 및 비생물자원 포함)을 탐사·개발·보존·관리하기 위하여 그리고 해수·조류 및 바람으로부터의 에너지 생산과 같은 동 수역의 경제적 개발 및 탐사를 위한 그 밖의 활동에 관해 '주권적 권리'(sovereign rights)를 가진다. 셋째, 인공섬·시설 및 구축물(構築物)의 설치나 이용, 해양의 과학적 조사 그리고 해양환경의 보존에 관해서는 '관할권'(jurisdiction)을 가진다. 넷째, 해양법협약에 규정된 기타의 권리의무를 가진다(제56조 1항). 그리고 특히 주목되는 것은 배타적 경제수역 내에서

협약상 인정된 권리의무를 행사하고 수행함에 있어서는 타국의 권리의무에 대한 '타당한 배려'(due regard)를 해야 하며 또한 협약상의 제 규정과 일치하는 방법으로 행동해야 한다는 조항이 있다는 점이다(제56조 2항).

제3차 유엔해양법회의 결과 1982년 12월 20일 유엔해양법협약(United Nations Convention on the Law of the Sea)이 채택되었다. 이 협약에서 규정하고 있는 배타적 경제수역제도의 내용은 1980년의 해양법협약안(비공식 초안) 내용과 동일하다.

그런데 북한은 200해리 수역 내에서 주권을 의미하는 것으로 생각되는 자주권을 선언하고 동시에 '그들의 경제활동에 장애가 되는 행위들'과 '인명과 자원에 해를 주는 모든 행위들'을 금지한다는 극히 포괄적 제한을 가함으로써 동 수역을 영해와 유사한 성격을 지닌 것으로 만들고 있다. 더구나 그들이 말하는 '경제활동에 장애가 되는 행위들'이란 극히 애매하고 주관적·자의적 판단의 여지를 터놓는 것이어서 동 수역 내에서의 자유항행마저 인정된다는 보장은 없다. 이것은 귀에 걸면 귀걸이, 코에 걸면 코걸이 식의 극히 애매모호한 기준이라 아니할 수 없다.

북한이 선포한 경제수역제도는 기선과 관련해서도 문제가 있다. 1977년 북한이 경제수역을 선포하면서 기선문제에 대해서는 언급하지 않았으나 북한과 민간어업협정 및 민간무역협정의 체결에 관한 교섭을 위해 1977년 8월 26일부터 9월 7일까지 평양을 방문했던 일본의 日·朝 우호촉진의원연맹 대표단의 일원인 일본 자민당 소속 중의원 의원 하야시 요시로(林 義郎)가 귀국 후 9월 10일 시모노세키(下關) 시청에서 가진 기자회견에서 밝힌 바에 의하면 북한은 동해의 경우 200해리 경제수역 및 해상군사경계선의 범위를 다음과 같이 정했다고 한다. 즉 두 수역의 기선을 '만구폐쇄선'으로 하되 북위 38도 36분 48초, 동경 129도 30분 30초를 A점, 북위 41도 46분 13초, 동경 131도 31분 15초를 B점으로 하여 강원도 간성 북방 군사분계선(Military Demarcation Line)이 끝난 지점에서 A점, A점에서 B점, B점에서 함경북도와 구소련의 나주리를 연결하는 선을 해상군사분계선으로 하는 한편, 경제수역은 북위 38도 36분 46초, 동경 132도 36분 52초를 C점, 북위 40도 6분 27초, 동경 133도 36분 38초를 D점으로 하여 강원도 간성 북방 군사분계선이 끝난 지점에서 A점, A점에서 C점, C점에서 D점, D점에서 B점, B점에서 함경북도와 구소련의 국경인 나주리를 연결하는 선 내의 수역으로 한다는 것이 그것이다(지도 참조).

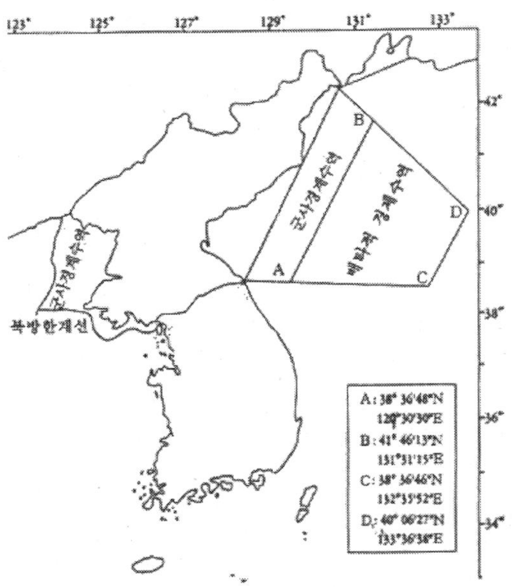

출처: 오윤경 외 외교통상부 직원 공저, 『21세기 현대 국제법질서』,
개정판(서울: 박영사, 2001), p.349.

앞서 본 것처럼 북한은 경제수역의 범위를 '영해의 기산선'에서 200해리 그리고 해상군사분계선의 범위를 역시 '영해의 기산선'으로부터 동해에서는 50해리, 서해에서는 그들의 경제수역까지라고 발표했는데, 이 두 수역을 획정함에 있어 '만구폐쇄선'을 그 기선으로 했으니 그들이 말하는 '영해의 기산선'은 곧 '만구폐쇄선'이 되지 않을 수 없다.

여기에서 만구폐쇄선이란 무엇인가? 제5장에서 살펴본 바와 같이 그것은 韓·蘇(현재의 러시아) 국경에서 간성 북방 군사분계선이 끝난 곳까지를 연결한 직선이다. 그리하여 그들은 광대한 동한만 및 경성만을 內水化하고 있다. 그러나 생각건대 기선제도에 이러한 형식의 것이 있는지는 극히 의심스럽다. 그리하여 여기서도 북한이 설정한 경제수역의 이례성이 발견된다고 할 것이다.

제7장

해양법(Ⅲ): 군사수역제도 *

Ⅰ. 서론

1977년 8월 1일 오전 동경에서 청취된 평양방송에 따르면 북한 인민군 최고사령부는 "우리나라에 조성된 정세의 요구로부터 자기들의 경제수역을 믿음직하게 보호하며 민족적 리익과 나라의 자주권을 군사적으로 철저하게 지키기 위하여" 동해 및 서해에 이른바 해상군사경계선을 설치해서 같은 날부터 이를 실시하기로 했다 한다. 이 보도는 평양방송의 청취에 의거한 것이기 때문에 그들이 선포했다고 하는 행상군사경계선의 법률적 내용을 정확하게 알 길이 없으나 발표된 바를 종합하면 다음과 같이 정리할 수 있다. 그들은 1977년 8월 1일 이른바 해상군사경계선을 선포하고 같은 날부터 이를 실시했는데, 이날 평양 중앙방송이 보도한 '군사경계설정에 관한 조선인민군 최고사령부 보도'라는 것을 보면 다음과 같이 되어 있다.

군사경계선설정에 관한 조선인민군 최고사령부의 보도[1]

(1977년 8월 1일)

조선인민군 최고사령부는 우리나라에 조성된 정세의 요구로부터 조선민주주의인민공화국 경제수역을 믿음직하게 보위하며 민족적 리익과 나라의 자주권을 군사적으로 철저히 지키기 위하여 군사경계선을 설정한다.

군사경계선은 동해에서 령해의 기산선으로부터 50마일, 서해에서는 경제수역

---

* 본 장은 김찬규, 「국제법상으로 본 북괴의 군사수역」, 『국방연구』(국방대학원 안보문제연구소), 제20권 2호(1977), pp.291－305; 김찬규, 「북괴의 해상군사경계선에 관한 고찰」, 『국회보』, 제160호(1977. 9・10), pp.75－814를 이 책의 체계에 맞게 재구성하고 일부 내용을 보완한 것입니다.

1) 출처: 박영수・정명선・방영애, 『국제법 및 해운법 참고서(법학부용)』(평양: 김일성종합대학, 1985), p.4.

경계선으로 한다.

군사경계선구역 안의 수상, 수중, 공중에서 외국인, 외국군용함선, 외국군용비행기들의 행동을 금지하며, 민용선박·민용비행기(어로선박 제외)들은 해당한 사전합의 혹은 승인 밑에서만 군사경계선구역을 항행 및 비행할 수 있다.

군사경계선구역 안의 수상, 수중, 공중에서 민용선박, 민용비행기들은 군사적 목적을 가진 행동과 경제적 리익을 침해하는 활동을 할 수 없다.

그 내용을 종합하면 첫째, 영해측정 기선으로부터 동해에서는 50해리, 서해에서는 그들의 경제수역을 범위로 하고 둘째, 이 수역 내의 水上·水中 및 空中에 있어서 외국인 및 외국의 군용선박과 군용항공기의 활동을 금지하며 셋째, 민간선박(어선은 제외) 및 민간항공기는 자기들의 사전동의 또는 승인 아래서만 이 수역 내에서 항해와 비행을 할 수 있고 넷째, 민간선박 및 민간항공기의 활동이라 할지라도 군사적 목적을 가진 것과 그들의 경제적 이익에 유해한 것은 역시 이를 금지한다는 것이다.

여기에서 경제수역이라 함은 그들이 지난 1977년 6월 21일 중앙인민위원회 정령으로서 채택하고 8월 1일부터 실시키로 했다는 것을 말한다. 북한은 한 달 사이에 연이어 경제수역과 해상군사경계선이라는 것을 선포하고 있는데 두 가지는 모두 현행 국제법에 비추어 볼 때 극히 생소한 느낌이 드는 것들이다. 북한의 경제수역제도는 제6장에서 이미 살펴보았다. 따라서 본 장에서는 북한의 군사수역제도에 대해서만 살펴보고자 한다.

아래에서는 북한의 군사수역 설정 의도를 살펴보고 이어 북한의 군사수역제도를 국제법적인 관점에서 평가한 후 선례(先例)의 존재 여부를 살펴보고 결론을 내리고자 한다. 그에 앞서 해상군사'경계선'을 한자로 '警戒線'으로 표기해야 할 지 아니면 '境界線'으로 표기해야 할 것인가에 대한 문제를 살펴보려 한다. 왜냐하면 한자표기에 대한 혼란이 있는 것 같기 때문이다.

II. 한자표기의 혼란

우리 주변에 북한의 군사수역에 대한 한자표기에 대해 약간의 혼란이 있는 것은 이것을 방송으로만 청취한 까닭이라고 생각된다. 그 결과 어떤 신문에서는 혼란을 회피하기 위해 *海上軍事*'경계선'이라고 뒷부분을 아예 한글로 표시하고 있기도 하다. 그러나 생각건대 이것은 아마도 *海上軍事*'*警戒線*'이라고 표기함이 옳을 것 같다. 왜냐하면 그것은 중국에서 그 선례를 따 온 것으로 짐작되기 때문이다.

중국은 일찍이 1950년 자국 연안에 일방적으로 군사경계수역(軍事警戒水域: Military Warning Zone), 군사항행수역(Military Navigation Zone) 그리고 군사작전수역(Military Operations Zone)을 설정한 바 있다. 중국의 허가 없이는 들어갈 수 없다는 군사경계수역은 발해만 외측의 광대한 해역에 설정한 것이며 외국선박의 출입을 전면적으로 금지한다는 군사항행수역은 항주(杭州)만 외측의 넓은 구역을 대상으로 한 것이고 출입자 자신의 위험 부담하에서(at entrant's own risk)만 출입이 가능하다는 군사작전수역은 북위 29도 이남에서 대만 이북까지의 해역에 설정한 것인데 그것은 1950년 중국이 한국동란에 개입함으로써 자기들에게 밀어닥친 긴장감 때문에 나온 것이 아닌가 짐작되는 바이다.

이러한 3개의 군사적 수역은 그 후 일·중 민간어업협정을 통해 일본에 그 인정이 강제된 바 있다. 일본 측의 일·중 어업협회와 중국 측의 중국어업협회 사이에 체결됨으로써 민간어업협정이라고는 하나 일본 정부가 그것을 보증했기 때문에 정부보증의 민간어업협정이라고도 불리는 일·중 간의 민간어업협정이 처음 체결된 것은 1955년 4월 15일이었다. 이것은 그 후 1956년 및 1957년 두 차례에 걸쳐 연장되다가 1963년 11월 9일 제1차 개정되고 1965년 12월 17일에 제2차 개정되어 1975년 8월 15일 정부 간 어업협정이 체결되기까지 존속했다. 그 전 1970년에 저인망어업의 규제에 관한 추가의정서가 새롭게 채택됨으로써 또 한 번의 보강이 있기도 했었다.

이와 같은 일·중국 간의 정부보증 민간어업협정은 협정 본문과 4개의 부속서, 2개의 각서, 2개의 교환공문 그리고 1개의 공동성명으로 구성되어 있었는데 일본은 교환공문 가운데서, 국적에 관계없이 모든 국가의 선박에 적용될 것을 조건으로 해상안보를 위해 중국이 설정한 일련의 배타적 조치를 존중한다고 언급함으로써 실질적으로 상기한 바와 같은 3개의 군사적 수역을 인정했던 것이다.

그런데 1975년 8월 15일에 체결된 일·중 정부 간 어업협정하에서는 군사경계수역과 군사작전수역만이 언급되어 있을 뿐 군사항행수역에 대해서는 언급이 빠졌었다. 이로써 우리는 군사항행수역에 관한 한, 그 정확한 시기는 알 수 없으나 적어도 1975년 이래 그것이 폐지된 것으로 보지 않을 수 없고 아직도 실시 중인 것으로는 군사경계수역 및 군사작전수역이 있다고 할 것이다. 그리하여 1977년에 북한이 선포한 것은 바로 이러한 군사경계수역을 그 본으로 한 것이 아닌가 생각된다.

III. 군사수역 설정 의도

북한은 군사수역을 설정한 표면적인 이유를 다음과 같이 내세우고 있다.[2]

> 이 조치는 미제의 침략책동이 더욱 로골화되는 조건에서 나라의 안전을 군사적으로 보호하기 위한 혁명적인 조치이며 나라의 바다자원을 적극 보호관리하며 민족적 리익과 나라의 자주권을 지키기 위한 적극적인 조치이다.

그러면 북한이 군사수역을 선포한 의도는 무엇일까? 거기에는 군사적 저의와 정치적 의도가 있다고 생각된다.

1. 군사적 저의

북한이 군사수역을 선포한 군사적 저의는 다음과 같이 정리할 수 있다.

첫째, 그것은 북한의 성역(聖域, sanctuary)을 확대하기 위한 것이라고 추단(推斷)된다. 앞서 본 것처럼 북한은 해상군사경계선을 통해 일체의 외국선박 및 항공기의 출입을 금할 수 있게 하고 경제수역의 선언을 통해 또한 그러한 가능성의 여지를 남기고 있는데 이렇게 되면 해상군사경계선은 절대적으로, 경제수역은 상대적으로 북한의 성역이 된다. 그 결과 북한의 연안방위가 공고해지고 월사리(月沙里)에 기지를 둔 서해함대 및 원산에 기지를 둔 동해

---

2) 김일성종합대학출판사, 『국제법학(법학부용)』(1992), p.109.

함대의 활동이 자유로워져 남침발진 시의 비밀확보를 기할 수 있게 된다. 이와 관련하여 그들로서 가장 뜻깊은 것은 유사시 미국에 의한 해면(海面)으로부터의 압력 내지 해상시위에서 해방된 데 있다고 할 것이다. 예를 들면 1968년 1월 23일 푸에블로호가 납치되었을 때 미국은 북한에 대한 압력수단으로 핵항모 엔터프라이즈호를 동해에 파견한 바 있으며 1976년 8월 18일 판문점에서 있은 도끼만행 시에는 미드웨이호를 항진(航進)시킨 바 있는데 이것은 모두 북한에 견디기 어려운 압력이 되었을 것이다. 북한의 해상군사경계선에 관한 발표가 있자 미 국무성 및 유엔군 총사령부는 이를 인정할 수 없다는 공식태도를 표명하여 북한의 이러한 겨냥이 어느 정도 실효성을 가질 것인가는 의문이지마는 그들로서는 일단 이러한 점을 노린 것이 아닌가 생각된다.

둘째, 그것은 유엔군 총사령부의 정보수집 활동에 차질을 가져오게 할 수 있다. 오늘날 정보수집은 인공위성에 의해서도 가능하지마는 영해 외측에서 하는 것이 거리상 더욱 정확할 것임은 말할 필요도 없다. 위에서 본 푸에블로호 사건이나 EC121기 격추사건에서 북한은 이것이 정보수집의 목적을 가지고 자신들의 영해 또는 영공을 침범했다고 주장한 바 있다. 구소련이 어선을 이용하여 첩보활동에 골몰하고 있음은 널리 알려진 사실이다. 어선과 항공기를 타국의 근해에 파견하여 전파 모니터 또는 사진촬영을 함으로써 연안국의 정보를 수집함이 오늘날 통례로 되고 있음에 비추어 북한의 해상군사경계선은 이러한 면에서 유엔군의 정보수집 활동에 차질을 가져다주는 것이라고 할 것이다.

셋째, 그것은 서해5도와 북한 연안 사이에 있는 중간선인 북방한계선(Northern Limit Line: NLL)을 무효화시키려는 의도를 가진 것 같다. 여기서 북방한계선이라 함은 1953년 군사정전협정이 체결된 직후 우리의 해상군사활동 및 어로활동에 관한 한계선으로서 우리에 의해 설정된 것인데 그로부터 만 20년 후인 1973년 12월 북한은 군사정전위원회 제346차 본회의에서 북한 대표 김풍섭을 통해 서해5도가 유엔군 총사령관의 군사통제하에 있음은 인정하나 주변 해역은 자기들 것이므로 거기를 통과하려면 자기들의 사전승인은 얻어야 한다고 주장함으로써 실질적으로 이것을 인정하지 않으려고 시도한 바 있었다.

북방한계선의 군사적 가치는 지대하다. 그것은 해주만과 대동만의 출입을 어렵게 하고 옹진반도와 장산곶을 포위하여 간첩선의 남하 및 북한 서해함대의 활동을 제압하고 있을 뿐만 아니라 우리에게는 서해5도에의 접근을 확보하는 데 없어서는 안 될 귀중한 방어선이다. 이 선이 소멸되거나 약화되는 경우 특히 백령도, 대청도, 소청도는 고립을 면할 수 없게 된다. 따라서 북한은 이것을 무효화시키기 위해 영해주장, 경제수역의 설치, 그리고 해상군사경계선의 선포라는 3겹의 진을 친 것이라고 할 수 있을 것이다.

넷째, 그것은 북한이 이른바 결정적 시기에 무력도발을 할 법적 근거로서 이용하기 위해 설치했을 가능성도 배제할 수 없다. 뒤에서도 보겠지마는 북한이 선언한 해상군사경계선이란 법적으로 설명될 수 없는 것이다. 그것이 본으로 하고 있는 중국의 군사경계수역도 마찬가지이다. 이와 유사한 성격을 지닌 것으로 생각되는 클라크 라인(Clark Line)도 군사정전협정이 체결된 한 달 후인 1953년 8월 폐지되었다. 클라크 라인은 한국동란이 최고조에 달했던 1952년 9월 한국의 연안을 보호하고 간첩의 침투 및 전시금제품(戰時禁制品)의 잠입을 방지하기 위해 당시 유엔군 총사령관 클

라크(M. W. Clark) 장군에 의해 설정된 것인데 그것은 순전히 전시적인 조치였으므로 '최종적인 평화적 해결이 달성될 때까지 한국에서의 적대행위와 일체의 무장행동의 완전한 정지를 보장하는 정전'(한국정전협정 前文)이 성립되자 즉각 폐지되었다.

북한은 군사수역을 방패로 무력도발을 할 가능성이 있다고 보아야 할 것이다. 그것은 앞서 본 서해5도 주변의 해역이 자기들 영해라는 주장과 관련하여 더욱 그러하리라고 생각된다. 왜냐하면 북한이 이른바 결정적 시기가 도래했다고 판단했을 때 북한은 서해5도에의 왕래 및 북방한계선을 중심한 우리의 초계활동을 그들의 해상군사경계선 침범으로 주장하면서 현상을 타파하려 할 가능성을 배제할 수 없기 때문이다.

2. 정치적 의도

북한이 광대한 해역을 폐쇄하면 그만큼 그들이 지배하는 해역은 넓어지게 되는 반면 상대적으로 우리 해역이 좁아진 듯한 심리적 효과를 자아낸다. 지금까지는 거안(距岸) 12해리의 해역에 대해 연안국이 주권을 행사할 수 있다는 것이 상식이었는데 북한이 이것을 넘어 동해에서는 50해리, 서해에서는 경제수역의 한계까지 주권을 행사하겠다면 상대적으로 우리 해역은 좁아지게 된 듯하여 심리적 불안을 유발할 수 있다. 그리하여 우리 국민으로 하여금 좌절감과 패배의식에 사로잡히게 할 결과를 가져올 수도 있는 것이다.

북한이 노리는 정치적 효과는 대일관계에서 특히 두드러지게 나타나고 있는 것 같다. 북한 해역에 출어하는 일본 어선 수는 연간 1,400척에 이르며 어획고는 복어, 오징어, 가재미 등 24만 1천 톤 정도라고 한다. 생선의 국제시세가 톤당 평균 400달러 정도이므로 일본 어선은 북한 해역에서 연간 9,640만 달러 정도의 수확을 올리는 셈이 된다.

이것은 일본 전체의 어획고에 비하면 조족지혈에 불과하다고 할 것이나 그곳에 출어하는 어민들의 실태와 어획물의 용도에 일본으로서는 문제가 있다. 그곳에 출어하는 어민들은 주로 동해 쪽 일본 연안에 사는 영세어민들로서 그 수가 막대할 뿐 아니라 그들이 잡는 대부분의 어획물이 일본 국내수요에 충당되고 있기 때문이다.

이러한 상황하에서 북한 연안에서 조업하던 일본 어부들이 출어를 못 하게 되면 그들은 생계가 곤란하게 될 것이며 동해 쪽의 다수 영세어민들이 생계에 궁할 때 그것이 일본의 국내정치에 미치는 영향은 지대할 것이다. 뿐만 아니라 생선을 즐겨 먹는 일본에 생선 가격이 폭등할 것이고 이로 인해 정부에 대한 국민의 불만은 걷잡을 수 없게 될 것이다. 그러면 일본으로서는 북한이 요구하는 정부보증을 하면서도 민간어업협정을 맺으려고 할 것이 아닌가 하는 것이 북한의 겨냥일 수 있다.

북한의 해상군사경계선 선언이 있은 후의 일본 측 작태는 과연 이러한 방향으로 나타났다. 1977년 8월 하순 일본 자민당 소속 중의원 의원 久野忠治를 단장으로 하는 日・朝 우호촉진의원연맹 대표단이 북한 대외문화연락협회 책임자 현준극(玄峻極)의 초청을 받고 평양을 방문하기에 앞서, 일본 농림상 鈴木善幸는 같은 해 8월 23일 중의원 예산위에서 의원연맹 측과 북한 간에 민간어업협정이 체결되면 정부책임자가 국회에서 견해를 표명함으로써 정부

보증을 한 선례가 있기 때문에 이와 같은 사례를 충분히 참고해 대응하겠다고 말했다고 한다. 이것은 아마도 日·中 간의 민간어업협정이 체결되었을 때 일본이 행한 선례를 시사한 것으로 생각되는데 그때 일본에서는 정부책임자가 국회에서 답변하는 형식으로 양국 간에 민간어업협정이 있음을 이해한다고 함으로써 변칙적인 보증을 했던 것이다.

민간어업협정의 체결은 정부가 보증한 것이라도 그 자체로서는 국가승인의 법적 효과를 낼 수 없으나 정부가 보증했다는 데서 상당한 정치적 의의를 갖게 된다. 이 밖에 그것은 정부가 보증했기 때문에 협정의 실시 과정에서 정부 대 정부의 접촉을 불가피하게 한다. 예를 들면 협정 위반을 이유로 어선의 나포가 있을 때에는 정부가 보증한 것이기 때문에 정부가 개입하지 않을 수 없는 것이다. 정부 대 정부의 접촉이 잦아지고 이에 관한 실천이 쌓여 갈 때 양자 간의 관계는 정부 차원의 관계로 발전할 것이며 이것은 다시 국가승인으로까지 몰고 갈 가능성도 배제할 수 없다. 북한은 바로 이것을 노린 것이 아닌가 생각된다.

Ⅳ. 국제법적 평가

아래에서는 크게 해양법적 견지와 전시법적 견지로 나누어 북한의 군사수역제도를 국제법적으로 평가한다.

1. 해양법적 견지에서의 평가

북한의 이른바 해상군사경계선은 외국선박의 무해통항권마저 인정치 않고 있다는 점에서 현행 국제법상으로는 물론이고 제3차 유엔해양법회의 방향에서도 크게 일탈하고 있는 것 같다. 선박의 무해통항권은 국가 영역의 일부인 영해에 있어서마저 허용되고 있는데 명백히 영해로는 선포되지 않고 또한 그 범위로 보아 영해로 인정될 수도 없는 해상군사경계선 내에서 외국선박의 무해통항권이 인정되고 있지 않음을 현행 국제법상으로나 제3차 유엔해양법회의의 방향으로나 결코 설명될 수 없는 것이라고 아니할 수 없다.

예를 들면 1958년 제1차 국제해양회의의 결과 채택된 영해 및 접속수역에 관한 협약에 의하면 "본 협약의 규정에 따를 것을 조건으로 하여 연안국이거나 비연안국이거나 모든 국가의 선박은 영해를 무해통항할 권리를 가진다."는 것이다(제14조 1항). 그리고 이에 대한 필연적 귀결로서 "연안국은 영해를 통과하는 무해통항을 방해해서는 안 된다."고 규정하고 있다(제15조 1항). 그럼에도 불구하고 북한은 그들이 선포한 해상군사경계선 내에서 민간선박도 자신들의 사전동의 또는 승인 아래서만 이 수역 내에서 항해할 수 있다고 함으로써 이것을 허용치 않고 있는 것이다.

이러한 무해통항권은 제3차 유엔해양법회의 제6회기 후에 배포된 비공식통합교섭초안에서도 인정되고 있다. 협약에 따를 것을 조건으로 유연안국(有沿岸國) 및 무연안국(無沿岸國)이든 모든 국가의 선박은 타국의 영해 내에서 무해통항권을 갖는다는 규정이 그것이다(제17조).

무해통항(無害通航)에는 통항이 무엇인가, 무해란 어떤 뜻인가

하는 두 가지 문제가 있는데 이에 대해 동 초안에는 다음과 같이 규정되어 있다. 먼저 통항이라 함은, (a) 내수에 들어감이 없이 또는 내수 외측에 있는 정박지나 항만시설에 들름이 없이 영해를 통과하는 경우와 (b) 내수에 들어가거나 내수에서 나오는 경우 및 상기(上記) 정박지나 항만시설에 들르는 경우를 말하는데(제18조 1항), 이러한 통항에는 통상적인 항해에 부수되거나 불가항력 또는 조난에 의해 필요하게 된 경우 또는 위험이나 조난의 상태에 있는 사람·선박 또는 항공기를 구조할 목적으로 하는 경우의 정선(停船)과 투묘(投錨)를 포함한다는 것이다(제18조 2항). 이러한 통항은 계속적이며 또한 신속한 것이어야 한다(제18조 2항).

다음 무해라 함은 연안국의 평화·양서 또는 안전에 유해한 것이 아닌 것을 말하며(제19조 1항), 만일 외국선박이 영해를 통항함에 있어 다음 사항 중 어떤 활동을 하는 경우 그것은 연안국의 평화·양서 또는 안전에 유해한 것으로 간주된다. 첫째, 연안국의 주권, 영토보전 또는 정치적 독립에 대한 무력의 위협 또는 무력행사 또는 유엔헌장에 구체화된 국제법의 제 원칙에 위반된 그 밖의 어떤 방법에 의한 무력의 위협 또는 무력행사. 둘째, 각종 무기를 가지고 하는 演習(연습) 또는 練習(연습). 셋째, 연안국의 방위 또는 안전에 유해한 정보수집을 목적으로 하는 행위. 넷째, 연안국의 방위 또는 안전에 영향을 줄 것을 목적으로 하는 선전행위. 다섯째, 항공기의 함상(艦上)에서의 발착(發着) 또는 반입(搬入). 여섯째, 군사장치(military device)의 함상에서의 발착 또는 반입. 일곱째, 연안국의 관세, 재정, 출입국관리 또는 위생에 관한 규칙에 위반된 상품, 통화 또는 사람을 탑승시키거나 내리는 일. 여덟째, 협약에 위반된 고의적이고도 중대한 오염행위. 아홉째, 어업활동. 열째, 조사 또는 측량활동의 실시. 열한째, 연안국의 통신제도 또는 그 밖의 시설이나 장치에 대한 방해를 목적으로 하는 행위. 열두째, 통행과 직접 관계를 갖지 않는 그 밖의 활동(제19조). 잠수함 및 그 밖의 잠수선(underwater vehicles)은 영해 내에서 해면상(海面上)을 항행하고 또한 기(旗)를 게양할 것을 조건으로 무해통항권이 인정되고 있다(제20조).

다른 한편 영해 내에서의 외국선박의 무해통항을 규율하기 위한 광범한 권능이 연안국에 인정되고 있다는 것도 사실이기는 하다. 연안국은 협약의 제 규정 및 국제법의 그 밖의 제 규칙에 따라 다음 사항에 대해 영해에 있어서의 무해통항에 관한 법령을 제정할 수 있다. 항해의 안전 및 해상교통규칙, 항행보조 설비 및 시설과 그 밖의 시설 또는 장치의 보호, 전선과 도관의 보호, 해양생물자원의 보존, 연안국의 어업규칙에 대한 위반의 방지, 연안국의 환경의 보존 및 환경에 대한 오염의 방지·경감 및 규제, 해양의 과학적 조사 및 수로의 측량, 연안국의 관세·재정·출입국관리 또는 위생에 관한 규칙의 위반에 대한 방지가 그것이다(제21조 2항). 그리고 연안국은 그러한 모든 법령을 적당히 공표해야 하는 반면, 영해에서 무해통항권을 행사하는 외국선박은 그러한 모든 법령 및 해상충돌의 방지에 관한 일반적으로 수락된 모든 국제적 규칙에 따라야 하도록 되어 있다(제21조 3, 4항).

연안국은 항행의 안전을 고려하여 필요한 경우에는 그 영해에서 무해통항권을 행사하는 외국선박에 대해 연안국이 선박의 통항을 규제하기 위해서 지정 또는 설정하는 수로 및 항행분리방식을 사용할 것을 요구할 수 있으며(제22조 1항), 특히 유조선·핵추진력을 가진 선박 및 핵물질 또는 그 밖의 고유한 위험성·유독성 물질이나 재료를 운반하는 선박에 대해서는 上記 수로에서만 통행을 제한할 것을 요구할 수 있다(제22조 2항). 연안국이 수로를 지정하고 항행분리방식을 설정함에 있어서는 관계 국제기구의 권고, 국제항행을 위해 관습적으로 이용되고 있는 해로, 특정 선박 및 해로의 특별한 성격, 항로선박의 집중도를 고려해야 한다(제22조 3항). 연안국은 상기한 해로 및 항행분리방식을 적당히 공표하고 해도(海圖)상에 명백히 표시해야 한다(제22조 4항).

또한 핵추진력을 가진 외국선박 및 핵물질 또는 그 밖의 고유한 위험성이나 유독성을 가진 물질을 운반하는 외국선박은 영해에서 무해통항권을 행사할 때 국제협정이 그러한 선박을 위해 지정한 문서를 휴대하고 또한 그러한 협정이 설정하는 특별한 예방조치를 준수하여야 한다(제23조).

그렇다고 하더라도 연안국은 협약에 따라 하는 경우 이외에는 영해에서의 외국선박의 무해통항을 방해할 수는 없다. 특히 협약 또는 협약하에 제정된 법령의 적용에 있어 연안국은 다음 사항을 해서는 안 된다. 첫째, 무해통항권을 부정 또는 저해할 실제적 효과를 갖는 의무를 외국선박에 부과하는 것, 둘째, 특정한 국가의 선박이나 특정한 국가에 대해, 특정한 국가로부터 또는 특정국가를 위해 물질을 운반하는 선박에 형식상 또는 사실상의 차별을 하는 것(제24조 1항) 그리고 연안국은 외국선박에 의한 무해통항의 안전을 위해 그 영해 내에서 자국이 알고 있는 항행에 대한 위험을 적당히 공표하여야 한다(제24조 2항).

외국 영해를 통과하는 선박에 대해서는 이와 같이 무해통항권이 인정되고 있기 때문에 영해를 통과한다는 이유만으로써 연안국은 외국선박에 대해 여하한 과징금도 과할 수 없다. 다만 동 선박에 제공된 특정한 역무(役務)의 대가로서 과하는 과징금은 여기서 제외된다. 이때에도 과징금은 차별 없이 과해야 하도록 되어 있다(제26조).

이상에서 우리는 영해에서는 외국선박에 대해 무해통항권이 인정되고 있음을 보았거니와 반면 연안국은 무해하지 않는 통항을 방지하기 위해 영해 내에서 필요한 조치를 취할 수 있다(제25조 1항). 연안국은 또한 선박이 내수를 향해 항행하는 경우, 내수외측의 항만시설에 들르는 경우, 당해 선박이 내수에 들어가기 위해 또는 항만시설에 들르기 위해 따라야 할 조건에 위반함을 방지하기 위하여 필요한 조치를 취할 권리를 갖는다(제25조 2항). 뿐만 아니라 "연안국은 자국의 안전을 보호하기 위해 필수불가결한 경우에는 영해의 특정 구역에서 외국선박 간에 차별을 함이 없이 일시적으로 외국선박의 무해통항을 정지할 수 있다. 이러한 정지는 적당히 공표된 후에 한하여 효력을 갖는다."(제25조 3항)

연안국이 자국의 안전을 보호하기 위해 필수불가결한 경우에는 영해의 특정 구역에서 외국선박 간에 차별을 함이 없이 일시적으로 외국선박의 무해통항을 정지할 수 있다는 규정은 1958년의 영해 및 접속수역에 관한 협약에도 있었다(협약 제16조 3항). 이것은 어떤 의미를 갖는 것인가?

그것은 첫째, 영해의 '특정 구역'(specified areas)에서만 가능하다.

둘째, 그렇게 함이 '자국의 안전을 보호하기 위해 필수불가결한'(essential for the protection of its security) 경우라야 한다. 여기에서 필수불가결한 것이라 함은 '압도적인 제 이유'(compelling reasons)가 있는 것을 말한다.[3]

---

3) Commentary (2) to Article 17 of the Commentary to the Articles Concerning the

셋째, '외국선박 간에 차별을 함이 없이'(without discrimination amongst foreign ships) 행해져야 한다. 따라서 동맹관계 또는 기타 밀접한 관계에 있는 국가의 선박에 대해서는 유리한 취급을 하고 그 밖의 외국선박에 대해서는 불리한 취급을 할 수 없다. 자국선과 외국선 간의 차별은 무방하다.

넷째, 그러한 조치는 '일시적으로'(temporarily) 하는 것이어야 한다. 따라서 장기간에 걸친 또는 영속적인 것이어서는 안 된다. 다만 처음부터 기간을 정해야 하리라고는 보지 않는다.[4] 1958년 제네바에서 있은 제1차 국제해양법회의 때 루마니아 대표는 '일시적으로'라는 표현을 삭제할 것을 제안한 바 있다. 이유는 그것이 특정한 기간을 의미하는데, 정지의 기한을 사전에 정함은 곤란한 경우가 있다는 것이 그 이유였다. 그러나 생각건대 '일시적으로'란 말은 반드시 특정한 기간을 의미하는 것은 아니며, 만일 이러한 제한을 삭제한다면 장기간의 또는 무기한의 정지가 가능하여 국제항행을 크게 손상할 우려가 있게 된다.[5] 그리하여 결국 루마니아안은 철회되었다. 따라서 현재로 보아 특정 구역이라 할지라도 그곳에서의 무해통항의 정지가 장기간에 걸치거나 영속적인 것이어서는 안 된다는 것은 명백하다고 할 것이다. 그것은 또한 현행 국제법상 그렇게 되어 있기도 한다.[6]

그리고 다섯째, 그러한 조치는 정당하게 공시(公示)된 후라야만

Law of the Sea, reproduced in *Yearbook of the International Law Commission 1956*, Vol. II, p.273.

4) 橫田喜三郎, 『海の國際法』, 上卷(有斐閣, 昭和 34年), p.191.

5) 위의 책, p.187.

6) Commentary (2) to Article 17 of the Commentary to the Articles Concerning the Law of the Sea, reproduced in *Yearbook of the International Law Commission 1956*, Vol. II, p.273.

효력을 갖는다.

그런데 북한이 선포한 이른바 해상군사경계선이란 이러한 제요건 중 충족하고 있는 것이 별반 없다. 따라서 그것은 해양법적 견지에서 불법적인 것이라 아니할 수 없다.

2. 전시법적 견지에서의 평가

북한의 이른바 해상군사경계선을 교전구역(交戰區域)이라고 볼 수 있는가? 일명 전쟁구역이라고도 호칭되는 교전구역(region of war, Kriegsgebiet)은 교전국이 전쟁수행을 위해 서로 적대행위를 할 수 있는 또한 그 채비를 할 수 있는 구역을 말한다. 따라서 그것은 적대행위가 현실적으로 진행되고 있는 구역인 전장(戰場: theatre of war, Kriegsschauplatz) 또는 작전지대(zone of operations)와는 구별되는 것이다.[7]

일반적으로 이 양자는 혼용되고 있는 경향이 있으나 그 개념은 명확히 구별되어야 한다. 예를 들면 1907년 제2차 만국평화회의에서 채택된 헤이그 제5호 협약인 '육전에 있어서의 중립국 및 중립인의 권리의무에 관한 협약'(Convention Respecting the Rights and Duties of Neutral Powers and Persons in War on Land) 제11조는 "교전국의 군에 속하는 군대가 중립국의 영토에 들어온 때에는 당해 중립국은 가능한 한 이를 '전지(戰地)'로부터 격리하여 유치(留置)하여야 한다."고 규정하고 있고(제1항), 제4호 협약인 '육전의

---

7) Oppenheim - Lauterpacht, *International Law*, 7th ed.(1952), Vol. Ⅱ, p.237, William L. Tung, *International Law in An Organizing World*(1968), p.435.

법규·관례에 관한 협약’ 부속규칙, 즉 ‘육전의 법규·관례에 관한 규칙’ 제29조는 “교전자의 ‘작전지대’ 내에서 상대 교전자에 통보할 의사로서 은밀히 또는 허위의 구실하에 행동하여 정보를 수집하려는 자가 아니면 이를 간첩으로 인정할 수 없다. 그러므로 변장하지 않은 군인으로서 정보를 수집하기 위해 적군의 ‘작전지대’ 내에 진입한 자는 이를 간첩으로 인정치 않는다.”고 규정하고 있는데 여기에서 말하는 ‘전지(戰地)’ 또는 ‘작전지대’는 모두 후자를 의미하는 것이다.[8]

Dominion Coal Co. v. Maskinonge Steamship Co.(1961)에서는 문제의 선박이 용선자(傭船者)에 의해 *war region*에서 교역하도록 명령되었는지 아닌지 하는 것이 문제되었다. 이것도 후자를 의미하는 것이다. 이와 같이 양자가 혼용될 때도 있지마는 그 개념은 명백히 다른 것이다. 이 구별은 특히 다음과 같은 점에서 중요하다. 즉 임검 및 포획의 권리는 교전구역에 있어서는 행사될 수 있으나 수뢰(水雷)의 부설은 전장에 있어서만 허용되고 있다는 것이 그것이다.[9] 전장이란 현실적으로 적대행위가 진행되고 있는 구역을 말하기 때문에 그것은 고정적인 것이 아니며 현대전의 성격에 비추어 확대되지 않을 수 없는 것도 사실이지마는 그러나 양자는 분명히 구별되어야 한다. 법적으로 교전구역이 아닌 곳은 전장이 될 수 없으며 교전구역의 모든 부분이 전장이 되는 것도 아니다.

이러한 교전구역은 원칙적으로 중립국 영역을 제외한 모든 공간이다. 따라서 교전국의 영역은 물론이고 공해 및 무주지와 그 상공

---

8) 다만 *United States v. McDonald case*에서 재판소는 1차 대전의 상황은 뉴욕 항을 작전지대의 개념 내로 들어오게 했다고 판시했다. Oppenheim－Lauterpacht, *op. cit.*, p.423, n. 1.
9) *Ibid.*, p.237, n. 1.

은 당연히 교전구역이 된다. 외기권도 또한 같다. 공동영유지(共同領有地: condominium)나 조차지(租借地) 또는 신탁통치지역도 교전국의 통치권이 행사되고 있는 한 역시 교전구역이 된다.

이에 대해 중립국의 영역은 원칙적으로 교전구역이 될 수 없다. 다만 중립국이 그 영역의 전부 또는 일부를 교전국의 군사적 사용에 제공하고 있는 경우, 예컨대 중립국의 영역 내에 교전국의 군사기지가 있는 경우[10] 및 교전국이 중립국의 동의 없이 중립국 영역을 군사적으로 사용하고 중립국이 이를 배제할 수 없는 경우에는 중립국 영역도 교전구역이 된다. 1904년에서 1905년까지의 러일전쟁 중 교전국은 중립국인 한국과 중국의 영토주권을 무시하고 한국과 만주에서 전투를 했다.

다른 한편 공해나 교전국의 영역이라 할지라도 그것을 중립화하는[11] 조약이 있고 교전국의 모두가 그 조약의 당사국으로 되어 있는 경우에는 그것은 교전구역이 될 수 없다. 흑해의 중립화가 1871년에 폐지된 후 지금 공해에 대해서는 이를 중립화하는 조약이 없으나 국가영역에 대해서는 다음과 같은 것이 있다. 첫째, 수에즈운하 지대에 관한 1888년의 콘스탄티노플 조약,[12] 둘째, 파나

---

10) 한미상호방위조약 제4조, 미일안전보장조약 제6조 참조.

11) 여기에서 중립화(neutralisation)라 함은 비무장화 및 국제화와 구별되는 개념이다. 비무장화(de-militarization)는 일정 구역을 요새화하지 않겠다는 것을, 또는 그곳에 군대를 주둔시키지 않겠다는 것을 2개국 이상이 조약으로써 합의한 것인데 그 목적은 보통 국경충돌로 인한 분쟁의 기회를 제거함으로써 전쟁을 방지하려는 것 또는 국경에 군대의 집결을 금지함으로써 안전보장을 기하려는 것이다. Oppenheim-Lauterpacht, op. cit., p.244, n. 1.
이에 대해 국제화(internationalization)는 아직 확정적 의미를 갖지는 못하고 있으나 조약으로써 모든 국가 또는 대다수 국가의 일반적 이용에 개방된 영역 또는 수역의 일부를 뜻하는 것으로 사용되기 시작하고 있다. See, for instance, in Judge Schücking's dissenting opinion in *The Wimbledon case*, *P. C. I. J. Publications, Series A, No.*1(1923), p.43.

12) H. L. Hoskins, "The Suez Canal as an International Waterway", 37 *American Journal of International Law*(1943), pp.373-385; Sir A. T. Wilson, *The Suez Canal*(1933).

마운하 지대에 관한 1901년 11월 18일의 헤이·폰스포트(Hay-Pauncefote) 조약, 셋째, 마젤란해협에 관한 1881년 7월 23일의 아르헨티나-칠레 간의 부에노스아이레스 국경조약, 넷째, 오올런드 제도(Aaland Islands) 및 그 연안에 관한 독일·덴마크·에스토니아·핀란드·프랑스·영국·이탈리아·라트비아·폴란드·스웨덴 간의 1921년 10월 20일의 조약, 다섯째, 탄지르 지구(Tangier Zone)에 관한 1923년 12월 18일의 영국·프랑스·스페인의 조약, 여섯째, 바티칸市國에 관한 1929년의 이탈리아-로마법왕청 간의 조약, 일곱째, 트리에스테 자유지역에 관한 1947년의 對伊 평화조약 부속규정 등이 그것이다.

이상에서 우리는 교전구역이 무엇인가를 보았는데 교전구역이란 결국 교전국이 전쟁수행을 위해 서로 적대행위를 할 수 있는, 또는 그 채비를 할 수 있는 구역을 말한다. 그런데 지금 남북관계는 현실적인 적대행위 관계에 있는 것이 아니다. 1953년의 군사정전협정은 최종적인 평화적 해결이 달성될 때까지 한국에서의 적대행위와 일체의 무장행동의 완전한 정지를 보장하는 '정전(停戰)'을 명하고 있다(前文 참조).[13]

주지하는 바와 같이 한국휴전협정은 첫째, 쌍방 사령관이 "그들의 통제하에 있는 모든 무장역량이 한국에 있어서의 일체의 적대행위를 완전히 정지할 것을 명령하고 또 이를 보장"하도록 하고 있고(제2조 12항) 둘째, "군사정전의 확고성을 보장함으로써 쌍방의 한층 고위의 정치회담을 진행하여 평화적 해결을 달성하는 것을 이룩하기 위하여" 쌍방 사령관이 각종 조치를 취해야 하도록

---

13) 휴전의 법적 성질에 대해서는 김찬규, 「휴전의 법적 성질」, 『경희법학』, 1970년 7월호, pp.130-153 참조.

하고 있으며(제2조 13항) 셋째, "본 정전협정의 각 조항은 쌍방이 공동으로 접수하는 수정 및 증보 또는 상방의 정치적 수준에서의 평화적 해결(a peaceful settlement at a political level)을 위한 적당한 협정 중의 규정에 의하여 명확히 교체될 때까지는 계속 효력을 가진다."는 것을 그 특징으로 하고 있다(제5조 62항).

뿐만 아니라 1954년 4월 15일부터 6월 15일까지 제네바에서 열렸던 이른바 제네바회담이 실패로 돌아간 후 유엔군의 일부로서 출병했고 또한 동 회담에도 참가한 15개국은 1954년 11월 11일 유엔에 한 보고서를 제출하여 "한국 문제를 해결하기 위한 제네바 회담의 실패는 한국에 있어서의 휴전을 손상하는 것이 아니며 휴전은 계속 유효하다."고 통고한 바도 있다.14) 이와 같이 현재 한반도의 법적 상황은 일체의 적대행위와 무장행동이 완전히 정지된 상태이며 따라서 이러한 상황에서 교전구역의 설정이란 있을 수 없는 것이다.

뿐만 아니라 역사적 선례가 보여주는 바에 의하면 전시 중립국이 3해리보다 넓은 중립해대(中立海帶)를 선포함으로써 교전국의 교전구역을 축소시키려는 기도도 또한 인정하지 않았다. 1912년 10월 18일의 명령으로 프랑스는 중립목적을 위해 6해리 폭의 해대를 주장한 바 있었다. 1차 대전이 일어난 후, 아직도 전쟁에 참가하기 전인 1914년 8월 6일 이탈리아는 역시 6해리의 중립해대를 선언했다. 이에 대해 영국은 정책사항으로서 그 순양함이 이탈리아가 주장한 6해리를 존중하도록 명령했다. 그러나 판례의 입장은 이를 인정하지 않는 방향이었다. *The Elida case*에 대한 독일 포획

---

14) Nathan Feinberg, *The Legality of a "State of War" After Cessation of Hostilities Under the Charter of the United Nations and the Covenant of the League of Nations*(1961), p.61.

심판소 재정(裁定) 및 *The Loekken case*의 재정에 대한 영국·노르웨이 정부의 약정이 그것이다.

1939년 9월 미국을 포함하는 21개 미주국가들은 거안(距岸) 300해리의 수역에 대해 "대륙의 자기보호 조치로서 미주 제공화국들은 그들이 중립을 유지하는 한, 미주대륙에 인접한 그들의 관계에서 주된 관심사항이고 또한 직접적 효용을 갖는 것으로 보는 이들 수역이 어떤 非미주 교전국에 의한 적대행위의 수행으로부터도 자유롭게 유지되게 할 수 있는 고유한 권리를 가진다."는 이른바 '파나마선언'(Panama Declaration)을 발표했다.15) 그 후 1939년 12월 몬테비데오 근해에서 해전이 있은 후 미주제국들은 영국·프랑스·독일에 대해 이 선언에 의거하여 공동 항의를 제기했다.

이 항의에서 그들은 미주제국의 '다툴 수 없는 권리'(indisputable right)에 대해 언급했으나 이에 대한 영국의 회답은 동 선언이 교전국의 합법적 권리의 포기에 관한 주장을 함축하고 있기 때문에 국제법상 근거를 갖지 못하며 또한 중립국의 일방적 조치로써 교전국의 권리가 제한될 수 없는 것이라는 것이었다. 영국, 프랑스, 독일은 모두 이 선언의 효력을 인정하지 않았다.16)

파나마선언은 학자들에 의해서도 회의적인 것으로 받아들여지고 있다. 어떤 학자는 300해리 수역의 설정을 하나의 새로운 지역적 국제법의 창설을 시도한 것이었으나 상대방이 인정하지 않음으로써 실패로 끝난 것으로 보고 있고,17) 오펜하임의 교과서에는 "동

---

15) The Declaration, printed in 34 *American Journal of International Law*(1940), *Supplement*, pp.1 – 17; *International Conciliation*, No.356, January 1940, p.27. See also Gerhard von Glahn, *Law Among Nations: An Introduction to Public International Law*(6th ed., 1992), pp.862 – 853.

16) Gerhard von Glahn, *op. cit.*, p.852.

17) *Loc. cit.*

주장이 자기보존(自己保存)으로 행동할 권리에 의거한 것인 한, 그 것이 그와 같은 조치를 허용하는 것으로 국제법이 채택하고 있는 엄격한 요건과 일치한다고 인정하기는 어렵다.”고 설명되어 있 다.18) 1915년 및 1916년 미국 정부는 ‘미국 영수(領水)에 근접하 여’(in close proximity to the territorial waters of the United States) 순항하고 관찰함을 중지하라고 요구한 한편, 그들의 항의가 그와 같은 행동의 불법성에 대한 주장에 의거한 것은 아니라고 한 바 있다.

V. 선례의 존재 여부

북한의 해상군사경계선은 선례도 없는 것이다. 앞서 본 것처럼 한반도의 법적 상황은 1953년의 군사정전협정에 의해, 최종적인 평화적 해결이 달성될 때까지 한국에서의 적대행위와 일체의 무장 행동이 완전히 정지되어 있는 상태인데 이러한 상황에서 북한의 해상군사경계선과 같이 설정된 예는 없다.

러일전쟁이 일어나기 직전 일본 정부는 해군 대신 및 해군참모 총장에게 긴급 시 일본 열도에 인접한 일정 수역에 ‘방위해역’(防 衛海域, defence sea area)을 설치하여 선박의 출입을 규제할 수 있 는 권한을 부여한 바 있다. 이에 따라 일본 해군 당국은 전쟁의 발발과 더불어 그리고 전쟁 중 해군기지를 중심으로 약 12개 처에

---

18) Oppenheim – Lauterpacht, *International Law*, 7th ed.(1952), Vol. II, p.238, 자기보존 에 대해서는 Oppenheim – Lauterpacht, *International Law*, 8th ed.(1955), Vol. I, pp.298 – 299.

이르는 그러한 수역을 설치했으며 그중에는 연안에서 10해리에 이르는 것도 있었다.[19] 일부에서는 러일전쟁이 일어나기 직전 일본이 이미 그 연안에 아주 근접한 수역(waters closely adjacent to her coast)에 대해 방위수역을 선언했다고 하나[20] 이것은 사실과 다른 것이다.

일본은 방위해역을 설치했을 뿐만 아니라 이것을 실시하기도 했는데 예를 들면 전쟁 중 무선장비를 지닌 영국 선박 The Haimum에 대해 일본 주력함대의 작전구역 밖에서 활동하도록 명령한 것 등이 그것이다.[21] 이것도 전쟁이라는 특수 상황하에서 설정되었다는 점에서 일반적으로 인정되었던 것 같다.[22] 그리하여 1914년에 나온 미국 해군대학의 한 간행물은 러일전쟁의 상황하에서 그것은 합리적이었다는 이유로 그 합법성을 인정하고 있다.[23]

이러한 성격의 방위해역은 미국에 의해서도 설치된 바 있다. 1917년 4월 제1차 세계대전에 참전했을 때 미국이 행정명령(Executive Order)을 통해 일정한 수역을 지정하여 거기에 출입하는 모든 선박의 항행을 통제한 것이 그것이며 이들 수역 중 일부는 미국 항구 및 전략거점에서 10해리에 이르는 것이었다.[24] 이 경우 일본 및 미국은 자기들의 조치를 자위(自衛)원칙에 그 근거를 두었었다.[25]

---

19) William E. Hall – A. Pearce Higgins, *A Treaties on International Law*, 8th ed.(1924), p.641.

20) Oppenheim – Lauterpacht, *International Law*, 7th ed., Vol. Ⅱ, p.681.

21) C. John Colombos, *The International Law of the Sea*, 6th rev. ed.(1967), p.572.

22) Julius Stone, *Legal Controls of International Conflict*(1954), p.572.

23) U. S. Naval War College, *International Law Situations*(1914), pp.114 – 129.

24) See 12 *American Journal of International Law*(1918), *Supplement*, pp.13 – 20. 1917년 4월 14일에는 더 많은 방위해역이 설치되었다. Ibid., p.21.

1차 대전 때는 또다시 새로운 상황이 있었다. 1914년 11월 3일 영국은 북해(北海) 전역을 군사수역(military area)으로 지정하여 기뢰(機雷) 부설을 시도하였기 때문에 중립선박은 영국의 도선인(導船人)을 이용하지 않고는 거기를 통과할 수 없었다.[26] 이에 대해 독일은 1915년 2월 4일 English Channel 전역을 포함하는 잉글랜드, 스코틀랜드, 아일랜드 주변 해역을 전쟁수역(Kriegsgebiet)으로 선언하여 거기서 발견되는 모든 선박은 무경고 격침을 하겠다는 이른바 무제한 잠수함전을 선언하고 1917년 1월 31일에는 그것을 프랑스, 이탈리아, 그리스, 소아시아 및 북아프리카 주변 해역에까지 확대했다.[27]

2차 대전 때인 1940년 1월에서 5월에 걸쳐 독일은 영국 주변의 6개 수역을 전투수역(Kampzone)으로 정하고 다시 8월에는 (뒤에 다시 확대) 영국 주변에 작전수역(Operationsgebiet)을 정하여 그곳을 통과하는 일체의 선박에 대한 무경고 격침을 선언했다. 다른 한편 미국은 1939년 11월의 중립법에 의해 영국 주변의 바다(뒤에 확대)를 전투구역(combat zone)으로 정하여 미국 선박이 그곳을 항행함을 금한 바도 있다.

그런데 이것은 모두 현실적인 적대행위의 과정 중에 나온 것이라는 점에서 북한의 해상군사경계선과는 구별되는 것이다. 이미 앞서도 본 것처럼 한반도의 법적 상황은 휴전협정에 의해 일체의 적대행위와 무장행동이 완전히 정지된 상태이며 따라서 현실적으로

---

25) C. John Colombos, *The International Law of the Sea*, 6th rev. ed., p.529.

26) 영국 조치의 합법성에 대해서는 *Ibid.*, p.530.

27) 독일의 차단구역(遮斷區域, Seesperre)에 대해서는 Cf. von Liszt−Fleischmann, Das Völkerrecht, 12. Aufl.(1925), SS. 515∼517; Schmitz, "Sperrgebiete im Seekrieg", 8 *Zeitschrift für Ausländisches öffentliches Recht*(1938), SS. 641−671.

적대행위가 진행되고 있는 것은 아니다. 그러므로 1, 2차 대전 중 교전국들이 설치했던 여러 가지 명칭의 수역은 북한의 해상군사경계선에 대한 선례가 된다고 볼 수 없는 것이다.

더구나 영국의 군사수역이나 독일의 전쟁수역은 당시 국제법상 합법적인 것으로 인정되지도 않았었다. 이것은 영국이 그러한 수역을 선포함에 있어서 내세운 이유를 통해서도 규지할 수 있는데, 영국은 독일의 무분별한 기뢰부설 행위에 대한 '하나의 대항조치'(a counter - measure)로서 또는 '이번 전쟁이 수행되고 있는 새로운 여건에 적합한 하나의 예외적인 조치'(an exceptional measure appropriate to the novel conditions under which this war is being carried on)로서 군사수역을 선포했다고 설명했었다.[28]

이러한 양국의 태도를 논외로 한다고 하더라도 우리는 전시에 있어 중립선박의 통항 및 통상의 자유는 인정되어야 한다는 일반국제법상의 규정에 주목하지 않을 수 없다. 따라서 이른바 *Lusitania case*에서 독일은 중립국인 미국에 대해 전면적인 책임을 지겠다고 했던 것이다. 이것은 1915년 5월 7일 아일랜드 근해에서 독일 잠수함이 영국의 대서양 횡단 기선 루시타니아호에 대해 어뢰 공격을 가하여 선체를 격침시키고 1,100명 이상의 사상자 및 실종자를 낸 사건이다.[29]

이 배에는 197명의 미국인이 타고 있었는데 그중에서 128명이 실종되고 68명이 구조되었다. 그런데 그 당시 미국이 중립국이었다는 데서 문제가 생겨 결국 1916년 2월 4일 독일은 미국에 대해 이 사건에서 미국인이 입은 손해에 대해서 전면적인 책임을 지겠

---

28) Oppenheim - Lauterpacht, *International Law*, 7th ed., Vol. Ⅱ, p.681.

29) See J. W. Garner, *International Law and the World War*(1920), Vol. Ⅰ, p.356 *et seq.*

다는 각서를 전달함으로써 일단락되었다. 이 사건에 대한 구체적 처리는 전후 설립된 독일·미국 청구권위원회에서 이루어졌다.

VI. 결론

이상에서 우리는 북한이 선포한 이른바 해상군사경계선이라는 것을 국제법에 비추어 살펴보았는데 그 결과 그것은 해양법적인 견지에서도 또한 전시법적인 견지에서도 정당화될 수 없음을 알았다.

북한의 해상군사경계선이란 해괴한 것 같다. 이것은 민간선박의 통항에 대해서마저 자기들의 사전합의 또는 승인을 요구하고 있을 뿐 아니라 그 활동이 자기들의 경제적 이익을 침해하는 것은 역시 이를 금지한다고 한 점에서 당해 수역을 內水化한 것이라고 할 수 있다. 왜냐하면 일반국제법상 영해에서도 민간선박의 무해통항권만은 인정되고 있으나 이 선언에서는 그것을 인정치 않고 있으며 동시에 민간선박의 활동이 자신들의 경제적 이익 침해 여부에 대한 판정도 자신들이 하려고 할 것이므로 자의적 판단의 여지가 개입하여 이 수역에 대한 모든 선박의 출입은 실질적으로 금지될 수 있을 것이기 때문이다.

이 선언에서 어선은 규제대상에서 제외되는 것으로 되어 있으나 어선의 활동은 그들의 경제수역 선언에 의해 규제되고 더구나 경제수역에 대한 그들의 선언은 외국 또는 외국인의 선박·항공기에 의한 그들의 경제활동에 장애가 되는 일체의 행위 및 해수오염이나 대기오염 등 인명과 자원에 유해한 모든 행위를 금한다는 포괄적 금지규정을 두고 있기 때문에 실질적으로는 어선도 제외되는 것이라고 할 수 없다.

북한이 선포한 군사수역은 그 기선이 유례없는 것이라는 점에서도 특이하다. 북한 기선제도의 특이성은 제5장에서 살펴본 바와 같다.

1977년에 북한이 선포한 군사수역은 중국의 군사경계수역을 그 본으로 한 것이 아닌가 생각된다. 그런데 이것을 정당화하기 위해 중국이 농(弄)하는 견강부회(牽强附會)는 실로 실소를 금할 수 없게 하고 있다. 즉 중국은 일본과의 어업협정 교섭과정에서 이것이 문제되자 그들은 처음 일본과 대만 간의 평화조약체결을 그 존속 이유로 내세웠다가 뒤에 가서는 월남전의 여파로부터 자신들을 방위하기 위한 것이라고 강변했었다. 월남전이 종식된 지금 그들은 무엇으로 군사경계수역을 정당화할 것인지 궁금하기 그지없다. 이와 같이 중국의 군사경계수역은 법적으로 설명될 수 없는 것이다. 중국의 군사경계수역을 본으로 한 북한의 해상군사경계선도 역시 마찬가지라고 생각된다.

제8장

항공법 *

– 남북한 항공법의 비교를 중심으로 –

Ⅰ. 서론

1. 연구 목적과 의의

본 연구의 목적은 남북한의 항공법을 비교, 연구함으로써 남북한 항공법의 공통점과 차이점 및 남북한 항공법의 특징을 제시하는 데 있다. 본 연구의 의의는 다음과 같은 몇 가지 점에서 찾을 수 있다. 첫째, 학문적인 관점에서 북한법, 특히 북한 국제법의 연구를 계승·발전시키는 데에 의의가 있다. 1990년대 중반 이후 북한법에 대한 관심이 증가하고 있다. 특히 2000년대에 들어 남북한의 인적·물적 교류가 활발해지면서 북한법 연구 분야도 헌법, 형사법, 민사법 중심에서 구체적인 분야로 확대되고 있는 추세이다. 그러나 상대적으로 북한 국제법에 대한 연구는 아직도 상당히 부족한 실정이며, 특히 북한의 국제항공법, 국제우주법에 대한 연구는 전무한 상황이다.[1] 이 분야에 대한 관심과 연구가 요청된다. 둘째, 통일 이후 남북한의 법제통합, 제도통합의 준비 측면에서도 의의가 있다. 통일 이후 서로 다른 남북한의 법률통합과 제도통합은 남북한의 완전한 통일을 위해 반드시 필요한 과정이다. 항공 분야도 예외일 수 없다. 최근 언론을 통해 보도된 북한 김정일 국방위원장의 와병설은 북한의 급변사태 내지는 체제 붕괴 가능성을 시

---

* 본 장은 이규창, 「남북한 항공법 비교연구」, 법제처, 『2008년 남북법제 연구보고서(ⅰ)』, pp.3-44를 이 책의 체계에 맞게 재구성하고 일부 내용을 추가한 것입니다.

1) 남북한 항공법을 비교, 연구한 논문으로 김맹선·이시황, 「남·북한 항공법 비교연구」, 『항공우주법학회지』, 제21권 제2호(2006. 12), pp.97-121이 있으나 남북한 항공법을 주로 국내법적 측면에서 비교·분석하고 있다.

사하고 있다. 각 분야에서의 법률통합, 제도통합 준비는 아무리 강조해도 지나침이 없다. 본 연구는 국제적, 국내적 측면에서 남북한 항공 분야의 법률적, 제도적 공통점 및 차이점을 분석, 제시함으로써 남북한 법률통합 및 제도통합을 위한 기초 작업이 될 것으로 기대된다.

2. 항공법의 정의와 연구 범위

"항공활동 또는 동 활동에 파생되어 나오는 법적 관계와 제도를 규율하는 국내 및 국제, 공법 및 사법의 원칙과 규범의 총체"[2]로 정의될 수 있는 항공법(air law, aeronautical law 또는 aviation law)은 기준에 따라 몇 가지 구분이 가능하다.

첫째, 항공법은 한 국가 내에서만 적용되는 국내항공법과 국제적으로 적용되는 국제항공법으로 구분할 수 있다. 국제항공법은 다시 영공에서의 비행허가, 국제노선의 개설, 항공안전을 위한 국가 간의 제반 협력, 항공기등록, 소유권 또는 저당권의 상호 인정, 항공기 및 공항 등 항공시설에 대한 범죄인의 처벌 및 인도에 관한 사항 등을 다루는 국제항공공법과 항공여객, 여객의 짐, 화물 또는 항공기 관리에 관련한 사고가 발생하여 이에 대한 항공기 운항자 또는 소유자의 책임을 논의하는 국제항공사법으로 구분할 수 있다.[3] 국제항공공법 가운데 항공기 및 공항 등 항공시설에 대한 범죄인의 처벌 및 인도에 관한 사항을 따로 분리하여 국제항공형(사)

---

2) 박원화, 『항공법』(서울: 명지출판사, 1990), p.15.

3) 위의 책, p.23.

법으로 구분하기도 한다.[4]

둘째, 항공법은 형식적 의미의 항공법과 실질적 의미의 항공법으로 구분할 수도 있다. 전자는 항공법이라는 명칭으로 제정, 공포되어 시행 중인 모든 법령을 의미하며, 반면 후자는 항공기에 의하여 발생하는 법적 관계를 규율하는 법규의 전부를 총칭한다.[5] 형식적 의미의 항공법으로 남한에는 '항공법'이 제정, 시행 중에 있고, 북한에는 '민용항공법'이라는 명칭을 가진 규범적 문건이 존재하고 있다.

셋째, 항공법은 적용 주체에 따라 군용항공기에 적용되는 규범과 민간항공기에 적용되는 규범으로 구분할 수도 있다. 북한 학자는 이를 군용항공과 민용항공으로 구분하고 있다. 그런데 북한 학자는 "일반적으로 항공은 군용항공과 민용항공으로 구분되는데 국제항공법은 국제민용항공 분야에서의 국가들의 권리와 의무관계를 규제한 법"이라고 정의함으로써 군용항공은 국제항공법의 대상에서 제외하고 있다. 다시 말해 그는 "국제항공법은 국제법의 한 분야로서 민용항공 분야에서의 항공기의 국제적 비행을 조정하고 국제비행의 안전을 보장하기 위하여 국가들의 합의에 따라 제정되는 국제조약규범 및 국제관습규범의 총체"라고 정의하고 있다.[6]

본 연구는 형식적 의미의 항공법뿐만이 아니라 실질적 의미의 항공법을 연구 대상으로 한다. 또한 국제항공법과 국내항공법을 모두 연구 대상으로 한다. 한편, 군용항공을 국제항공법의 대상에서 제외하고 있는 위 북한 학자의 국제항공법의 정의는 타당성 여부

---

4) 김한택, 『현대국제법』, 개정판(춘천: 강원대학교출판부, 2004), p.408.

5) 김맹선·이시황, 「남·북한 항공법 비교연구」, p.23.

6) 박영수, 「국제항공법의 발생발전에 대한 력사적 고찰」, 『김일성종합대학학보: 력사법학』, 제45권 제1호(1999), p.57.

를 두고 논란의 여지가 충분해 보인다. 그러나 본 연구는 민간항
공 분야를 주된 연구 대상으로 한다.

3. 연구 방법과 서술 순서

북한법 연구는 그 중요성에도 불구하고 자료의 희귀성 내지는
접근제한성으로 인해 연구에 많은 제약이 따른다. 항공법의 경우에
도 마찬가지이다. 더구나 남한은 항공법 단행본이 여러 권 출간되
고 있으나[7] 북한에는 아직까지 항공 분야만을 따로 다루는 서적이
없다. 따라서 현재 입수 가능한 북한 자료의 분석을 주된 연구 방
법으로 한다. 북한의 국제법을 알 수 있는 자료로 1985년 발간된
법학부용 『국제법 및 해운법 참고서』, 1988년 발간된 『현대국제법
연구』, 1992년 발간된 법학부용 『국제법학』, 2002년 발간된 『국제
법사전』 등의 단행본과 「김일성종합대학학보: 력사법학」, 「정치법
률연구」 등의 논문, 노동신문과 민주조선 등의 신문이 있다. 그런데
국제법 및 해운법 참고서에는 항공법과 관련된 내용이 전무하고,
현대국제법연구는 국가영역 편에서 영공에 대하여 간단히 기술하
고 있을 뿐이다. 이와 같은 이유에서 국제법학과 국제법사전 및
김일성종합대학학보인 역사법학에 실려 있는 북한 학자의 논문을
중심으로 국제항공법에 대한 북한의 입장을 살펴보고자 한다. 한
편, 형식적 의미에서의 북한 항공법인 '민용항공법'에 대한 북한

---

7) 대표적으로 다음의 문헌들이 있다. 김두환, 『최신 국제항공법학론』(파주: 한국학술정보,
   2005), 김한택, 『항공우주법』(서울: 지인북스, 2007); 박원화, 『항공법』; 이광희, 『항공법
   해설』(서울: 노해출판사, 2005); 정도희, 『항공법규』, 개정판(서울: 진한도서, 2001); 최완
   식, 『국제항공법』, 개정판(고양: 한국항공대학교출판부, 1993); 홍순길, 『신항공법정해』(파
   주: 동명사, 2005).

측 자료는 필자가 조사한 범위 내에서는 찾을 수 없었다. 따라서 북한 민용항공법에 대한 분석은 조문의 해석을 중심으로 한다.

아래에서는 크게 항공법을 국제항공법과 국내항공법으로 구분하여 남북한 항공법을 비교, 분석하고 결론에서는 이러한 연구를 토대로 남북한 항공법의 공통점과 차이점을 도출한다.

II. 국제항공법

여기에서는 먼저 국제항공법의 연원을 살펴보고 이어 국제항공법을 항공공법과 항공형법, 항공사법으로 구분하여 이들 분야의 주요 다자항공조약에 대한 남북한의 가입 현황을 비교한다.

1. 국제항공법의 연원

국제사법재판소(International Court of Justice) 규정 제38조 제1항은 국제법의 연원과 관련하여 조약과 국제관습, 법의 일반원칙, 학설과 판례, 형평과 선을 언급하고 있으며, 이 밖에도 국제법 일반이론상 일방행위, 강행규범 등이 국제법의 연원으로 언급되고 있다. 국제항공법은 국제법의 한 분야이므로 이러한 설명이 국제항공법의 경우에도 타당하다. 그러나 국제항공법의 경우에는 전쟁법, 해양법 등의 다른 국제법 분야와 달리 비교적 늦은 시기인 19세기 후반 이후 형성, 발전되어 왔고 다수의 항공 분야 국제조약이 체결되어 있으므로 국제조약이 주요한 국제항공법의 연원이라고 할 수 있다. 그렇다고 하더라도 항공 분야의 국제관습을 간과해서는 안 된다. 다시 말해 국제조약이 규율하고 있지 않은 국제항공법 부문에서 국제관습은 적용규칙의 중요한 연원이 될 수 있다. 더구나 조약 자체도 국제관습법의 연원이 될 수 있다.[8] 대표적인 예가 1919년 10월 13일 파리에서 체결된 '항공규율에 관한 국제협약'[9] (일명 파리협약)이다. 동 협약 제1조는 "모든 국가는 그의 영토 상공에 완전하고 배타적인 주권을 가진다."고 규정하고 있는데, 이 조항의 특징은 영공주권원칙의 적용은 비단 '체약국'(Contracting Parties)에만 국한된 것이 아니라 '모든 국가'(every states)에 적용된다는 문구를 사용하고 있다는 점이다. 이는 국가들의 조약가입 여부를 떠나 동 조항이 국제관습법적인 성격을 지니고 있음을 천명하고 있는 것이다.[10]

앞에서 언급한 바와 같이 북한은 국제조약과 국제관습만을 국제법의 연원으로 언급하고 있다. 국제관습과 관련하여 1971년 법학사전 및 1988년 현대국제법연구는 '국제관례'라는 용어를 사용한 반면 2002년 국제법사전은 최초로 국제관습규범이라는 용어를 사용하고 있다. 또한 1971년의 법학사전 및 1988년 현대국제법연구는 국제관례에 대해서 소극적인 데 비해 2002년 국제법사전은 국제관습규범의 국제법적 연원을 인정하고 있는데 이는 북한 국제법 이론의 큰 변화 가운데 하나로 볼 수 있다. 특히 국내법에 있어서는 규범적 문건(성문법)만을 법의 연원으로 인정할 뿐 불문법은 원

---

8) 박원화, 『항공법』, p.12.

9) International Convention for the Regulation of Aerial Navigation.

10) 박기갑, 「영공주권원칙의 생성과 그 현대적 의의」, 『안암법학』, 창간호(1993), p.611.

칙적으로 법의 연원으로 인정하지 않는 북한이 국제법에 있어서는 국제관습을 법의 연원으로 인정하고 있는 것도 북한법의 하나의 특징이라고 할 수 있다.[11]

현재 남북한이 가입하고 있는 주요 항공다자조약의 남북한 가입 현황을 정리하면 <표 Ⅷ-1>과 같다.

〈표 Ⅷ-1〉 남북한 항공다자조약 가입 현황[12]

2008년 9월 20일 현재

조약명	채택 및 발효연도	한국	북한
항공규율에 관한 국제협약(1919년 파리협약)	채택: 1919. 10. 13. 발효: 1922. 7. 11. ※시카고협약 체결로 폐기됨		
국제민간항공협약(1944년 시카고협약)	채택: 1944. 12. 7. 발효: 1947. 4. 4.	가입: 1952. 11. 11. 발효: 1952. 12. 11. (조약 제38호)	가입: 1977. 8. 16.
국제항공운송협정	채택: 1944. 12. 7. 발효: 1945. 2. 8.	미수락	미수락
국제항공서비스통과협정	채택: 1944. 12. 7. 발효: 1945. 1. 30.	수락: 1960. 6. 22. 발효: 1960. 6. 22. (조약 제65호)	수락: 1995. 2. 8.
항공기 내에서 범한 범죄 및 기타 행위에 관한 협약(동경협약)	채택: 1963.9.14 발효: 1969.12.4.	비준: 1971.2.19 발효: 1971.5.20 (조약 제385호)	비준: 1983.5.9 발효: 1983.8.7
항공기 불법납치 억제를 위한 협약(헤이그협약)	채택: 1970. 12. 16. 발효: 1971. 10. 14.	가입: 1973. 1. 18. 발효: 1973. 2. 17. (조약 제460호)	비준: 1983. 4. 28.
민간항공의 안전에 대한 불법행위 억제를 위한 협약(몬트리올협약)	채택: 1971. 9. 23. 발효: 1973. 1. 26.	가입: 1973. 8. 2. 발효: 1973. 9. 1. (조약 제484호)	비준: 1980. 8. 13.
민간항공의 안전에 대한 불법행위억제를 위한 협약을 보충하는, 국제민간항공에 사용되는 공항에서의 불법폭력행위 억제를 위한 의정서(몬트리올협약 보충의정서)	채택: 1988. 2. 4. 발효: 1989. 8. 6.	비준: 1990. 6. 27. 발효: 1990. 7. 27. (조약 제1012호)	비준: 1995. 7. 19. 발효: 1995. 8. 18.

---

11) 자세한 내용은 이 책 제2장의 Ⅲ 참조.

조약명	채택 및 발효연도	한국	북한
가소성 폭약의 탐지를 위한 식별 조치에 관한 협약	채택: 1991. 3. 1. 발효: 1998. 6. 21.	비준: 2002. 1. 2. 발효: 2002. 3. 3. (조약 제1584호)	미서명
국제항공운송에 관한 규칙의 통일에 관한 바르샤바 협약(바르샤바협약)	채택: 1929. 1. 12.	헤이그 의정서 제21조, 23조에 의거 자동 당사국임.	가입: 1961. 3. 1. 발효: 1961. 5. 30.
바르샤바 협약을 개정하기 위한 의정서(헤이그 의정서)	채택: 1955. 9. 28. 발효: 1963. 8. 1.	가입: 1967. 7. 13. 발효: 1967. 10. 11. (조약 제259호)	가입: 1980. 11. 4. 발효: 1981. 2. 2.
바르샤바협약을 보충하기 위한 협약(과다라하라 협약)	채택: 1961. 9. 18. 발효: 1964. 5. 1.	미가입	미가입
헤이그 의정서에 의해 개정된 바르샤바협약을 개정하기 위한 의정서 (과테말라시티 의정서)	채택: 1971. 3. 8. 발효: 미발효	미서명	미서명
바르샤바협약 개정을 위한 제1 추가의정서	채택: 1975. 9. 25. 발효: 1996. 2. 15.	미서명	미서명
바르샤바협약 개정을 위한 제2 추가의정서	채택: 1975. 9. 25. 발효: 1996. 2. 15.	미서명	미서명
바르샤바협약 개정을 위한 제3 추가의정서	채택: 1975. 9. 25. 발효: 미발효	미서명	미서명
바르샤바협약 개정을 위한 제4 추가의정서	채택: 1975. 9. 25. 발효: 1998. 6. 14.	미서명	미서명
국제항공운송에 있어서의 일부 규칙 통일에 관한 협약(1999 몬트리올 협약)	채택: 1999. 5. 28. 발효: 2003. 11. 4.	가입: 2007. 10. 15. 발효: 2007. 12. 29. (조약 제1876호)	미가입
지상의 제3자에게 외국항공기가 끼친 손해에 관한 협약(로마협약)	채택: 1952. 10. 7. 발효: 1958. 2. 4.	미가입	미가입
지상의 제3자에게 외국항공기가 끼친 손해에 관한 협약을 개정하기 위한 몬트리올 의정서	채택: 1978. 9. 23. 발효: 2002. 7. 25.	미가입	미가입

---

12) 출처: 외교통상부 홈페이지〈www.mofat.go.kr〉 내 조약정보와 국제민간항공기구 홈페이지 〈www.icao.int〉 내 법률사무국(Legal Bureau)의 조약정보(Treaty Collection)를 토대로 필자가 작성한 것이다.

2. 국제항공공법

국제항공공법은 항공법의 역사와 대기권상공의 법적 체제, 1944
년 시카고협약과 국제민간항공의 법 체제를 주요 내용으로 한다.
대기권상공의 법적 체제에 있어서 가장 중요한 것은 영공주권원칙
이라고 할 수 있다.[13] 특히 북한은 민용항공법 제2조에서 영공에
대한 완전한 자주권 행사를 강조하고 있고, 외국인이 비행기를 몰
고 허가 없이 북한의 영공에 들어오거나 영공 밖으로 나가는 행위
와 지정된 비행고도를 위반한 행위에 대해 3년 이하의 노동교화형
에 처하고 있다(북한 형법 제232조). 아래에서는 남북한의 국제항
공공법 분야의 조약 가입 현황을 살펴보고 이어 영공주권원칙과
관련하여 남북한의 현행 법제상 영공의 범위에 대해 살펴본다.

구체적인 내용에 들어가기에 앞서 북한은 대외관계에 있어 자주
권을 매우 강조한다는 특징을 발견할 수 있다. 여기에 관해서는
이미 앞에서 자세히 살펴본 바 있다.[14] 이와 같이 자주권을 강조
하는 북한의 태도는 항공법 분야에서도 나타나고 있다. 북한 학자
는 국제항공법의 발전역사를 설명하면서 "국제항공법의 발전력사
는 나라의 자주권을 옹호고수하며 국제항공 분야에서 진정한 협조
의 실현을 주장한 진보적 세력과 하늘을 장악하고 다른 나라의 자
주권을 유린하여 침략과 간섭을 마음대로 하려는 반동세력 간의
치열한 투쟁의 역사이다."라고 함으로써 자주권을 강조하고 있
다.[15] 북한 영공을 침입한 비행기에 대한 자위권 행사에 대해서도

---

13) 영공주권원칙에 대한 자세한 내용은 박기갑, 「영공주권원칙의 생성과 그 현대적 의의」,
    pp.601-617 참조.

14) 이 책 제1장 Ⅳ의 1. 자주권의 강조와 제3장 Ⅳ의 3 조약체결의 원칙 참조.

15) 박영수, 「국제항공법의 발생발전에 대한 력사적 고찰」, p.62.

북한은 김일성 교시를 인용하면서 주권국가로서의 합법적인 권리 행사임을 강조하고 있다.[16] 또한 아래에서 살펴보겠지만 북한은 주요 항공범죄관계 다자조약에 가입하면서 유보를 하고 있는데 그 이유에 대해서도 '국가의 자주권'을 강조하고 있다.

가. 조약 가입 현황

국제항공공법 분야의 주요 다자조약으로는 1919년 체결된 '항공규율에 관한 국제협약'(파리협약)과 1944년 체결된 '국제민간항공협약'[17](일명 시카고협약)이 있다. 시카고협약이 체결되면서 '국제항공서비스통과협정'[18]과 '국제항공운송협정'[19]도 같은 날 체결되었다. 1919년 파리협약은 시카고협약 체결로 폐기되었다.

앞의 <표 Ⅷ-1>에서 보는 바와 같이 현재 남북한은 국제민간항공협약과 국제항공서비스통과협정에는 가입하고 있으나 국제항공운송협정에는 가입하지 않고 있다. 한편, 북한은 시카고협약에 대해 "국가들의 영토상공에 대한 완전한 자주권을 인정하고 민용항공기를 국가들의 협조와 이해관계에 배치되게 악용하는 것을 금지하는 것에 대한 문제, 항공기들의 국적문제, 항공운행을 보장하기 위한 조치, 항공기의 책임조건, 비행성원(승무원)과 지상근무성원(승무원)들의 지위, 국제항공과 관련한 국제기구에서의 국제적인 통일을 보장하는 것에 대한 문제들을 종합적으로 규제하고 있는

---

16) 사회과학원 법학연구소, 『국제법사전』(평양: 사회과학출판사, 2002), pp.174-175, 박영수·정명선·방영애, 『국제법학(법학부용)』(평양: 김일성종합대학출판부, 1992), p.109, p.111.

17) Convention on International Civil Aviation.

18) International Air Service Transit Agreement.

19) International Air Transport Agreement.

국제항공법의 주요한 법규범"이라고 하면서도 "그러나 시카고협약
은 체약국항공기들의 비정기비행은 영공국가의 승인을 미리 받지
않고도 실현될 수 있다고 규정함으로써(협약 제5조) 영공에 대한
모든 국가의 완전하고도 유일한 자주권원칙을 선언한 협약 제1조
와 모순되게 규제된 것을 비롯하여 일련의 불합리한 조항들도 포
함하고 있다."고 평가하고 있다.[20]

한편, 시카고협약을 개정하는 의정서가 1947년 5월 27일(제93조
의2), 1954년 6월 14일(제45조), 1954년 6월 14일(제48조 (a), 제49
조 (e) 및 제61조), 1961년 6월 21일(제50조 (a)), 1962년 9월 15일
(제48조 (a)), 1971년 3월 12일(제50조 (a)), 1971년 7월 7일(제56
조), 1974년 10월 16일(제90조 (a)), 1977년 9월 30일(종결조항),
1980년 10월 6일(제83조의 2), 1984년 5월 10일(제3조의 2), 1989
년 10월 6일(제56조), 1990년 10월 16일(제50조 (a)) 각각 채택되었
다. 남한은 현재 이 의정서를 모두 비준하였다. 반면 북한은 제93
조의 2를 개정하는 의정서와 제3조의 2를 개정하는 의정서를 비준
하지 않고 있다.

나. 영공의 범위

영공의 범위는 수직적 범위와 수평적 범위로 구분할 수 있다.
첫째, 영공 범위의 수직적 범위, 즉 대기권 상공과 외기권 우주의
경계에 대해서는 크게 ① 공간적 방법으로서 물리적 특성이나 위
성이 지구에 최근접하는 지점 등을 고려하여 80~100km를 주장하
는 견해, ② 기능적 방법으로서 대기권 상공과 외기권 우주의 명

---

20) 박영수, 「국제항공법의 발생발전에 대한 력사적 고찰」, p.60.

확한 공간적 경계선을 설정하지 않고 구체적인 우주활동의 성격과 형태에 따라 구분하려는 견해, ③ 과학기술의 발달에 따라 좀 더 명확한 기준이 나타날 때까지 기다리자는 견해가 제시되고 있다. 이 가운데 공간적 방법을 주장하는 견해가 다수를 차지하고 있다.[21] 영공의 수직적 범위에 대해 북한은 1992년 국제법학에서는 국가의 안전을 보장하는 데 필요한 높이까지라고 설명하고 있는 반면에[22] 2002년 국제법사전에서는 "아직까지 령공 높이에 대한 통일적인 국제적 기준은 없으며 우주공간 밑부분을 매개 나라의 령공으로 보아야 한다는 견해가 우세할 뿐이다."라고 함으로써[23] 자국의 안보를 강조하는 입장에서 국제적인 기준을 강조하는 미묘한 입장의 변화를 보이고 있다.

둘째, 영공의 수평적 범위는 영해의 범위를 한계로 한다. 남한의 경우 영해는 대한해협의 일부 수역을 제외하고는 영해기선으로부터 12해리의 선까지 이르는 수역을 영해의 범위로 하고 있다.[24] 북한도 2002년 국제법사전에서 영해 기산선(기선)으로부터 12해리까지의 바다수역이 영해라고 밝히고 있다.[25] 이 문제와 관련하여 구소련 측 자료에 따르면 북한은 이미 1955년 3월 5일 내각결정 제25호에 의해 영해 12해리를 채택하였다고 한다.[26] 그러나 구체적으로 어느 시점에 무엇에 근거하여 12해리 영해를 선포하였는지는 확실하지 않다. 1988년 현대국제법연구와 1992년 국제법학 모

---

21) 유병화·박노형·박기갑, 『국제법 Ⅱ』(서울: 법문사, 2000), p.228.

22) 박영수·정명선·방영애, 『국제법학(법학부용)』, p.109.

23) 사회과학원 법학연구소, 『국제법사전』, p.174.

24) 영해및접속수역법 제1조 및 동법 시행령 제3조.

25) 사회과학원 법학연구소, 『국제법사전』, p.180.

26) 박춘호, 「북한의 해양법 문제」, 『북한법률행정논총』, 제6집(1984), pp.85-87.

두 영해제도를 설명하고 있지만 북한의 영해의 범위가 구체적으로 얼마인지 밝히고 있지는 않다. 다만 영해제도와 관련하여 '조선민주주의인민공화국 연해, 령해 보호관리규정', '항사업감독에 관한 규정', '다른 나라 배대리업무에 관한 규정', '수산자원 보호증식 및 단속에 관한 규정', '수산자원의 보호관리에 관한 규정', '해사감독에 관한 규정' 등의 규범적 문건들을 언급하고 있을 뿐이다.[27] 가장 최근에 발간된 2002년 국제법사전도 북한이 오래전부터 실무적으로 12해리 영해를 주장하고 있지만 북한이 12해리 영해를 정식 선포하지는 않았다고 기술하고 있다.[28]

영공의 수평적 범위와 관련하여 북한 측이 주장하는 역사적 만(historical bay)에 대해서도 간단히 언급할 필요가 있다. '역사적 만'은 연안국이 특별한 역사적 유래에 바탕을 두고서 내수로서 취급해 줄 것을 주장하는 지역이다. 내수는 영해와 함께 영수(領水)라고도 하는데 외국항공기의 내수 내 상공비행은 영해와 마찬가지로 인정되지 않는다. 내수가 영해와 다른 점은 영해에서는 외국선박에 무해통항권이 인정되지만 내수에서는 인정되지 않는다는 점이다. 다시 말해 내수는 영해에 비해 연안국의 관할권이 보다 강하게 미친다고 말할 수 있다. 북한의 경우 함경남도 신포시의 송도갑과 강원도 고성군 수원단 사이의 바다 지역을 동조선만으로 규제하고 있는데 남한에는 동한만으로 알려져 있다. 아울러 북한 학자에 의하면 북한은 동한만(동조선만) 외에도 서한만(서조선만)을 역사적 만으로 규제하고 있다고 한다. 북한 학자는 중국, 러시아는

---

27) 김영철·서철원, 『현대국제법연구』(평양: 과학백과사전종합출판사, 1988), pp.95－101, 박영수·정명선·방영애, 『국제법학(법학부용)』, pp.102－109.

28) 사회과학원 법학연구소, 『국제법사전』, p.181.

물론 미국, 영국, 프랑스 등 세계 모든 나라들이 서한만을 역사적
만으로 인정하고 있다고 주장하고 있으며, 2002년 국제법사전은
동조선만과 서조선만이 역사적 만이라고 서술하고 있다.[29]

3. 국제항공형법

국제항공형법은 국제항공관계범죄를 다루는 보편적 다자조약을
주된 내용으로 하고 있다. 1960년대 이후 국제민간항공의 안전을
위협하는 범죄의 방지와 처벌에 관한 여러 다자조약이 체결되었다.
대표적인 조약으로는 1963년 체결된 '항공기 내에서 범한 범죄 및
기타 행위에 관한 협약'[30](이하 '동경협약'), 1970년 체결된 '항공
기 불법납치 억제를 위한 협약'[31](이하 '헤이그협약'), 1971년 캐나
다 몬트리올에서 체결된 '민간항공의 안전에 대한 불법행위 억제
를 위한 협약'[32](이하 '몬트리올협약'), 1988년 체결된 '몬트리올협
약에 대한 1988년 보충의정서'[33](이하 '몬트리올협약 보충의정서')
및 1991년 체결된 '가소성 폭약의 탐지를 위한 식별조치에 관한
협약'[34](이하 '가소성 폭약 식별조치협약')이 있다.

---

29) 자세한 내용은 이 책 제5장의 Ⅲ. 기선제도의 특이성 참조.

30) Convention on Offenses and Certain Other Acts Committed on Board Aircraft.

31) Convention for the Suppression of Unlawful Seizure of Aircraft.

32) Convention for the Suppression of Unlawful Acts against the Safety of Civil
    Aviation.

33) 정식명칭: 1971년 9월 23일 몬트리올에서 체결된 민간항공의 안전에 대한 불법행위억제
    를 위한 협약을 보충하는, 국제민간항공에 사용되는 공항에서의 불법폭력행위 억제를 위한
    의정서(Protocol for the Suppression of Unlawful Acts of Violence at Airports
    Serving International Civil Aviation, Supplementary to the Convention for the
    Suppression of Unlawful Acts against the Safety of Civil Aviation done at Montreal
    23 September 1971).

가. 1963년 동경협약

동경협약은 1963년 9월 14일 채택되어 1969년 12월 4일부터 효력을 발생하고 있다. 남북한 모두 동 협약의 당사국이다. 남한은 1971년 2월 19일에, 북한은 1983년 5월 9일에 각각 비준하였다. 그런데 북한은 동 협약에 대해 비행기납치와 관련한 국가들의 분쟁을 국제재판소에서 해결하도록 규정한 불합리한 조항이 있으며 또한 비행기납치범죄자들을 엄격히 처벌하기 위한 입법적 조치를 취할 국가의 의무와 여객 및 항공기에 대한 법적 보호 문제를 전혀 언급하고 있지 않다며 문제점을 지적하고 있다. 이 같은 이유에서 북한은 1983년 8월 7일 가입하면서 동 협약 제24조 제1항을 인정하지 않는다는 유보(보류)[35]를 하였다.[36] 북한 학자는 유보한 이유를 보다 구체적으로 다음과 같이 설명하고 있다.

"우리 공화국은 의견 상이를 분쟁당사자들 어느 일방의 요구에 의하여 국제재판소에서 해결하기로 한 협약 제24조 1항은 국가들의 자주권을 유린하는 조항으로 인정하고 그것을 리행하지 않는다는 것을 명백히 하였다. 국제재판소를 상대로 한 분쟁문제의 제기 여부는 당사국들의 자주권에 속하는 문제이다. 그러므로 국제재판소에 분쟁문제를 제기하는 것은 의무적이 될 수 없으며 어디까지나 당사국들의 자원(自願)적 의사에 기초하여야 한다. 우리 공화국이 도꾜협약에 가입하면서 제기한 보류는 공화국의 당당한 자주권의 정당한 법률행위이다."[37]

동경협약 제24조 제1항은 "본 협약의 해석이나 적용에 있어서

---

34) Convention on the Marking of Plastic Explosives for the Purpose of Detection.

35) 북한 조약법상의 유보(reservation)에 대해서는 이 책 제3장 Ⅴ의 3. 유보 참조.

36) 박영수, 「국제항공법의 발생발전에 대한 력사적 고찰」, p.61.

37) 박영수, 「국제민용항공에서 항공범죄와의 투쟁에 관한 국제협약에 대한 고찰」, 『김일성종합대학학보: 력사법학』, 제47권 제3호(2001), pp.74 - 75.

둘 또는 그 이상의 체약국 간의 협상을 통한 해결을 볼 수 없는 분쟁이 있을 경우에는, 이 중 어느 국가이든지 중재회부를 요청할 수 있다. 중재요청의 날로부터 6개월 이내에 당사자들이 중재기구에 관한 합의에 도달하지 못하는 경우에는, 이 중 어느 당사자든지 국제사법재판소의 규정에 따른 요청으로 동 분쟁을 국제사법재판소에 제소할 수 있다."고 규정하고 있다. 동경협약은 원칙적으로 유보를 금지하고 있지만 제24조에 대해서만은 유보를 허용하고 있다(제25조). 남한은 동경협약에 가입하면서 제24조에 대해 어떠한 유보도 하지 않았다.

나. 1970년 헤이그협약

1963년 동경협약은 항공기상에서 발생하는 불법적인 행위에 의하여 제기되는 문제를 해결하는 최초의 국제항공범죄조약이라는 점에서 의의가 있으나 효과적인 항공기불법납치행위의 억제에는 크게 기여하지 못하였다.[38] 항공기불법납치 억제를 위한 보편적 차원의 조약체결노력이 1960년대 말부터 진행되어 1970년 12월 16일 헤이그협약이 체결되었고 동 협약은 1971년 10월 14일부터 효력을 발생하고 있다. 남한은 1973년 1월 18일 헤이그협약에 가입하였고, 북한은 1983년 4월 28일 비준하였다.

북한은 헤이그협약에 대해 비행기납치와 관련하여 발생하는 국가들의 의견 상이를 국제재판소에서 해결하도록 규정한 것과 항공기납치범죄자들을 엄격히 처벌할 국가적 의무를 명백하게 규정하지 못한 단점이 있다며 헤이그협약의 문제점을 지적하고 있다.[39]

---

38) 김한택, 『현대국제법』, p.344 참조.

이로 인해 북한은 의견 상이를 국제재판소에서 해결하도록 규정한 헤이그협약 제12조 제1항은 국가들의 자주권을 침해하는 조항이므로 인정하지 않으며 그에 구속되지 않는다는 유보를 하였다.[40] 헤이그협약 제12조 제1항은 동 협약의 해석 또는 적용에 관해 체약국 간에 분쟁이 발생하는 경우 협의에 의해 해결하고, 협의에 의해 해결되지 않을 경우 중재에 회부하며, 중재 요청일로부터 6개월 내에 체약국들이 중재 구성에 합의하지 못할 경우에는 분쟁 당사국 가운에 어느 일방이 국제사법재판소에 분쟁을 회부할 수 있다고 규정하고 있다.[41] 남한은 제12조 제1항에 대하여 선언이나 유보를 하지 않았다.

반면 남한은 헤이그협약에 가입하면서 "동 협약에 대한 대한민국 정부의 가입은 대한민국 정부가 국가 또는 정부로 승인하지 아니한 영역 또는 집단의 승인을 의미하는 것은 아니다."는 내용의 선언을 하였다. 그 이유는 헤이그협약 제4조 제1항과 관련이 있어 보인다. 동 조항은 ① 항공기의 등록국가, ② 범죄혐의자를 항공기상에 탑승시킨 채 착륙한 국가, ③ 주된 사업장소 또는 주된 사업장소를 가지지 않은 경우에는 주소를 그 국가에 가진 임차인에게 승무원 없이 임대된 항공기상에서 범죄가 행하여진 국가에 대하여 항공범죄에 대한 관할권을 인정하고 있다. 다시 말해 이 조항의 해석을 두고 남한이 국가 또는 정부로 인정하지 않은 실체에 대하여 관할권을 인정하게 되면 국제법상 국가승인 또는 정부승인의 문제가 제기될 수 있으므로 항공범죄에 대한 관할권 인정과 국가

---

39) 박영수, 「국제항공법의 발생발전에 대한 력사적 고찰」, pp.61 - 62.

40) 박영수, 「국제민용항공에서 항공범죄와의 투쟁에 관한 국제협약에 대한 고찰」, pp.75 - 76.

41) 헤이그협약 제12조 제2항은 체약국이 헤이그협약에 서명, 비준 또는 가입 시에 제12조 제1항에 구속되지 않는다는 선언을 할 수 있다고 명시하고 있다.

승인 또는 정부승인의 문제는 별개라는 점을 분명히 하기 위해 선언을 하였다고 볼 수 있다. 1990년대 이후 구소련의 해체와 동서독의 통일로 냉전이 종식되고 남북한 사이에 1991년 '남북 사이의 화해와 불가침 및 교류·협력에 관한 합의서'(일명 '남북기본합의서')의 채택과 남북한 유엔 동시가입, 2000년 6월 15일 제1차 남북정상회담 및 2007년 10월 4일 제2차 남북정상회담의 개최, 4대 경협합의서를 비롯한 다수의 남북합의서가 채택되었고, 남한 내부적으로도 1990년 '남북교류협력에 관한 법률'과 '남북협력기금법', 2005년 '남북관계 발전에 관한 법률', 2007년 '개성공업지구지원에 관한 법률'을 제정하는 등 남북관계가 질적으로 상당히 변화·발전하기는 하였지만 남한은 북한을 아직까지 명시적으로 승인하지 않고 있다. 또한 묵시적 국가승인의 단계에 들어왔다고 보기도 어렵다.[42)

다. 1971년 몬트리올협약

헤이그협약이 민간항공의 안전을 도모하기 위하여 이룩한 업적은 국제법에 있어서 상당한 진전이라고 평가받고 있으나 반면에 가장 큰 문제점으로 지적받는 것 중의 하나가 단지 비행 중인 항공기의 안전에 관하여만 적용된다는 것이다. 따라서 항공기의 파괴 및 공항시설에 대하여 발생한 범죄와 같은 문제를 다룰 새로운 협약의 필요성이 제기되었다.[43) 이를 위해 1971년 9월 23일 몬트리

---

42) 한국 정부에 의한 북한의 국가승인 여부에 대한 자세한 내용은 이규창, 「개성공업지구 지원에 관한 법률 제정에 따른 몇 가지 문제」, 『법조』, 통권 제612호(2007. 9), pp.332 - 336 참조.

43) 김한택, 『현대국제법』, p.348 참조.

올협약이 체결되어 1973년 1월 26일부터 효력을 발생하고 있다. 남북한 모두 동 협약의 당사국이다. 남한은 1973년 1월 18일 비준하였고, 북한은 1980년 8월 13일 비준하였다.

북한은 1980년 8월 13일 동 협약에 가입하면서 협약 가입은 남한과 이스라엘을 인정하거나 어떤 관계를 가진다는 것을 의미하지 않는다고 선언하였다.[44] 그 이유는 설명이 되어 있지 않아 정확히 알 수는 없지만 몬트리올협약 제5조와 관련이 있어 보인다. 동 조항은 영토 내에서 범죄가 발생한 국가, 등록항공기에 대하여 또는 등록항공기 내에서 범죄가 발생한 국가 등에 대하여 형사관할권을 인정하고 있어 헤이그협약에서와 마찬가지로 해석상 국가승인 또는 정부승인문제가 제기될 수 있기 때문이다.

남한이 북한을 국가로 인정하지 않고 있는 것과 마찬가지로 북한도 남한을 국가로 인정하지 않고 있다. 1971년 북한의 사회과학원 법학연구소가 발행한 법학사전에서는 국제법의 당사자를 언급하면서 대한민국의 실체성을 부인하고 있다. 법학사전은 김일성의 교시를 인용하면서 "조선인민은 단일한 민족으로서 하나의 국가, 하나의 정부를 가지고 있는데 조선민주주의인민공화국이 유일한 조선민족의 유일한 국가이며 조선민주주의인민공화국 정부만이 전체 남북조선인민의 참다운 민족적 리익과 의사를 대표한다."고 하고, "남조선의 이른바 대한민국 정부는 그 어떤 자주권도 행사하지 못하는 미제의 허수아비정권"이라고 기술하고 있다.[45] 북한의 국제법 교과서들인 1988년의 현대국제법연구와 1992년 발간된 국제

---

44) 박영수, 「국제항공법의 발생발전에 대한 력사적 고찰」, p.62; 박영수, 「국제민용항공에서 항공범죄와의 투쟁에 관한 국제협약에 대한 고찰」, p.76.

45) 사회과학원 법학연구소, 『법학사전』(평양: 사회과학출판사, 1971), p.85.

법학도 같은 내용을 기술하고 있다.[46] 또한 비록 현행 북한 헌법에는 우리 헌법상의 영토조항에 상응하는 조항이 없으나[47] 북한 헌법은 북한이 '전체 조선인민'의 이익을 대표하는 자주적인 사회주의 국가임을 천명하고 있다(1998년 북한 헌법 제1조).

남한도 몬트리올협약에 가입하면서 "동 협약에 대한 대한민국 정부의 가입은 대한민국 정부가 국가 또는 정부로 승인하지 아니한 영역 또는 집단의 승인을 의미하는 것은 아니다."는 선언을 하였다.

또한 북한은 의견 상이를 협상 또는 중재의 방법으로 해결할 수 없는 경우 일방의 요구에 의하여 국제사법재판소에서 해결한다는 것을 규정한 동 협약 제14조 제1항을 유보하였다.[48] 그 이유는 밝히고 있지 않지만 동경협약과 헤이그협약에서 국제사법재판소에 의한 재판에 대해서 유보한 것과 맥락을 같이한다고 이해된다.

라. 1988년 몬트리올협약 보충의정서

공항에서의 테러행위가 문제시되어 오다가 국제공항에서의 테러행위가 발생하여 관련 협약 제정의 필요성이 제기되었다. 그 결과 1988년 2월 4일 국제민간항공에 사용되는 공항에서의 불법폭력행

---

46) 김영철 · 서철원, 『현대국제법연구』(평양: 과학백과사전종합출판사, 1988), p.63; 박영수 · 정명선 · 방영애, 『국제법 및 해운법 참고서(법학부용)』, p.43.

47) 참고로 남한 헌법상의 영토조항에 대응하는 것이 북한 헌법상의 일명 '수부(首府) 조항'이라고 할 수 있는데 1948년 북한 헌법은 제103조에서 북한의 수부가 서울시라고 규정하고 있었다. 그러나 1972년 헌법을 개정하면서 북한의 수부를 평양으로 변경하였고(제149조), 현행 헌법인 1998년 헌법도 평양을 수부로 규정하고 있다(제166조).

48) 박영수, 「국제항공법의 발생발전에 대한 력사적 고찰」, p.62. 몬트리올협약 제14조 제2항은 체약국이 헤이그협약에 서명, 비준 또는 가입 시에 제14조 제1항에 구속되지 않는다는 선언을 할 수 있다고 명시하고 있다.

위를 억제하기 위한 몬트리올협약 보충의정서가 채택되어 1989년 8월 6일부터 효력을 발생하고 있다. 동 의정서의 채택으로 1971년 몬트리올협약상의 범죄가 국제공항에서의 폭력행사행위와 공항시설 파괴행위를 포함하는 것으로 확대되었다(동 의정서 제2조). 남북한 모두 동 의정서의 당사국이다. 남한은 1990년 6월 27일 비준하였고, 북한은 1995년 7월 19일 비준하였다. 남북한 모두 동 의정서 가입 시에 유보나 선언을 하지 않았다.

마. 1991년 가소성 폭약 식별조치협약

이 협약은 1991년 3월 1일 채택되어 1998년 6월 21일부터 효력을 발생하고 있다. 이 협약은 가소성 폭약(Plastic Explosives)의 탐지를 위한 식별조치가 테러행위의 방지에 기여한다는 인식하에 국제민간항공기구로 하여금 탐지를 목적으로 가소성 또는 박판형 폭약에 식별조치하기 위한 국제제도의 고안 작업 강화를 촉구한 1989년 6월 14일의 유엔 안전보장이사회 결의 제635호와 1989년 12월 4일의 유엔 총회 결의 제44/29호를 고려하여 국제민간항공기구의 주도하에 체결되었다. 동 협약은 기본적으로 박판형 폭탄을 포함하는 가소성 폭탄의 제조에 있어 탐지제를 첨가함으로써 폭탄의 식별가능성을 제고하는 것을 목적으로 하고 있다. 이를 위하여 동 협약은 체약국들에 군사 혹은 치안을 목적으로 하는 경우 등을 제외하고 비식별조치 폭약의 제조 및 이동을 금지할 의무를 부과하고 있다.[49]

---

49) 김소영, 「2002년도 상반기 신규 가입 다자협약 개관」, 외교통상부, 『국제법 동향과 실무』, 창간호(2002), pp.39 - 40.

동 협약에는 남한만 2002년 1월 2일 비준하여 효력을 발생하고 있을 뿐 북한은 아직 서명조차 하지 않고 있다. 남한은 동 협약에 가입하면서 제11조 제1항의 구속을 받지 않는다는 유보를 하였고, 폭약생산국임을 선언하였다. 동 협약 제11조 제1항은 "이 협약의 해석이나 적용에 관한 2 이상의 당사국 간의 분쟁이 교섭을 통하여 해결될 수 없는 경우, 이 분쟁은 일방 분쟁당사국의 요청에 의하여 중재에 회부된다. 분쟁당사국이 중재요청 후 6개월 이내에 중재기구의 구성에 대하여 합의할 수 없는 경우에는 일방 분쟁당사국은 국제사법재판소의 규정에 따른 신청에 의하여 국제사법재판소에 그 분쟁을 회부할 수 있다."고 규정하고 있는데 동 조 제2항은 제1항에 대하여 구속되지 아니함을 선언할 수 있다고·명시하고 있다. 이 외에 동 협약에 대한 어떠한 유보도 허용되지 않는다(제12조).

4. 국제항공사법

국제항공사법은 항공운송인의 손해배상책임문제와 항공기가 지상의 제삼자에게 끼친 손해에 대한 배상책임문제를 주된 내용으로 하고 있다.

가. 항공운송인의 손해배상책임

국제민간항공운송인의 책임문제를 통일적으로 규율하기 위해 1929년 10월 12일 바르샤바에서 '국제항공운송에 관한 규칙의 통일에 관한 협약'50)(이하 '바르샤바협약')이 체결된 이래 이를 보완하는 여러 조약이 체결되어 이른바 바르샤바협약체제(Warsaw System)를 이루고 있다. 1955년 9월 28일에는 헤이그에서 '바르샤바 협약을 개정하기 위한 의정서'51)(이하 '헤이그 의정서')가 채택되어 1963년 8월 1일부터 효력을 발생하고 있다.52) 1961년 9월 18일에는 멕시코의 과다라하라(Guadalajara)에서 '바르샤바협약을 보충하기 위한 협약'53)(이하 '과다라하라협약')이 채택되어 1964년 5월 1일부터 효력을 발생하고 있다. 1975년 9월 25일에는 바르샤바협약 개정을 위한 4개의 추가의정서가 채택되었는데 이 가운데 현재 제1추가의정서, 제2추가의정서, 제4추가의정서가 효력을 발생하고 있으며, 제3추가의정서는 아직 효력을 발생하지 않고 있다. 이 밖에 1971년 3월 8일 '헤이그 의정서에 의해 개정된 바르샤바협약을 개정하기 위한 의정서'54)가 과테말라시티에서 채택되었으나 아직 효력을 발생하지 않고 있다. 한편, 1999년 5월 28일에는 몬트리올에서 '국제항공운송에 있어서의 일부 규칙 통일에 관한 협약'55)(이하

---

50) Convention for the Unification of Certain Rules Relating to International Carriage by Air.

51) Protocol to Amend the Convention for the Unification of Certain Rules Relating to International Carriage by Air signed at Warsaw on 12 October 1929.

52) 헤이그 의정서는 항공운송업자의 배상한도액을 바르샤바협약의 125,000 프앙카레 프랑에서 250,000 프앙카레 프랑으로 증액하였으며, 바르샤바협약상의 항공운송업자의 '고의적 과실'(wilful misconduct)을 '고의적 또는 무모한 과실'(intentional or reckless misconduct)로 변경하여 배상책임한도를 철폐하는 과실의 한도를 좀 더 엄격하게 개정하였다.

53) Convention, Supplementary to the Warsaw Convention for the Unification of Certain Rules Relating to International Carriage by Air Performed by a Person Other than Contracting Carrier.

54) Protocol to Amend the Convention for the Unification of Certain Rules Relating to International Carriage by Air signed at Warsaw on 12 October 1229 as Amended by the Protocol done at The Hague on 28 September 1955.

55) Convention for the Unification of Certain Rules for International Carriage by Air.

'1999년 몬트리올협약')이 채택되어 2003년 11월 4일부터 효력을 발생하고 있다.

남한과 북한은 바르샤바협약과 헤이그 의정서의 당사국이다. 북한은 바르샤바협약에 1961년 3월 1일 가입하였다. 남한은 바르샤바협약에 직접 가입하지는 않았으나 헤이그 의정서 제21조와 제23조에 따라 자동적으로 바르샤바협약의 당사국이 되었다. 헤이그 의정서 제21조 제2항은 "(바르샤바)협약의 당사국이 아닌 국가에 의한 본 의정서의 비준은 본 의정서에 의하여 개정된 (바르샤바)협약에의 가입의 효력이 발생한다."고 규정하고 있고, 제23조 제2항은 "(바르샤바)협약의 당사국이 아닌 국가에 의한 본 의정서에의 가입은 본 의정서에 의하여 개정된 (바르샤바)협약에의 가입의 효력을 가진다."고 규정하고 있다. 헤이그 의정서에는 남한은 1967년 7월 13일에, 북한은 1980년 11월 4일에 각각 가입하였다. 과다라하라협약과 바르샤바협약 개정을 위한 제1추가의정서·제2추가의정서·제4추가의정서에는 남북한 모두 가입하지 않고 있다. 1999년 몬트리올협약에는 남한만 2007년 10월 15일 가입하여 효력을 발생하고 있을 뿐 북한은 아직 가입하지 않고 있다.

나. 지상의 제3자에게 끼친 손해의 배상책임

항공기가 지상의 제3자에게 끼친 손해에 대한 배상책임문제는 바르샤바협약에서 규제하고 있지 않기 때문에 별도로 규제해야 했다. 1927년부터 이 문제가 논의되어 이 분야의 다자조약이 체결되기도 하였으나 국가들이 참여하지 않아 별 성과가 없었다. 그러나 2차 세계대전 이후 항공운송의 발전에 따라 이 문제가 중요하게 대두되어 1952년 10월 7일 로마에서 '지상의 제3자에게 외국항공기가 끼친 손해에 관한 협약'[56](이하 로마협약)이 채택되었다. 로마협약은 1958년 2월 4일부터 효력을 발생하고 있다. 그러나 로마협약은 배상한도가 너무 낮고 소음공해문제를 다루지 않는 등 몇 가지 결함이 있어 미국, 영국 등 중요 항공국가들이 참여하지 않았다. 이로 인해 로마협약 개정문제가 제기되어 1978년 9월 23일 로마협약을 개정하기 위한 몬트리올 의정서가 채택되었다. 몬트리올 의정서는 2002년 7월 25일부터 효력을 발생하고 있다. 그러나 몬트리올 의정서에서도 소음문제는 규제하지 않았고 핵물질관계 손해도 다른 조약들에서 규제하기 때문에 다루지 않았다.[57]

남한과 북한은 현재 로마협약과 몬트리올 의정서에 모두 가입하지 않고 있다.

III. 국내항공법

여기에서는 먼저 남북한의 국내항공법 연원을 비교하고 이어 형식적 의미의 항공법인 남한 '항공법'(이하 '남한 항공법' 또는 '형식적 의미에서의 남한 항공법')과 북한 '민용항공법'을 비교한다. 그리고 형식적 의미에서의 남한 항공법과 북한 민용항공법을 중심으로 실질적 의미에서의 남북한 국내항공법의 주요 내용을 비교, 분석한다.

---

56) Convention on Damage Caused by Foreign Aircraft to Third Parties on the Surface.

57) 김한택, 『현대국제법』, p.433.

1. 국내항공법의 연원

가. 남한

남한의 국내법체계인 헌법과 법률, 명령 및 규칙으로 구분하여 국내항공법의 연원을 살펴보면 다음과 같다.

첫째, 대한민국 헌법이 남한의 국내항공법의 연원이 될 수 있다. 영공주권원칙과 관련하여 "대한민국의 영토는 한반도와 그 부속도서로 한다."고 규정하고 있는 헌법 제3조 영토조항은 대한민국의 주권이 미치는 영공의 범위를 정하는 출발점이 된다. 이와 관련하여 대한민국의 영공주권의 범위를 어디까지로 보아야 하는가의 이론적인 문제가 제기될 수 있다. 왜냐하면 주지하는 바와 같이 영토조항의 해석상 북한 지역도 대한민국의 영토로 간주되고 있으므로 이론상으로는 북한 지역의 대기권 상공도 대한민국의 영공이라는 논리가 성립하기 때문이다. 그러나 남북한의 내부적 특수관계와는 별도로 남한과 북한은 대외적으로는 국가와 국가 간의 관계이며 또한 입법관할권과는 별도로 남한의 집행관할권이 북한 지역에까지 미치지 못하므로 분단 상황에서 남한의 영공주권이 행사되는 현실적인 범위는 군사분계선 이남과 부속도서 및 영해의 대기권 상공이라고 해야 할 것이다. 물론 남북한이 통일이 되어 대한민국이 계속하여 통일한국의 국호(國號)가 되고 영토조항이 현재처럼 존속된다면 대한민권의 영공주권이 행사되는 현실적인 범위는 한반도 전체와 부속도서 및 영해의 대기권 상공으로 확대될 것이다.

둘째, 법률로는 '항공법', '항공운송사업진흥법', '항공우주산업개발 촉진법', '항공안전 및 보안에 관한 법률', '항공기저당법', '항공·철도 사고조사에 관한 법률' 등이 있다. 이 밖에도 '한국공항공사법', '인천국제공항공사법', '군용항공기 운용 등에 관한 법률', '공군항공과학고등학교 설치법' 등도 남한의 국내항공법을 구성하는 주요한 법률들이다.

항공법 관련 국내법률들을 제정 순서대로 보면 다음과 같다.

- 항공법: 1961년 3월 7일 법률 제671호
- 항공기저당법: 1961년 12월 23일 법률 제867호
- 공군항공과학고등학교 설치법: 1970년 12월 31일 법률 제2262호[58]
- 항공운송사업진흥법: 1971년 1월 12일 법률 제2275호
- 항공안전 및 보안에 관한 법률: 1974년 12월 26일 법률 제2742호
- 항공우주산업개발 촉진법: 1987년 12월 4일 법률 제3991호
- 인천국제공항공사법: 1999년 1월 26일 법률 제5689호
- 한국공항공사법: 2002년 1월 14일 법률 제6607호
- 항공·철도 사고조사에 관한 법률: 2005년 11월 8일 법률 제7692호
- 군용항공기 운용 등에 관한 법률: 2007년 7월 27일 법률 제8547호

한편, 영해의 범위 및 기선에 관하여 규정하고 있는 '영해 및 접속수역법'도 남한의 국내항공법 연원의 범주에 포함시킬 수 있다.

---

58) 제정 당시 법명은 '공군기술고등학교설치법'이었으나 2006년 3월 24월 개정 시 현재와 같은 명칭으로 변경되었다.

왜냐하면 영공주권과 관련하여 영해의 상공이 영공이 되기 때문이다. 앞에서 한 차례 언급한 바와 같이 남한의 영해는 대한해협의 일부 수역을 제외하고는 영해기선으로부터 12해리의 선까지 이르는 수역을 영해의 범위로 하고 있다.[59) 또한 남한 형법도 남한의 국내항공법 연원에 포함될 수 있다. 형법 제4조에 따르면 대한민국 영역 외에 있는 대한민국의 항공기 내에서 죄를 범한 외국인에게 남한 형법이 적용된다.

셋째, 명령 및 규칙으로는 위에서 살펴본 법률들의 시행령과 시행규칙이 있다. 다시 말해 항공법 시행령과 시행규칙, 항공운송사업진흥법 시행령과 시행규칙, 항공우주산업개발 촉진법 시행령과 시행규칙, 항공안전 및 보안에 관한 법률 시행령과 시행규칙, 항공·철도 사고조사에 관한 법률 시행령과 시행규칙, 군용항공기운용 등에 관한 법률 시행령 및 시행규칙이 있다. 한국공항공사법과 인천국제공항공사법, 공군항공과학고등학교 설치법은 시행령만 있고 시행규칙은 없다. 한편, 항공기등록령이 있는데 남한의 법체계상 시행령은 대개 어느 하나의 법률을 모법으로 하고 있는 데 비해 항공기등록령은 2개의 법률, 즉 항공법과 항공기저당법을 모법으로 하고 있다는 점에서 특색이 있다. 항공기등록령의 시행규칙으로 항공기등록규칙이 있다. 이 밖에 '공항시설관리규칙', '육군항공작전사령부령' 등이 있다.

남한의 국내항공법 연원을 정리하면 <표 Ⅷ-2>와 같다.

---

59) 영해 및 접속수역법 제1조 및 동법 시행령 제3조.

〈표 Ⅷ-2〉 남한의 국내항공법 연원

헌법	법률	명령 및 규칙
	항공법	항공법 시행령, 시행규칙 항공기등록령, 시행규칙
	항공기저당법	항공기등록령, 시행규칙
	공군항공과학고등학교 설치법	시행령
	항공운송사업진흥법	시행령, 시행규칙
	항공안전 및 보안에 관한 법률	시행령, 시행규칙
제3조	항공우주산업개발 촉진법	시행령, 시행규칙
	인천국제공항공사법	시행령
	한국공항공사법	시행령
	항공·철도 사고조사에 관한 법률	시행령, 시행규칙
	군용항공기 운용 등에 관한 법률	시행령, 시행규칙
	영해 및 접속수역법	시행령
	형법	

나. 북한

남한과 비교하여 볼 때 항공법과 관련이 있는 북한 국내법의 수는 상당히 적다. 항공법과 관련이 있는 북한의 국내법으로 형식적 의미에서의 항공법인 민용항공법이 있으며 그 밖에 북한 헌법, 민법, 형법에 항공법과 관련된 몇 가지 조항이 있을 정도이다.

첫째, 민용항공법은 "민용항공기와 비행장의 관리운영에서 제도와 질서를 엄격히 세워 항공기의 안전한 운행을 보장하는 데 이바지"할 목적으로(민용항공법 제1조) 2000년 3월 23일 최고인민회의 상임위원회 정령 제1419호로 채택되었다. 북한 민용항공법은 2002년 5월 9일 최고인민회의 상임위원회 정령 제3025호와 2005년 8월 9일 최고인민회의 상임위원회 정령 제1236호로 각각 수정·보충되었다.[60] 민용항공법과 관련하여 민용항공규칙을 비롯하여 약 40여

---

60) 2005년 8월 9일 수정보충 시 제8장 항공보안(제72조~제75조)에 관한 규정들이 신설되

개의 민용항공법규들과 항행규정들이 마련되어 있다고 한다.[61]

둘째, 현행 북한 법제상 소유권제도는 국가소유, 사회협동단체소유, 개인소유의 3가지 형태로 구분된다.[62] 그런데 1998년 사회주의헌법은 항공은 국가만이 소유할 수 있다고 규정함으로써 사회협동단체나 개인소유를 금지하고 있다.[63] 현행 북한 민법도 헌법과 마찬가지로 항공은 국가만이 소유할 수 있다고 규정하고 있다.[64]

셋째, 현행 북한 형법[65] 제232조는 영공주권과 관련하여 "다른 나라 사람이 비행기 또는 배를 몰고 허가 없이 공화국 령공, 령해에 들어왔거나 령공, 령해 밖으로 나갔거나 지정된 항로, 비행고도를 어긴 경우에는 3년 이하의 로동교화형에 처한다."고 규정하고 있다.

2. 형식적 의미의 남북한 항공법 비교

아래에서는 성격, 적용대상, 구성체계, 규율내용 등 4가지 기준으로 구분하여 형식적 의미의 남한 항공법과 북한 민용항공법을

었다. 조문은 장명봉(편), 『2008 최신 북한법령집』(서울: 북한법연구회, 2008), p.554 이하에서 볼 수 있다.

61) 김맹선·이시황, 「남·북한 항공법 비교연구」, p.107.

62) 북한 헌법 제21조~제24조. 북한 소유권제도에 대한 자세한 내용은 법원행정처, 『북한의 민사법』(서울: 법원행정처, 2007), 제2편 제3장 물권제도 참조.

63) 1998년 북한 사회주의헌법 제21조 제2항: 나라의 모든 자연부원, 철도, **항공**, 운수, 체신기관과 중요 공장, 기업소, 항만, 은행은 국가만이 소유한다(밑줄은 강조한 것임).

64) 1999년 북한 민법 제45조: 다음의 재산은 국가만이 소유할 수 있다.
   1. 지하자원, 삼림자원, 수산자원을 비롯한 나라의 모든 자연부원
   2. 철도, **항공**운수, 체신기관과 중요 공장, 기업소, 항만, 은행(밑줄은 강조한 것임)
   3. 각급 학교 및 중요 문화보건시설

65) 가장 최근에 2005년 7월 26일 최고인민회의 상임위원회 정령 제1225호로 수정보충되었다. 2008년 3월 부분적인 개정이 있었던 것으로 알려지고 있으나 조문은 아직 입수되지 않아 내용은 확인되지 않고 있다. 현행 북한형법 조문은 장명봉(편), 『2008 최신 북한법령집』, p.172 이하에서 볼 수 있다.

비교한다.

가. 성격

법을 공법과 사법으로 구분할 경우 남한 항공법은 공법상의 법률관계를 위주로 하는 공법체계의 법규이다. 남한 항공법은 항공기 항행의 안전을 도모하기 위한 방법, 항공시설물의 설치·관리, 항공운송사업의 질서 확립 및 항공발전과 공공복리의 증진을 목적으로 하고 있다(제1조). 이에 반해 북한의 민용항공법은 공·사법 혼합체계이다. 북한 민용항공법은 형식상으로는 '민용' 항공법이지만 민용항공사업에 대한 지도통제 및 분쟁해결을 위하여 제11장에서 국가의 강력한 지도통제를 명시하고 있다. 이는 북한 민용항공법이 실질적으로는 국가의 통제와 관리하에 운영되고 있음을 보여준다.[66]

나. 적용대상

북한 민용항공법은 민간항공기에만 적용된다. 북한 민용항공법 제1조는 '민용'항공기와 비행장의 관리운영에서 제도와 질서를 엄격히 세워 항공기의 안전한 운행을 보장하는 것을 목적으로 한다고 규정하고 있다. 형식적 의미에서의 남한 항공법도 민간항공기를 적용대상으로 한다. 군용항공기와 군용항공업무에 종사하는 자에 대해서는 항공법이 적용되지 않는다(항공법 제2조의 3 제1항). 군용항공기에 대해서는 '군용항공기 운용 등에 관한 법률'이 2007년 7월 27일 제정되어 시행되고 있다.

---

66) 김맹선·이시황, 「남·북한 항공법 비교연구」, p.105.

다. 구성체계

남한 항공법은 제1장 총칙(제1조~제2조의 6), 제2장 항공기(제3조~제23조), 제3장 항공종사자(제25조~제36조), 제4장 항공기의 운항(제37조의 2~제74조의 2), 제5장 항공시설(제75조~제111조의 6), 제6장 항공운송사업등(제112조~제136조), 제7장 항공기취급업등(제137조~제143조), 제8장 외국항공기(제144조~제152조), 제9장 보칙(제153조~제155조), 제10장 벌칙(제156조~제184조) 및 부칙으로 구성되어 있다.[67] 제5장 항공시설은 제1절 비행장·항행안전시설(제75조~제88조), 제2절 공항(제89조~제111조) 및 제3절 공항운영증명(제111조의 2~제111조의 6)으로 구성되어 있다.

반면 북한 민용항공법은 제1장 민용항공법의 기본(제1조~제9조), 제2장 항공성원(제10조~제18조), 제3장 항공기(제19조~제25조), 제4장 비행장(제26조~제31조), 제5장 항공기의 운행(제32조~제40조), 제6장 항공영업(제41조, 제63조), 제7장 다른 나라 항공기의 운행(제64조~제71조), 제8장 항공보안(제72조~제75조), 제9장 항공기의 조난구조와 사고조사(제76조~제84조), 제10장 항공보험(제85조~제87조), 제11장 민용항공사업에 대한 지도통제 및 분쟁해결(제88조~제94조)로 구성되어 있다.

일반적으로 북한법은 각 법전의 수가 비교적 적은 편이고 규정 내용이 포괄적이고 모호하다. 이는 법이 구체적인 사안에 대한 적용을 전제로 한 것이라기보다는 선언적인 성격이 강하기 때문에 자연히 상세한 성문법전화의 필요성을 절감하지 못한 결과라고 볼 수 있다.[68] 북한 민용항공법도 다른 북한의 국내법과 마찬가지로

---

67) 제24조, 제37조는 2003년 12월 30일 개정 시 삭제되었다.

규정사항이 일반적인 내용으로 다소 추상적이며 규정하는 내용이 포괄적이고 선언적인 성격이 강하다.[69]

조문 수에 있어서 남한 항공법이 북한 민용항공법보다 2배가량 많고 다른 국내법도 마찬가지이지만 남한 항공법은 부칙이 있으나 북한 민용항공법은 부칙이 없다는 차이가 있으나 전체적인 구성체계는 유사하다. 이와 같이 형식적 의미의 남북한 항공법의 구성체계가 유사한 이유는 국제민간항공협약의 규정과 동 협약의 부속서로서 채택된 표준과 방식에 따라 각 체약국이 자국의 항공법을 제정할 때 준용하였기 때문인 것으로 볼 수 있다.[70] 시카고협약 자체에는 기본원칙만을 규정하고 국제적으로 통일적용할 필요가 있는 기술적 사항은 부속서에 기술하여 기술적 사항의 수시 개정을 용이하게 하고 있다.[71] 현재 '항공종사자 면허'를 비롯하여 18개의 부속서가 채택되었다.[72]

---

68) 윤대규, 「북한사회에서의 법의 성격」, 『북한법연구』, 제6호(2003), p.29. 그러나 최근에 대외교류의 증가에 따라 법전의 정비가 이전에 비하여 활발한 편이다.

69) 김맹선·이시황, 「남·북한 항공법 비교연구」, p.108.

70) 위의 논문, p.108.

71) 박원화, 『항공법』, p.60.

72) 제1부속서: 항공종사자 면허(Personal Licensing), 제2부속서: 항공규칙(Rules of the Air), 제3부속서: 국제항공항행용 기상업무(Meteorological Service for International Navigation), 제4부속서: 항공도(Aeronautical Charts), 제5부속서: 공중 및 지상업무에 사용하기 위한 측정 단위(Units of Measurement to be Used in Air-Ground Communications), 제6부속서: 항공기 운항(Operation of Aircraft), 제7부속서: 항공기 국적 및 등록기호(Aircraft Nationality and Registration Marks), 제8부속서: 항공기 감항성(Airworthiness of Aircraft), 제9부속서: 출입국 간소화(Facilitation), 제10부속서: 항공통신(Aeronautical Telecommunications), 제11부속서: 항공교통업무(Air Traffic Services), 제12부속서: 수색 및 구조(Search and Rescue), 제13부속서: 항공기 사고 및 준사고 조사(Aircraft Accident and Incident Investigation), 제14부속서: 비행장(Aerodromes), 제15부속서: 항공정보업무(Aeronautical Information Services), 제16부속서: 환경보호(Environmental Protection), 제17부속서: 항공보안(Security), 제18부속서: 항공기위험물 안전수송(Safe Transport of Dangerous Goods by Air).

라. 규율내용

　규율내용에 있어서는 북한 민용항공법에는 항공보안, 항공기의 조난구조와 사고조사, 항공보험에 관한 내용이 별도의 장으로 구성되어 있는 반면 남한 항공법에는 이에 상응하는 장이 없다는 차이점이 있다. 항공사고조사에 관한 내용이 제8장의 2로 규정되어 있었으나 '항공·철도 사고조사에 관한 법률'이 2005년 11월 8일 제정되면서 같은 날 삭제되었다.

　형식적 의미에서의 남한 항공법과 북한 민용항공법의 구성체계 및 규율내용을 비교하면 <표 Ⅷ-3>과 같다.

〈표 Ⅷ-3〉 형식적 의미의 남한 항공법과 북한 민용항공법의 구성체계[73]

남한 항공법	북한 민용항공법	비고
제1장 총칙	제1장 민용항공법의 기본	
제2장 항공기	제3장 항공기	
제3장 항공종사자	제2장 항공성원	
제4장 항공기의 운항	제5장 항공기의 운행	
제5장 항공시설	제4장 비행장	
제6장 항공운송사업등 제7장 항공기취급업등	제6장 항공영업	
제8장 외국항공기	제7장 다른 나라 항공기의 운행	
	제8장 항공보안	남한: 항공안전 및 보안에 관한 법률에서 규정
	제9장 항공기의 조난구조와 사고조사	남한: 항공법 제8장의 2 항공사고조사가 있었으나 항공·철도 사고조사에 관한 법률 제정으로 삭제
	제10장 항공보험	남한: 항공운송사업진흥법에서 규정
제9장 보칙 제10장 벌칙	제11장 민용항공사업에 대한 지도통제 및 분쟁해결	
부칙		

---

73) 출처: 김맹선·이시황, 「남·북한 항공법 비교연구」, p.112를 참고로 재구성한 것이다.

3. 실질적 의미의 남북한 국내항공법 주요 내용 비교

아래에서는 편의상 항공기, 항공종사자, 항공기의 운항, 항공시설, 항공영업, 외국항공기, 항공안전 및 보안, 항공기 조난구조 및 사고조사, 항공보험, 분쟁해결 및 벌칙으로 구분하여 남북한 국내항공법의 주요 내용을 비교, 분석한다. 다만 모든 내용을 비교하기보다는 차이가 있는 점, 특징적인 점들을 중심으로 분석한다.

가. 항공기

남한 항공법은 항공기의 등록과 감항증명, 소음기준적합증명, 형식증명을 비롯한 여러 가지 증명에 관하여 규정하고 있다. 북한 민용항공법도 이와 유사하게 항공기등록과 항공기가 갖추어야 할 문건에 대해 규정하고 있다(제20조, 제24조).

북한 헌법상 항공기에 대한 개인소유는 금지되며 항공기는 국가소유만이 인정되고 있다(북한 헌법 제21조 제2항). 이에 반해 남한의 경우에는 개인이 항공1기를 소유할 수 있다. 항공기를 소유하여 항공기를 사용할 수 있는 권리가 있는 자는 국토해양부 장관에게 등록하여야 하며, 항공기에 대한 소유권의 득실변경은 등록하여야 그 효력이 발생한다(남한 항공법 제3조, 제5조). 다만 외국인이나 외국 정부 또는 공공단체, 외국법인 또는 단체 등이 소유하는 항공기는 등록할 수 없다(제6조).

한편, 남한에서는 항공기에 대한 저당권이 인정되고 있다. 항공기저당법 제3조는 "항공기는 저당권의 목적으로 할 수 있다."고 명시하고 있다. 이에 반해 북한에서는 저당권제도가 시행되지 않고 있다. 북한 민법에는 저당권제도가 없고 강학상 소유권 이외의 물권으로서 경영상 관리권과 국가재산이용권만이 인정되고 있을 뿐이다. 경영상 관리권이란 국가기관·기업소가 국가의 중앙집권적인 지도와 통제하에서 자기에게 주어진 권한의 범위 안에서 국가소유재산을 점유·이용·처분할 수 있는 권리를 말하며, 국가재산이용권이란 국가재산을 국가기관·기업소를 통하여 관리하는 방법 이외에 고정자산 등의 국가재산을 협동농장 등에 넘겨주어 이용하는 방법으로 관리하는 권리를 말한다.[74]

나. 항공종사자

남한 항공법은 제3장에서 항공종사자에 대하여 규정하고 있는데 자격증명, 시험의 실시 및 면제, 항공신체검사증명, 계기비행증명 및 조종교육증명, 항공영어구술능력증명 등 항공종사자가 되기 위한 여러 가지 자격에 대한 규정을 두고 있다. 북한 민용항공법은 제2장 항공성원에서 항공종사자에 대하여 규정하고 있는데 남한 항공법과 마찬가지로 항공성원의 자격과 소지증서에 대하여 규정하고 있다(제12조, 제13조).

남한 항공법과 비교할 때 북한 민용항공법의 한 가지 특징적인 점은 항공기 승무원을 승조장과 기타 승무조장으로 구분하고 승조장의 의무와 조난 시 승조장의 임무, 승조장의 권한에 대하여 명

---

74) 법원행정처, 『북한의 민사법』, pp.117－120 참조. 한편, 같은 사회주의 국가인 중국은 2007년 3월 16일 전국인민대표대회 제10기 제5차 회의에서 물권법을 통과시켰는데 물권법에는 소유권(제2편) 이외에 용익물권(제3편), 담보물권(제4편)이 규정되어 있으며 저당권(제16장)은 질권(제17장), 유치권(제18장)과 함께 담보물권 편에 규정되어 있다.

시하고 있다는 점이다(제14조~제18조). 이에 상응하는 남한 항공법상의 조항은 제50조인데 '제3장 항공종사자'에 편제되어 있지 않고 '제4장 항공기 운항'에 편제되어 있다.

다. 항공기의 운항

북한 민용항공법은 '제5장 항공기의 운행'에서 공중구역의 구분, 항공기운행의 승인, 항공기의 비행허가 및 비행, 항공기의 국경통과, 항공기의 비행방조, 항공기의 통신 등에 대하여 규정하고 있다. 남한 항공법도 공역 등의 지정, 비행규칙 및 비행 중 금지행위, 항공교통업무 등에 대하여 규정하고 있다는 점에서 규율 내용이 비슷하다. 그러나 남한 항공법은 북한 민용항공법에 명시되어 있지 않은 승무시간기준, 주정음료, 항공안전프로그램, 조종사의 운항자격, 운항관리사, 위험물 운송·포장·취급, 전자기기 사용제한, 쌍발비행기의 운항승인, 수색·구조지원계획의 수립·시행 등의 규정을 명시함으로써 항공기 운항 분야에 관해 북한 민용항공법보다 구체적이고 상세하게 규정하고 있다.

한편, 북한 민용항공법 제33조는 공역(북한 민용항공법상 공중구역)을 비행지휘구역, 항공로와 항로지점, 비행장구역, 비행훈련구역, 비행금지구역, 비행위험구역으로 구분하고 있다. 이에 반해 남한 항공법 제38조는 비행정보구역을 관제공역, 비관제공역, 통제구역, 주의구역으로 구분하고 있다.

라. 항공시설

북한 민용항공법은 항공시설로서 비행장에 대해서만 규정하고 있을 뿐이다. 반면 남한 항공법은 '제5장 항공시설'에 비행장·항행안전시설(제1절)에 관한 규정을 비롯하여 공항(제2절), 공항운영증명(제3절)에 대하여도 규정하고 있다.

비행장과 관련한 규정에 있어 남한 항공법과 북한 민용항공법의 두드러진 차이점은 북한에서 비행장은 국가소유만 인정될 뿐 사회협동단체소유나 개인소유가 법적으로 인정되지 않고 있다는 점이다(북한 민용항공법 제26조).

마. 항공영업

북한 민용항공법 '제6장 항공영업'에는 공법적인 내용을 규율하는 조항과 사법적인 내용을 규율하는 조항들이 혼재되어 있다. 다시 말해 항공운수영업의 허가(제43조), 항공운수영업허가의 신청(제44조), 다른 나라 항공운수영업의 허가(제45조) 등은 전자에 해당하는 반면 요금지급의무를 규정하고 있는 제45조 제2항, 화물 부치는 자의 책임을 규정하고 있는 제51조, 항공회사의 책임을 규정하고 있는 제54조, 제삼자에게 끼친 피해나 손해에 대한 책임을 규정하고 있는 제61조, 손해보상청구를 규정하고 있는 제63조 등은 후자에 속한다. 이와 같은 사법적 내용의 조항들은 항공보험에 관한 규정과 함께 북한 민용항공법의 사법적인 특징을 가장 잘 보여주고 있다. 이와 달리 남한 항공법에는 여객과 화물에 대한 손해배상문제에 대하여 규정하지 않고 있다. 따라서 남한에서 국내항공운송과 관련된 손해배상문제는 명확한 법적 근거 없이 항공사의 운송약관에 의존하고 있는 실정이다.[75]

---

75) 김맹선·이시황, 「남·북한 항공법 비교연구」, p.110.

바. 외국항공기

북한 민용항공법은 '제7장 다른 나라 항공기의 운행'에서 외국항공기의 착륙과 이륙 및 비행, 비행요금 등에 관하여 규정하고 있다. 남한 항공법도 이와 비슷하게 제8장에서 외국항공기의 항행, 준수사항, 유상운송 등에 대하여 규정하고 있다. 다만 외국항공기의 국내사용(제145조), 군수품수송의 금지(제146조) 등은 북한 민용항공법에 상응하는 조항이 명시되어 있지 않다. 반면 북한 민용항공법에는 외국항공기의 구조(제69조) 및 조사(제70조)에 관한 규정이 명시되어 있으나 남한 항공법에는 이에 상응하는 조항이 명시되어 있지 않다. 그렇지만 외국항공기의 구조 및 조사에 적용되는 조항이 없는 것은 아니다. 남한은 항공기의 구조 및 조사에 있어 국내항공기와 외국항공기를 구분하고 있는 북한과 달리 국내항공기와 외국항공기를 구분하지 않고 있다. 다시 말해 항공기 구조 및 조사에 대해서는 '항공·철도 사고조사에 관한 법률'(이하 '항공·철도사고조사법')이 제정, 시행되고 있는데 이 법은 국내항공기와 외국항공기를 모두 적용대상으로 하고 있다.[76]

사. 항공안전 및 보안

남한은 '항공안전 및 보안에 관한 법률'에서 민간항공의 안전 및 보안을 확보하기 위한 기준과 절차 및 의무사항 등을 규정하고 있

---

76) 항공·철도 사고조사에 관한 법률 제2조 제1호는 항공사고의 정의를 항공법 제2조 제11호의 항공기사고를 준용하고 있는데 항공법 제2조 제11호는 국내항공기, 외국항공기를 구분하지 않고 항공기사고를 다음과 같이 정의하고 있다. "사람이 <u>항공기</u>에 비행을 목적으로 탑승한 때부터 탑승한 모든 사람이 항공기에서 내릴 때까지 <u>항공기</u>의 운항과 관련하여 발생한 다음 각 목의 어느 하나에 해당하는 것을 말한다(밑줄은 강조한 것임)."

다. 이 법은 공항·항공기 등의 보안(제3장), 항공기 내 안전 및 보안(제4장), 항공안전보안장비 등(제5장), 항공안전 위협에 대한 대응(제6장) 등에 대한 상세하게 규정하고 있고 위반 시 적용되는 벌칙(제8장)에 대한 상세한 규정도 두고 있다. 또한 이 법은 항공안전 및 보안에 관련되는 사항을 협의하기 위하여 국토해양부에 항공안전협의회를 두도 있다(제7조).

이에 비해 북한 민용항공법은 2005년 개정 시 신설된 '제8장 항공보안'에 민용항공보안사업의 기본요구(제72조), 민용항공보안사업의 관할(제73조), 항공보안질서의 준수의무(제74조) 및 항공보안 검사를 받을 의무(제75조) 등 4개의 조문을 두고 있다. 북한이 항공보안에 관한 규정들을 신설한 이유는 동경협약, 헤이그협약, 몬트리올협약 및 몬트리올협약 보충의정서 등 북한이 가입한 항공관계범죄 국제협약의 내용을 국내법에 반영하기 위한 조치로 이해된다.

남한의 항공안전 및 보안에 관한 법률과 북한 민용항공법을 비교하면 내용이 충돌하는 조항은 없다. 즉 북한 민용항공법 제73조, 제74조와 제75조는 각각 남한의 항공안전 및 보안에 관한 법률의 제3조와 제5조, 제15조와 내용이 유사하게 규정되어 있다. 그러나 남한의 항공안전 및 보안에 관한 법률은 항공보안만을 다루고 있는 북한 민용항공법과 비교할 때 법률 명칭에서 알 수 있듯이 항공보안뿐만이 아니라 항공안전까지도 다루고 있으며 그 내용도 상세하게 규정되어 있다.

아. 항공기 조난구조 및 사고조사

북한 민용항공법은 제9장에서 항공기의 조난구조와 사고조사에 관한 여러 규정을 두고 있다. 이에 비해 남한은 형식적 의미의 항공법에서 이 문제를 다루지 않고 항공·철도사고조사법에서 규율하고 있다. 이 법률은 제1장 총칙, 제2장 항공·철도사고조사위원회, 제3장 사고조사, 제4장 보칙 및 제5장 벌칙으로 규정되어 있으며 북한 민용항공법에 비해 상당히 상세하게 규정되어 있다.

북한 민용항공법과 남한의 항공·철도사고조사법 모두 사고조사위원회를 설치하고 있는데 차이점이라면 남한은 항공·철도사고조사위원회를 상설기구로 하고 있는 반면, 북한은 사고가 발생한 경우 임시적으로 항공기사고조사위원회를 조직하도록 규정하고 있다. 즉 북한 민용항공법 제4조는 "민용항공기관은 <u>사고가 발생한 항공기의 조사를 위하여</u> 항공기사고조사위원회를 조직하여야 한다."고 규정하고 있는 반면[77] 남한의 항공·철도사고조사법 제4조는 "항공·철도사고 등의 원인규명과 예방을 위한 사고조사를 독립적으로 수행하기 위하여 국토해양부에 항공·철도사고조사위원회를 둔다."고 규정하고 있다.

자. 항공보험

남한의 경우 항공보험은 항공운송사업진흥법에서 규정하고 있다. 이 법에 따르면 항공사업자와 자가용항공기를 운용하고자 하는 자는 항공보험에 가입해야 항공기를 운용할 수 있다(제7조). 이를 위반하는 경우 5년 이하의 징역이나 100만 원 이하의 벌금에 처하게 된다(제12조). 보험에 가입하는 경우 책임한도액은 남한이 가입하고 있는 항공운송의 책임에 관한 국제협약에서 규정하는 책임한도

---

77) 밑줄은 강조한 것임.

액이나 또는 이 조항의 적용이 불합리한 경우에는 국토해양부장관
이 정하는 항공운송인의 책임한도액이 된다(시행규칙 제3조).

북한 민용항공법도 남한과 마찬가지로 보험을 강제하고 있다.
즉 항공회사는 항공보험에 가입해야 하며 보험에 가입하지 않은
항공회사는 영업허가를 받을 수 없다(제86조). 항공보험의 종류에
는 항공기기체보험, 항공여객상해보험, 항공수송보험, 항공화물보
상책임보험, 항공기 제삼자보상책임보험 등이 있다(제85조). 보험금
액은 남한과 마찬가지로 국내법과 국제법의 2가지 기준을 적용하
고 있다. 즉 항공보험계약의 체결, 이행절차와 방법은 북한 국내법
인 보험법에 따르며, 북한이 가입한 국제협약에 따라 정해질 수도
있다(제87조).

차. 벌칙 및 분쟁해결

남한 항공법은 '제10장 벌칙'에서 제156조(항공상위험발생등의
죄)부터 제178조(검사거부등의 죄)까지 24가지의 죄를 규정하고 있
고, 제182조부터 제184조에서는 과태료에 대하여 규정하고 있다.
이에 반해 북한 민용항공법은 "이 법을 어겨 민용항공사업에 엄중
한 결과를 일으킨 기관, 기업소, 단체의 책임 있는 일군과 개별적
공민에게는 정상에 따라 행정적 또는 형사적 책임을 지운다."고 추
상적으로 규정하고 있을 뿐(제93조) 구체적인 죄의 종류 및 양형에
대해서는 규정하지 않고 있다.[78]

북한 민용항공법 제94조는 분쟁해결 방법에 관하여 규정하고 있

---

[78] 북한 국내법에는 위반 시 행정적 책임 또는 형사책임을 지우고 있는 많은 특별법이 있는데
몇 가지 예를 들면 재정법(제55조), 발권법(제24조), 화폐류통법(제43조) 등이 있다.

다. 이에 따르면 민용항공사업과 관련한 의견 상이는 협의의 방법
으로 해결하고, 협의의 방법으로 해결할 수 없을 경우에는 북한의
중재기관이나 재판기관에 제기하여 해결하며 당사자들의 합의에
따라 제3국의 중재기관이나 재판기관에 제기하여 해결할 수도 있
다. 그런데 이와 같은 분쟁해결방식은 항공 분야에만 적용되는 특
수한 방식이라기보다는 일반적으로 북한의 분쟁해결에 적용되고
있는 방식을 명문화한 것에 불과한 것으로 이해된다. 민사분쟁에
대해서는 민사소송법이 제정, 시행되고 있고 중재에 대해서는 중재
법이 제정, 시행되고 있다.[79]

분쟁해결방식에 대해 명시하고 있는 북한과 달리 남한 항공법은
분쟁해결방식에 대해 별도로 명시하지 않고 있다. 따라서 남한에서
의 항공분쟁은 일반적인 분쟁해결방식에 따라 해결되어야 한다.

IV. 결론

지금까지 항공법을 크게 국제항공법과 국내항공법으로 구분하여
남북한 항공법을 비교, 분석하였다. 이상의 연구결과를 토대로 남
북한 항공법의 공통점과 차이점 및 특징을 정리하면 다음과 같다.

---

79) 북한 국내법상 중재의 개념은 이 책 제4장 II.의 1 참조

1. 국제항공법 분야

먼저 항공조약 가입 현황을 보면 국제항공공법 분야의 경우 남북한은 모두 1944년 시카고협약과 국제항공서비스통과협정의 당사국이지만 국제항공운송협정에는 아직 가입하지 않고 있다. 국제항공형법 분야의 경우에는 남북한 모두 동경협약과 헤이그협약, 몬트리올협약, 몬트리올협약 보충의정서의 당사국이지만 가소성 폭약 식별조치협약에는 남한만이 가입하고 있고 북한은 아직 가입하지 않고 있다. 국제항공사법 분야의 경우에는 남북한 모두 바르샤바협약과 헤이그 의정서의 당사국이지만 1999년 몬트리올협약에는 남한만 가입하고 있고 북한은 가입하지 않고 있다. 바르샤바협약을 개정하기 위한 추가의정서들과 지상의 제삼자에게 끼친 손해배상 문제를 규율하는 협약에는 남북한 모두 가입하지 않고 있다.

항공조약 가입 현황을 전체적으로 봤을 때 북한이 가입한 조약에는 남한도 모두 가입하고 있다. 따라서 향후 통일이 되어 북한이 남한에 흡수 또는 편입되는 경우 항공 분야의 조약승계문제는 제기될 가능성이 별로 없다.

둘째, 북한 항공법은 다른 국제법 분야와 마찬가지로 자주권을 강조하고 있다. 항공법의 발전역사나 항공범죄관계 조약 가입 시 유보를 하면서 자주권을 내세우고 있는 데서 잘 나타나고 있다.

2. 국내항공법 분야

첫째, 국내항공법의 연원에 있어 남한은 형식적 의미의 항공법을 위시하여 항공법과 관련된 다수의 국내법이 존재하고 있는 반면 북한은 민용항공법 외에 헌법과 형법, 민법에 몇 가지 관련 조항을 두고 있을 정도이다.

둘째, 형식적 의미의 남북한 항공법을 비교하면 성격에 있어 남한 항공법이 공법체계의 법규인 반면 북한 민용항공법은 공·사법 혼합체계라는 점에서 특색이 있으며, 적용대상은 민간항공기만을 대상으로 하고 있다는 점에서는 동일하다. 구성체계에 있어서는 전체적으로 유사하다. 그러나 규율내용에 있어서는 북한 민용항공법에는 항공보안, 항공기 조난구조와 사고조사, 항공보험에 관한 규정들이 별도의 장으로 포함되어 있지만 형식적 의미의 남한 항공법에는 이에 관한 내용이 없고 별도의 특별법에서 규율하고 있다는 점에서 차이가 있다.

셋째, 실질적 의미의 남북한 항공법은 내용에 있어 다음과 같은 공통점 및 차이점을 보여주고 있다. 남한에서는 개인의 항공기 소유와 항공기에 대한 저당권 설정이 인정되는 반면 북한에서는 인정되지 않는다. 북한 민용항공법에는 손해배상에 관한 규정이 포함되어 있으나 남한 항공법에는 손해배상문제에 대한 별도 규정이 없다. 항공보안에 관해서 남한은 항공안전 및 보안에 관한 법률에서 규정하고 있는데 북한 민용항공법상의 항공보안 규정과 내용이 충돌되지는 않는다. 항공기 조난구조 및 사고조사에 있어서는 남한이 사고조사위원회를 상설기구로 두고 있는 반면 북한은 사고가 발생한 경우 조사하는 임시기구로 두고 있다. 항공보험에 있어서는 남북한이 모두 보험강제주의를 취하고 있으며 보험금액에 있어서도 국제법(국제협약)과 국내법의 2가지 기준을 적용하고 있다. 분쟁해결에 있어서 북한 민용항공법은 명시적인 규정을 두고 있는

반면 남한 항공법에는 분쟁해결에 관한 별도의 규정이 없다는 차
이가 있다. 그러나 북한 민용항공법상의 분쟁해결방법도 항공 분야
의 경우에만 적용되는 예외적인 경우를 규정한 것은 아니며 일반
적인 분쟁해결방법을 단지 명시하고 있을 뿐이다.

⭐ 참고문헌

Ⅰ. 한국문헌

1. 단행본

국가안전기획부, 『북한 조약집(1948. 9~1996. 12)』(서울: 국가안전기획
　　　부, 1997).
계희열, 『헌법학 상』, 신정판(서울: 박영사, 2004).
나인균, 『국제법』(서울: 법문사, 2004).
김대순, 『국제법론』, 제9판, 제10판(서울: 삼영사, 2004).
김수암, 『민주주의와 인권에 대한 북한의 인식과 대응』(서울: 통일연구
　　　원, 2007).
김정건, 『국제법』, 전정증보판(서울: 박영사, 1998).
김정균·성재호, 『국제법』, 제5개정판(서울: 박영사, 2006).
김한택, 『현대국제법』, 개정판(춘천: 강원대학교출판부, 2004).
박원화, 『항공법』(서울: 명지출판사, 1990).
법무부, 『소련법연구(Ⅳ) - 대외관계법 - 』(서울: 법무부, 1991).
법무부, 『북한법의 체계적 고찰(ⅰ) - 민사관계법』(서울: 법무부, 1992).
법무부, 『조약의 국내적수용 비교연구』(서울: 법무부, 1996).
법원행정처, 『북한의 중재제도』(서울: 법원행정처, 1995).
법원행정처, 『북한사법제도개관』(서울: 법원행정처, 1996).
법원행정처, 『북한의 형사법』(서울: 법원행정처, 2006).

법원행정처, 『북한의 민사법』(서울: 법원행정처, 2007).

법제처, 『북한법제개요』(서울: 법제처, 1991).

북한인권정보센터, 『북한인권 문헌분석』(2008. 2).

서보혁, 『북한 인권: 이론·실제·정책』(파주: 한울 아카데미, 2007).

외교통상부, 『알기쉬운 조약업무』(서울: 외교통상부, 2006).

유병화·박노형·박기갑, 『국제법 Ⅰ』(서울: 법문사, 1999).

유병화·박노형·박기갑, 『국제법 Ⅱ』(서울: 법문사, 2000).

정인섭, 『국제인권규약과 개인통보제도』(서울: 사람생각, 2000).

통일부 통일교육원, 『북한이해 2006』(서울: 통일부, 2006).

통일연구원, 『북한인권: 국제사회 동향과 북한의 대응』, 제2권 2호(2007).

통일연구원, 『북한인권백서 2008』(서울: 통일연구원, 2008).

村瀬信也 외/노석태(역), 『현대국제법의 지표』(부산: 부산대학교 출판부, 2002).

M. Akehurst/박기갑(역), 『현대국제법개론』(춘천: 한림대학교 출판부, 1997).

山本草二/박배근(역), 『신판 국제법』(한국해양법학회, 1999).

2. 논문

김석현, 「북한주민들의 인권개선을 위한 개입의 합법성 및 그 방법」, 『국제법학회논총』, 제42권 제1호(1997).

김석현, 「조약 유보의 정의에 있어서의 제문제」, 『국제법학회논총』, 제46권 제3호(2001. 12).

김맹선·이시황, 「남·북한 항공법 비교연구」, 『항공우주법학회지』, 제21권 제2호(2006. 12).

김찬규, 「해양법에 대한 북한의 태도연구(상)」, 『정경연구』, 제160호(1978. 6).

김찬규, 「북한의 경제수역에 대한 고찰」, 『북한법률행정논총』, 제5집(1982. 5).

김찬규, 「북한의 국제법」, 경남대학교 극동문제연구소, 『북한의 법과 법이론』(서울: 경남대학교 출판부, 1988).

김찬규, 「북한의 국제법 및 그 실천」, 『북한법률행정논총』, 제8집(1990).

김찬규, 「북한 국제법의 추세」, 『북한법률행정논총』, 제9집(1992).

김태천, 「국제인권규약의 개인청원제도」, 『국제인권법의 실천제도』(서울: 박영사, 1998).

박기갑, 「영공주권원칙의 생성과 그 현대적 의의」, 『안암법학』, 창간호(1993).

박기갑, 「21세기 국제인권법의 과제와 전망」, 박기갑(편), 『21세기 국제인권법의 과제와 전망』(서울: 삼우사, 1999).

박배근, 「국제법상의 '비구속적 합의'」, 『국제법평론』, 통권 제22호(2005).

박춘호, 「북한의 해양법 문제」, 『북한법률행정논총』, 제6집(1984).

성재호, 「국제연합하의 인도적 간섭」, 『국제법평론』, 통권 제13호(2000. 8).

윤대규, 「북한사회에서의 법의 성격」, 『북한법연구』, 제6호(2003).

이규창, 「남북관계 발전에 관한 법률의 분석과 평가」, 『법조』, 통권 제599호(2006. 8).

이규창, 「북한 조약법에 대한 연구」, 『인문사회과학연구』(부경대), 제7권(2006. 10).

이규창, 「북한에서의 국제법의 국내법적 지위 및 효력에 관한 소고 - 조약을 중심으로」, 『경희법학』, 제42권 제2호(2007. 9).

이규창, 「남북한 항공법 비교연구」, 법제처, 『2008년 남북법제 연구보고서(ⅰ)』.

이근관, 「朝日修好條規(1876)의 再評價」, 『서울국제법연구』, 제11권 1호(2004).

이상훈, 「조약의 국내법적 효력과 규범통제에 대한 고찰」, 『국제법 동향과 실무』, 통권 제7호(2004).

이장희, 「북한의 조약체결당사자 능력인정에 따른 법적 문제 연구」, 『인도법논총』, 제16호(1996).

이장희, 「북한의 국제법 일반에 대한 동향과 전망」, 『북한법연구』, 제7호(2004).

이재강, 「국내문제불간섭원칙과 인권침해에 대한 국제사회의 대응 - 비무력적 간섭을 중심으로 -」, 『국제법 동향과 실무』, 통권 제18호(2007).

정경수, 「북한의 국제법 인식과 인권정책」, 국가인권위원회, 『북한인권
    법제연구』(2006).
정현수, 「북한의 다자조약 가입현황」, 『서울국제법연구』 제5권 2호(1998).
조갑제, 「대북첩보전선」, ≪월간조선≫, 1990년 9월호.
최승호, 「국가관할권이 행사되는 근거 및 이와 관련된 몇 가지 문제」,
    오윤경 외, 『21세기 현대 국제법질서』, 개정판(서울: 박영사, 2001).

II. 북한문헌

1. 단행본

김억락·한걸, 『국가와 법의 리론』(평양: 김일성종합대학출판사, 1985).
김영철·서철원, 『현대국제법연구』(평양: 과학백과사전종합출판사, 1988).
김일성종합대학출판사, 『국제법학(법학부용)』(1992).
박영수·정명선·방영애, 『국제법 및 해운법 참고서(법학부용)』(평양:
    김일성종합대학, 1985).
사회과학원, 『정치용어사전』(평양: 사회과학출판사, 1970).
사회과학원 법학연구소, 『법학사전』(평양: 사회과학출판사, 1971).
사회과학원 법학연구소, 『민사법사전』(평양: 사회안전부출판사, 1997).
사회과학원 법학연구소, 『국제법사전』(평양: 사회과학출판사, 2002).
심형일, 『주체의 법리론』(평양: 사회과학출판사, 1987).

2. 논문

김억락, 「인권의 본질에 대한 주체적 리해」, 『김일성종합대학학보: 력
    사법학』, 제43권 제4호(1998).
김영철, 「자주시대의 국제법의 본질에 대한 리해」, ≪사회과학≫(평양
    과학백과사전 출판사), 1984년 3호.
김진태, 「국제법의 민주주의적 원칙들의 공고 발전을 위한 조선민주주

의인민공화국의 투쟁」, 8·15해방 10주년 기념 『법학론문집』, 제1집(조선민주주의인민공화국 과학원 경제법학연구소 편, 1955).

렴철수, 「주체사상에 의하여 밝혀진 자주독립국가건설사상」, 『법학론집 5』(사회과학원 법학연구소, 1985).

리경철, 「공화국이 법원문제해결에서 견지하는 원칙」, 『김일성종합대학학보: 력사법학』, 제46권 제1호(2000).

리경철, 「국제조약의 당사자에 대한 리해」, 『김일성종합대학학보: 력사법학』, 제50권 제4호(2004).

리수영, 「국가자주권존중의 원칙에 관한 독창적인 사상」, 『김일성종합대학학보: 력사법학』, 제44권 제3호(1998).

리종열, 「우리나라 무역회사의 계약 체결 및 리행활동과 그를 개선강화하기 위한 방도」, 『법학론집 5』, 사회과학원 법학연구소(1985).

리필수, 「위대한 수령 김일성 동지께서 밝혀주신 사회주의토지법의 규제내용」, 『법학론집 2』, 사회과학원 법학연구소(1980).

림동춘, 「'강화도조약'은 침략적이며 불평등적인 예속조약」, 『김일성종합대학학보(력사법학)』, 제42권 제3호(1996).

림동춘, 「'을사5조약'은 국제법상 불법무효한 강도적인 조약」, 『김일성종합대학학보(력사법학)』, 제47권 제4호(2001).

림동춘, 「국제조약의 효력발생시기와 조건」, 『김일성종합대학학보(력사법학)』, 제49권 제4호(2003).

박영수, 「인권을 위한 국제적 투쟁과 국제인권법전」, 『김일성종합대학학보: 력사법학』, 제39권 제12호(1993. 12).

박영수, 「국제항공법의 발생발전에 대한 력사적 고찰」, 『김일성종합대학학보: 력사법학』, 제45권 제1호(1999).

박영수, 「남조선괴뢰들과 일본반동들이 조작한 새 '어업협정'은 침략적이며 매국적인 범죄문건」, 『김일성종합대학학보(력사법학)』, 제45권 제3호(1999).

박영수, 「국제민용항공에서 항공범죄와의 투쟁에 관한 국제협약에 대한 고찰」, 『김일성종합대학학보: 력사법학』, 제47권 제3호(2001).

최금숙, 「공화국국내수역의 중요제도」, 『김일성종합대학학보: 력사법학』, 제50권 제4호(2004).

허성근, 「공화국기구발전의 특징」, 『김일성종합대학학보: 력사법학』, 제
　　51권 제2호(2005).

Ⅲ. 외국문헌

1. 단행본

安井 郁 감수, 岩淵節雄・長尾賢三 번역, ソ連科學アカデミ法律研究
　　所, 『國際法 上卷』, 昭和 37년, 日本評論新社.
國家海洋局海洋管理監測司法規處, 『中華人民共和國海洋法規選編』(北
　　京: 海洋出版社, 1991).
史逮心, 『現代國際法敎程』(安徽省合肥市: 中國科學技術出版社, 1993).
橫田喜三郎, 『海の國際法』, 上卷(有斐閣, 昭和 34年).
Academy of Sciences of U. S. S. R., Institute of State and Law, *International
　　Law: A Textbook for Use in Law Schools*(Moscow: Foreign Languages
　　Publishing House, n. d.).
Michael Akehurst, *A Modern Introduction to International Law*(6th ed.,
　　1987).
Anthony Aust, *Modern Treaty Law and Practice*(Cambridge University
　　Press, 2000).
Bengt Broms, "States", in *International Law: Achievements and Prospects,*
　　edited by Mohammed Bedjaoui(1991).
Brierly – Waldock, *The Law of Nations: Introduction to the International Law
　　of Peace*(6th ed., 1963).
Herbert W. Briggs, *The Law of Nations, Cases, Documents, and Notes*(2nd
　　ed., 1952).
I. Brownlie, *Principles of Public International Law*(7th ed., 2008).
I. Brownlie, *Principles of Public International Law,* 5th ed.(Oxford University
　　Press, 1999).
William E. Butler, *The Law of Soviet Territorial Waters: A Case Study of*

Maritime Legislation and Practice(1967).

William E. Butler, *The Soviet Union and the Law of the Sea*(1971).

Hungdah Chiu(丘宏達), *The People's Republic of China and the Law of the Treaties*(1972).

R. R. Churchill and A. V. Lowe, *The Law of the Sea*(3rd ed., 1999).

C. John Colombos, *The International Law of the Sea*, 6th rev. ed.(1967).

J. Crawford, *The Creation of States in International Law*(1979).

J. Crawford, *The International Law Commission's Articles on State Responsibility* (2002).

M. Dixon, *International Law*, 4th ed.(Black Stone Limited, 2002).

René-Jean Dupuy and Daniel Vignes, *A Handbook on the New Law of the Sea*(1991), Vol. Ⅰ.

Alexander Gerard Oude Elferink, *The Law of Maritime Boundary Delimitation: A Case Study of the Russian Federation*(1994).

Jeanette Greenfield, *China's Practice in the Law of the Sea*(1992).

William E. Hall-A. Pearce Higgins, *A Treaties on International Law*, 8th ed.(1924).

Michael Hardy, *Modern Diplomatic Law*(1968).

D. J. Harris, *Cases and Materials on International Law*(6th ed., 2004).

Louis Henkin *et al.*, *International Law: Cases and Materials*(4th ed., 2001).

Rosalyn Higgins, *Problems and Process: International Law and How We Use It*(1994).

Frits Kalshoven, *Belligerent Reprisals*(1971).

M. T. Kamminga, *Inter-State Accountability for Violations of Human Rights*(1992).

Gary Knight and Hungdah Chiu, *The International Law of the Sea: Cases, Documents and Readings*(1991).

Oppenheim-Lauterpacht, *International Law*(8th ed., 1955).

Oppenheim-Jennings and Watts, *International Law*(9th ed., 1992).

Oliver J. Lissitzyn, *International Law Today and Tomorrow*(1965).

P. Malanczuk, *Akehurst's Modern Introduction to International Law*(7th revised ed., 1997).

Satya N. Nandan and Shabtai Rosenne, *United Nations Convention on the Law of the Sea 1982: A Commentary*(1993), Vol. II.

Arthur Nussbaum, *A Concise History of the Law of Nations*(rev. ed., 1954).

D. P. O'Connell, *International Law*(2nd ed., 1970), Vol. I.

D. P. O'Connell and I. A. Shearer, *The International Law of the Sea*(1982).

Choon–ho Park, *East Asia and the Law of the Sea*(1988).

Oscar Schachter, *International Law in Theory and Practice*(1991).

Georg Schwarzenberger, *A Manual of International Law*(4th ed., 1960).

Georg Schwarzenberger, *The Frontiers of International Law*(1962).

Georg Schwarzenberger, *International Law as Applied by International Courts and Tribunals*(1968), Vol. II (*The Law of Armed Conflict*).

Georg Schwarzenberger and E. D. Brown, *A Manual of International Law*(6th ed., 1976).

Malcolm N. Shaw, *International Law*(3rd ed., 1991).

Ahmed Sheikh, *International Law and National Behavior: A Behavioral Interpretation of Contemporary International Law and Politics*(1974).

B. Simma(ed.), *The Charter of the UNITED NATIONS*(1995).

J. G. Starke, *Introduction to International Law*(10th ed., 1989).

H. Steiner & P. Alston, *International Human Rights in Context*, 2nd ed.(Oxford: Oxford University Press, 2000).

Julius Stone, *Legal Controls of International Conflict*(1954).

C. Tomuschat, *International Law: Ensuring the survival of mankind on the eve of new millenium*(2001).

William L. Tung, *International Law in An Organizing World*(1968).

G. I. Tunkin, *Theory of International Law,* translated, with an Introduction, by William E. Butler(1974).

U. S. Naval War College, *International Law Situations*(1914).

Gerhard von Glahn, *Law Among Nations: An Introduction to Public International Law*(6th ed., 1992).

A. T. Wilson, *The Suez Canal*(1933).

2. 논문

George H. Aldrich, "Questions of International Law Raised by the Seizure of the U. S. S. Pueblo", *Proceedings of the American Society of International Law*(1969).

R. P. Anand, "Sovereign Equality of States in International Law", 197 *Recueil des Cours de L'Académie de Droit International de La Haya*(1986 − Ⅱ).

William E. Butler, "The Pueblo Crisis: Some Critical Reflections", *Proceedings of the Society Journal of International Law*(1969).

Hungdah Chiu, "Communist China's Attitude Toward International Law", 60 *American Journal of International Law*(1966).

Hungdah Chiu, "Chinese Attitudes Toward International Law in the Post − Mao Era, 1978～1987", 21 *International Lawyer* (1987).

Francis Deàk, "Organs of States in Their External Relations: Immunities and Privileges of State Organs and of the State", in *Manual of Public International Law,* edited by Max Sørensen(1968).

Daniel J. Dzurek, "Deciphering the North Korean − Soviet(Russian) Maritime Boundary Agreement", 23 *Ocean Development and International Law*(1992).

Héctor Gros Espiell, "Humanitarian Law and Human Rights", Janusz Symonides(ed.), *Human Rights: Concept and Standards*(2000).

Nathan Feinberg, *The Legality of a "State of War" After Cessation of Hostilities Under the Charter of the United Nations and the Covenant of the League of Nations*(1961).

Wilfred Fiedler, "Gentlemen's Agreement", in *Encyclopedia of Public International Law,* Installment 7(1984).

H. L. Hoskins, "The Suez Canal as an International Waterway", 37 *American Journal of International Law*(1943)

S. B. Krylov, "The Sovereign State", published in *International Law*(1947), translation quoted in Marjorie M. Whiteman, *Digest of International Law*(1963), Vol. Ⅰ.

Werner Morvay, "Unequal Treaties" in *Encyclopedia of Public International Law*, Installment 7(1984).

Nkambo Mugerwa, "Subjects of International Law", in *Manual of Public International Law*, edited by Max Sørensen(1968).

R. A. Mullerson, "Sources of International Law: New Tendencies in Soviet Thinking", 83 *American Journal of International Law*(1989).

Thomas Oppermann, "Intervention", in *Encyclopedia of Public International Law,* Installment 3(1982).

Choon－ho Park, "The 50－mile Military Boundary Zone of North Korea", 72 *American Journal of International Law*(1978).

Choon－ho Park, "River and Maritime Boundary Problems between North Korea and Russia in the Tumen River and the Sea of Japan", 5 *Korea Journal of Defense Analysis*(1993).

K. J. Partsch, "Reprisals", in *Encyclopedia of Public International Law,* Installment 9(1986).

O. Schachter, "The Twilight Existence of Nonbinding International Agreements", 71 *American Journal of International Law*(1977).

N. Schrijver, "The Changing Nature of State Sovereignty", 70 *British Yearbook of International Law*(1999).

Theodor Schweisfurth, "Socialist Conceptions of International Law", in *Encyclopedia of Public International Law,* Installment 7(1984).

Krzysztof Jan Skubiszewski, "Use of Force by States. Collective Security. Law of War and Neutrality", in *Manual of Public International Law,* edited by Max Sørensen(1968).

Wang Tieya, "Teaching and Research of International Law in Present Day China", 22 *Columbia Journal of Transnational Law*(1983).

Chen Tigiang, "The People's Republic of China and Public International Law", 8 *Dalhouse Law Journal*(1984).

Grigori I. Tunkin, "Co－existence and International Law", 95 *Recueil des Cours de L'Académie de Droit International de La Haya*(1958－Ⅲ).

Grigori I. Tunkin,, "Remarks on the Juridical Nature of Customary

Norms of International Law", *California Law Review,* Vol.49, No.2(August 1961).

Grigori I. Tunkin, "International Law and Peace", in *International Law in a Changing World*(1963).

Huan Xiang, "Strive for the Founding of the Science of International Law of New China", *Selected Articles from Chinese Year Book of International Law*(Beijing: China Translation and Publishing Corp., 1983).

3. 유엔문서

Human Rights Committee, General Comment 26(1997. 12. 8).

Official Records of the United Nations Conference on the Law of the Sea(1958), Vol.Ⅲ.

Official Records of Third United Nations Conference on the Law of the Sea(1975), Vols.Ⅰ, Ⅱ.

United Nations, *The Work of the International Law Commission*(3rd ed., 1980).

Yearbook of the International Law Commission 1955, Vol.Ⅰ.

Yearbook of the International Law Commission 1956, Vol.Ⅱ.

Yearbook of the International Law Commission 1962, Vol.Ⅱ.

4. 국제사법재판소 판례집

Aegean Sea Continental Shelf, Judgment, I. C. J. Reports 1978.

Case concerning rights of nationals of the United States of America in Morocco, Judgment of August 27th, 1952: I. C. J. Reports 1952.

Continental Shelf(Tunisia/Libyan Arab Jamahiriya), Judgment, I. C. J. Reports 1982.

Corfu Channel case, Judgment of April 9th, 1949: I. C. J. Reports 1949.

Fisheries case, Judgment of December 18th, 1951: I. C. J. Reports 1951.

North Sea Continental Shelf, Judgment, I. C. J. Reports 1969.

Reparation for injuries suffered in the service of the United Nations, Advisory Opinion: I. C. J. Reports 1949.

United States Diplomatic and Consular Staff in Tehran, Judgment, I. C. J. Reports 1980.

부록 Ⅰ. 조선민주주의인민공화국 조약법

1998년 12월 18일 최고인민회의 상임위원회
정령 제289호로 채택

제1조 조선민주주의인민공화국 조약법은 조약의 체결과 리행, 폐기에서 제도와 질서를 엄격히 세워 조약을 바로 맺고 정확히 리행하며 다른 나라들과의 친선협조관계를 발전시키는 데 이바지한다.

제2조 조약은 국가의 대외정책을 실현하는 중요 수단이다. 국가는 조약체결에서 자주권 존중, 평등과 호혜, 내정불간섭의 원칙을 견지한다.

제3조 조약은 국가, 정부 또는 해당 기관의 명의로 체결한다.

제4조 조약은 해당 기관의 승인을 받아야 체결할 수 있다. 그러나 기본조약을 리행하기 위한 실무적인 조약과 경제, 과학기술, 문화 분야의 일반 조약 같은 것은 외무성의 합의를 받아 체결할 수 있다.

제5조 조약을 체결하려는 기관은 조약초안을 비롯한 조약체결문건을 만들어 외무성에 내야 한다. 조약초안에는 체약당사자의 권리와 의무, 서명예견날자와 장소, 조약의 효력관계 같은 것을 밝혀야 한다.

제6조 조약초안토의를 위한 회담과 조약문에 서명하는 사업은 해당 기관의 위임을 받은 전권대표가 한다. 전권대표는 위임받은 권한의 범위에서 조약체결사업을 하여야 한다.

제7조 국가의 명의로 조약을 체결하는 전권대표에게는 최고인민회
의 상임위원회 위원장의 명의로 된 위임장을, 정부의 명의
로 조약을 체결하는 전권대표에게는 내각총리 또는 외무상
의 명의로 된 위임장을, 해당 기관의 명의로 조약을 체결하
는 전권대표에게는 기관책임자의 명의로 된 위임장을 준다.
필요한 경우에는 조약체결명의에 관계없이 전권대표에게 체
약상대방과 대등한 위임장을 줄 수 있다.

제8조 국가 또는 정부의 명의로 조약을 체결하는 전권대표의 위임
장을 발급하는 사업은 외무성이 한다. 위임장을 발급받으려
는 기관은 조약의 명칭, 전권을 위임받을 일군의 직위와 이
름, 조약체결장소 같은 것을 밝힌 위임장발급의뢰문건을 외
무성에 내야 한다.

제9조 조약은 쌍방 또는 다방 사이에 체결한다. 필요에 따라 이미
체결된 다방조약에도 가입할 수 있다.

제10조 쌍방조약은 조선어문과 체약상대방의 어문으로 작성하며 필
요에 따라 체약쌍방이 합의한 어문으로 작성할 수 있다. 다
방조약은 체약당사자들 사이에 합의한 어문으로 작성한다.

제11조 국가 또는 정부의 명의로 체결한 중요 조약과 해당 기관의
비준 또는 승인을 받기로 체약상대방과 합의한 조약은 해
당 기관의 비준 또는 승인을 받아야 효력을 가진다.

제12조 조약의 비준 또는 승인을 받으려는 기관은 비준 또는 승인
에 필요한 문건을 외무성과 합의하고 해당 기관의 심의에
제기하여야 한다.

제13조 나라의 자주권과 최고리익에 관계되는 중요 조약은 최고인
민회에서 비준한다. 국가의 명의로 체결한 조약과 최고주

권기관의 비준을 받기로 체약상대방과 합의한 조약은 최고
인민회의 상임위원회가 비준하며 정부의 명의로 체결한 조
약과 정부의 승인을 받기로 체약상대방과 합의한 조약은
내각이 승인한다.

제14조 비준 또는 승인 문건의 교환사업과 비준 또는 승인 여부를
체약상대방이나 조약문을 보관하는 나라에 통지하는 사업
은 외무성이 한다.

제15조 조약의 수정보충과 효력기간연장, 다방조약의 가입절차는
이 법에 따른다.

제16조 체결된 조약을 유엔사무국에 등록하는 사업은 외무성이 한
다. 이 경우 해당 규정에 따른다.

제17조 조약을 체결한 기관은 조약에서 지닌 의무를 어김없이 리
행하여야 한다. 어찌할 수 없는 사유로 조약을 리행할 수
없을 경우에는 체약상대방에게 알리고 해당한 대책을 취하
여야 한다.

제18조 다음의 경우에는 조약을 페기할 수 있다.

    1. 체약상대방과 조약을 페기하기로 합의하였을 경우

    2. 체약상대방이 조약의 본질적 내용을 리행하지 않았을 경우

    3. 나라의 자주권과 최고리익이 침해당하였을 경우

제19조 조약을 페기하려는 기관은 조약의 효력을 없애거나 조약에
서 탈퇴할 데 대한 문건을 만들어 외무성에 제기하여야 한
다. 외무성은 문건을 검토하고 그것을 해당 기관의 심의에
제기하여야 한다.

제20조 최고인민회의 또는 최고인민회의 상임위원회의 비준을 받
은 조약과 중요 조약의 페기는 최고인민회의 또는 최고인

민회의 상임위원회가, 내각의 승인을 받은 조약과 기타 조약의 폐기는 내각이 심의결정한다.

제21조 조약사업에 대한 지도는 내각의 지도 밑에 외무성이 통일적으로 한다. 외무성은 조약사업에 대한 지도체계를 바로 세우고 조약사업을 정상적으로 장악하고 지도하여야 한다.

제22조 조약을 체결한 기관은 조약원문을 정해진 기간에 외무성에 내야 한다. 외무성은 조약원문을 등록하고 그것을 중앙문헌지도기관에 이관하여야 한다.

제23조 이 법을 어겨 조약사업에 엄중한 결과를 일으킨 기관의 책임 있는 일군과 개별적 공민에게는 정상에 따라 행정적 또는 형사적 책임을 지운다.

부록 Ⅱ. 조선민주주의인민공화국 경제수역을 정함에 관하여80)

(1977년 6월 21일)

우리나라 바다자원은 나라의 부강발전과 민족적 번영을 이룩하는 데 있어서 귀중한 밑천의 하나이다.

조선민주주의인민공화국 중앙인민위원회는 바다에서 민족적 리익을 지키기 위하여 다음과 같이 결정한다.

1. 우리나라의 바다자원을 보호관리하고 적극 개발, 리용할 목적으로 조선민주주의인민공화국 경제수역을 설정한다.

2. 조선민주주의인민공화국 경제수역은 령해의 기산선으로부터 200마일이며 200마일 경제수역을 그을 수 없는 수역에서는 바다 반분선까지이다.

3. 조선민주주의인민공화국 경제수역(수중, 해저, 지하) 안에서 생물 및 비생물자원에 대한 자주권을 행사한다.

4. 조선민주주의인민공화국 해당 기관의 사전승인 없이 외국인들과 외국선박, 외국항공기 등은 조선민주주의인민공화국 경제수역 안에서 고기잡이, 시설물설치, 촬영, 조사, 측정, 탐사, 개발과 그 밖에 경제활동에 장애로 되는 행위들을 할 수 없다.

5. 조선민주주의인민공화국 경제수역 안에서 바다물과 대기의 오염을 비롯하여 인명과 자원에 해를 주는 모든 행위들을 금

---

80) 출처: 박영수·정명선·방영애 『국제법 및 해운법 참고서(법학부용)』(평양: 김일성종합대학, 1985), p.3.

지한다.

6. 조선민주주의인민공화국 경제수역 안에서 어로활동을 하도록
   허용받은 모든 선박들은 조선민주주의인민공화국의 어업 및
   해상 질서를 엄격히 지켜야 한다.

7. 이 정령과 조선민주주의인민공화국의 해당 법규들을 위반한
   모든 해위들에 대하여서는 그 정상에 따라 조선민주주의인민
   공화국의 법에 의하여 처리한다.

8. 이 정령은 1977년 8월 1일부터 실시한다.

부록 Ⅲ. 조선민주주의인민공화국
경제수역에서의 외국인과 외국배,
외국비행기들의 경제활동에 관한 규정[81]

(1978년 8월 12일)

제1장 일반규정

제1조 이 규정은 조선민주주의인민공화국 중앙인민위원회 정령 '조선민주주의인민공화국 경제수역을 설정함에 관하여'(1977년 6월 21일)를 정확히 집행함으로써 조선민주주의인민공화국 경제수역에서 수산자원을 비롯한 바다자원을 잘 보호관리하고 적극 개발리용하는 데 이바지하는 것을 목적으로 한다.

제2조 조선민주주의인민공화국은 우리나라 경제수역(수중, 해저, 지하)에 있는 모든 생물자원과 비생물자원에 대한 완전한 자주권을 행사한다.

제3조 이 규정은 조선민주주의인민공화국 경제수역(이 아래로부터는 우리나라 경제수역이라 한다)에서 경제활동 및 과학연구사업을 하는 모든 외국인, 외국배, 외국비행기들에 적용한다.

제4조 이 규정에 규제되지 않은 우리나라 경제수역에서의 외국인, 외국배, 외국비행기들의 경제활동과 관련한 문제는 따로 맺어지는 협정 또는 합의에 따라 처리한다.

---

81) 출처: 박영수·정명선·방영애, 『국제법 및 해운법 참고서(법학부용)』, pp.4-8.

<h1 style="text-align:center">제2장 우리나라 경제수역에서의 물고기잡이</h1>

제5조 외국인과 외국배은 조선민주주의인민공화국 자원보호감독기관(이 아래부터는 자원감독기관이라 한다)의 허가 없이 우리나라 경제수역에서 물고기를 잡을 수 없다.

제6조 조선민주주의인민공화국의 승인(협정, 계약, 인가)을 받아 우리나라 경제수역에서 물고기를 잡으려는 외국인과 외국배는 붙임표 1에 따라 물고기잡이허가신청서 3부를 우리나라 말과 국제공용어로 만들어 한 달 전에 자원감독기관에 내야 한다.

제7조 외국인과 외국배로부터 물고기잡이허가신청을 받은 자원감독기관은 그에 대하여 심의하고 붙임표 2와 같이 물고기잡이허가증을 내주어야 한다.

제8조 우리나라 경제수역에서 물고기를 잡는 외국인과 외국배는 이 규정과 물고기잡이와 관련한 우리나라 법규들을 정확히 지켜야 한다.

제9조 물고기를 잡기 위하여 우리나라 경제수역에 들어오려는 외국배는 24시간 전에 경제수역경계선을 넘는 좌표, 날자 및 시간을 자원감독기관에 알려야 한다.

제10조 외국배가 우리나라 경제수역에 들어올 때에는 배의 현측과 상갑판현측에 배의 이름과 번호를 밤에나 낮에나 잘 보이도록 표식하여야 한다.

자원감독기관이 필요에 따라 다른 표식을 더할 것을 요구할 때에는 그 표식을 하여야 한다.

제11조 우리나라 경제수역에서 물고기를 잡는 배는 물고기잡이허가증과 국제해사법규에 규정된 배의 증빙문건을 가지고 있

어야 한다.

제12조 우리나라 경제수역에서 물고기를 잡는 외국배는 자원감독
기관기관에 붙임표 3에 따라 물고기잡이정형에 대한 순보
는 무전 또는 전보로 다음 순 5일까지, 월보는 문건(3부)으
로 다음 달 10일까지 내야 한다.

제13조 우리나라 경제수역에서 물고기를 잡는 외국배는 붙임표 4
에 따라 물고기잡이일지를 정상적으로 써야 하며 어군탐지
기기록철을 가지고 있어야 한다.

제14조 우리나라 경제수역에서 쓸 수 있는 그물코의 크기와 잡지
말아야 할 크기의 물고기는 다음과 같다.

1. 어구와 물고기에 따르는 그물코의 크기
   명태중층뜨랄 37.5미리메터이상(봇장그물)
   명태저예망뜨랄 30미리메터이상(봇장그물)
   가재미뜨랄 50미리메터이상(봇장그물)
   새우뜨랄 20미리메터이상(봇장그물)
   새우저예망 20미리메터이상(봇장그물)
   가재미저예망 40미리메터이상(봇장그물)
   공치자망 17미리메터이상(봇장그물)
   고등어자망 39미리메터이상

2. 잡지 말아야 할 크기의 물고기
   명태 30센치메터 아래
   가재미 21센치메터 아래
   외치 19센치메터 아래

3. 새끼고기가 8% 이상 되는 곳에서는 물고기를 잡을 수 없다.

제15조 따로 맺어진 협정 또는 합의가 없는 한 우리나라 경제수역
       에서 송어, 연어, 정어리, 게, 물개, 고래를 잡을 수 없다.

제16조 우리나라 경제수역에서 물고기를 잡는 외국배의 크기와 불
       빛을 써서 물고기를 잡는 배의 불빛밝기는 자원감독기관이
       정하여 주는 데 따라야 한다.

제17조 우리나라 경제수역에서 물고기를 잡는 외국배는 다른 합의
       가 없는 한 조선민주주의인민공화국 해당 기관에서 제정한
       료금을 물어야 한다.

제18조 전기, 뽐프, 폭발물질, 화학성 물질을 비롯하여 물고기자원
       에 해를 줄 수 있는 어구와 방법을 써서 물고기를 잡을 수
       없다.

제19조 우리나라 경제수역에서 물고기를 잡는 외국배는 다른 배의
       물고기잡이에 지장을 주는 행위를 하지 말아야 한다.

제20조 외국인과 외국배는 조선민주주의인민공화국 군사경계선 안
       에서와 따로 정한 금지구역에서 물고기를 잡을 수 없다.

제21조 수산감독원 또는 바다경비성원들은 우리나라 경제수역에서
       물고기를 잡는 외국배에 오르거나 물고기잡이정형을 검열
       할 수 있으며 외국배는 그들이 배에 오를 수 있도록 편의
       를 보장하여야 한다.

제22조 우리나라 경제수역에서 물고기를 잡는 외국배는 수산감독
       원 또는 바다경비성원들의 신호(해상국제신호, 고동)에 무
       조건 응하여야 한다.

제23조 우리나라 경제수역에서 물고기를 잡는 외국배가 우리나라
       경제수역 설정에 관한 조선민주주의인민공화국 중앙인민위
       원회 정령과 이 규정 그 밖에 물고기잡이와 관련한 우리나

라 법규들을 어기였을 때에는 그 정도에 따라 다음과 같은
제재를 둔다.

1. 물고기잡이를 중지시킨다.

2. 물고기잡이허가를 취소한다.

3. 어구와 고기잡이수단, 잡은 물고기를 빼앗는다.

4. 피해액을 보상시킨다.

5. 15만 원 아래의 벌금을 물린다.

6. 사람과 배를 억류한다.

정상이 엄중할 때에는 조선민주주의인민공화국 형법에 따라 처
벌받는다.

제3장 우리나라 경제수역에서의 과학연구

제24조 조선민주주의인민공화국은 우리나라 경제수역에서의 과학
연구에 대한 전속관할권을 행사한다.

외국인, 외국배, 외국비행기는 자원감독기관의 허가를 받
아야 우리나라 경제수역에서의 과학연구를 할 수 있다.

우리나라 경제수역에서 과학연구를 하는 외국 기관과 사람
은 바다환경의 어느 부분이나 자원에 대하여 어떠한 소유
권도 주장할 수 없다.

제25조 조선민주주의인민공화국의 승인(협정, 계약, 인가)을 받고
우리나라 경제수역에서 과학연구를 하려는 외국인, 외국배,
외국비행기는 붙임표 5에 따라 과학연구허가신청서 3부를
우리나라 말과 국제공용어로 만들어 한 달 전에 자원감독
기관에 내야 한다.

자원감독기관은 그에 대하여 심의하고 붙임표 6과 같이
과학연구허가증을 내주어야 한다.

제26조 우리나라 경제수역에서 과학연구를 하는 외국인, 외국배,
외국비행기는 이 규정과 해양과학연구와 관련한 조선민주
주의인민공화국 법규들을 정확히 지켜야 한다.

제27조 우리나라 경제수역에서 과학연구를 하는 외국인, 외국배,
외국비행기는 연구에 공동으로 참가할 데 대한 조선민주
주의인민공화국 해당 기관의 요구에 응하여야 한다.

제28조 외국인, 외국배, 외국비행기는 우리나라 경제수역에서 진행
한 과학연구에서 얻은 리익과 자료를 조선민주주의인민공화
국 해양과학연구기관에 반드시 알려야 하며 조선민주주의인
민공화국 해양과학연구기관의 동의 없이 공포할 수 없다.

제29조 다음과 같은 경우에는 외국인, 외국배, 외국비행기가 우리나
라 경제수역에서 진행하는 과학연구를 중지시킬 수 있다.

1. 생물 또는 비생물자원에 대한 탐사 및 개발을 진행할 때
2. 굴을 뚫거나 폭발물을 쓸 때
3. 조선민주주의인민공화국의 바다경제활동에 간섭할 때
4. 우리나라의 안전에 어긋나는 행위를 할 때

제30조 우리나라 경제수역에서 과학연구를 하는 외국인, 외국배,
외국비행기가 이 규정과 해양과학연구와 관련한 우리나라
법규를 어기였을 때에는 해당한 책임을 진다.

제4장 우리나라 경제수역에서의 해양환경의 보호

제31조 조선민주주의인민공화국은 우리나라 경제수역에서 해양환
경보호에 대한 전속관할권을 행사한다.

제32조 우리나라 경제수역에서의 외국인, 외국배, 외국비행기는 해
양환경을 보호하고 보존할 데 대한 조선민주주의인민공화
국의 해당 법규를 정확히 지켜야 한다.

제33조 외국인, 외국배, 외국비행기는 우리나라 경제수역에서 사람
의 건강과 자원에 해를 주며 바다물과 대기를 오염시키는
행위를 하지 말아야 한다.

제34조 외국인, 외국배, 외국비행기는 우리나라 경제수역에서 이
규정 제33조에 지적된 위반행위를 하였을 때에는 그로부
터 생긴 손해에 대하여 책임지며 조선민주주의인민공화국
의 권한 있는 기관의 조사에 무조건 응하여야 한다.

부록 Ⅳ. 조선민주주의인민공화국 민용항공법

2000년 3월 23일 최고인민회의 상임위원회 정령 제1419호로 채택
2002년 5월 9일 최고인민회의 상임위원회 정령 제3025호로 수정보충
2005년 8월 9일 최고인민회의 상임위원회 정령 제1236호로 수정보충

제1장 민용항공법의 기본

제1조(민용항공법의 사명)

조선민주주의인민공화국 민용항공법은 민용항공기와 비행장의 관리운영에서 제도와 질서를 엄격히 세워 항공기의 안전한 운행을 보장하는 데 이바지한다.

제2조(령공에 대한 자주권의 행사원칙)

조선민주주의인민공화국은 령공에 대하여 완전한 자주권을 행사한다.

다른 나라 항공기는 승인 없이 공화국 령공에서 비행할 수 없다.

제3조(항공운수의 발전원칙)

항공운수를 발전시키는 것은 조선민주주의인민공화국의 일관한 정책이다.

국가는 민용항공 부문의 물질기술적 토대를 튼튼히 꾸려 늘어나는 항공수송수요를 보장하도록 한다.

제4조(민용항공기의 관리원칙)

항공기에 대한 관리는 민용항공사업의 중요공정이다.

국가는 민용항공기의 관리질서를 바로 세우고 그것을 정확히 지

키도록 한다.

제5조(비행장운영의 과학화 원칙)

비행장을 현대적으로 꾸리는 것은 항공기의 안전한 운행을 위한 필수적 요구이다.

국가는 민용항공사업의 발전추세에 맞게 비행장운영을 과학화하도록 한다.

제6조(민용항공 부문의 과학연구, 일군양성원칙)

국가는 민용항공 부문의 과학연구사업을 강화하며 필요한 민용항공일군들을 전망성 있게 키워 내도록 한다.

제7조(항공보험제의 실시원칙)

국가는 항공사고에 의한 피해와 손해를 제때에 보상받도록 하기 위하여 항공보험제를 실시한다.

제8조(민용항공 분야의 교류와 협조)

국가는 민용항공 분야에서 국제기구, 다른 나라들과의 교류와 협조를 발전시킨다.

제9조(국제협약의 효력)

민용항공사업과 관련하여 조선민주주의인민공화국이 승인한 국제협약은 이 법과 같은 효력을 가진다.

제2장 항공성원

제10조(항공성원의 의무)

항공성원은 민용항공사업의 직접적 담당자이다.

항공성원은 승무임무, 지상근무를 책임적으로 수행하여야 한다.

제11조(항공성원의 구분)

항공성원은 승무성원과 지상근무성원으로 나눈다.

승무성원에는 비행사, 항법사, 승무기사, 승무무전수, 승무안내원, 승무지도성원이, 지상근무성원에는 비행지휘원, 비행기술정비원, 항공무선통신수, 항공수송조직 및 봉사성원이 속한다.

제12조(항공성원의 자격)

항공성원으로는 항공 분야의 전문교육을 받고 해당한 자격을 가진 자만이 될 수 있다.

항공성원의 자격을 주는 사업은 민용항공관리기관이 한다.

제13조(항공성원의 소지증서)

항공성원은 해당 자격증, 건강검진증을 소지하여야 한다.

자격증, 건강검진증의 유효기간을 연기받으려 할 경우에는 자격판정, 건강검진을 다시 받아야 한다.

건강검진은 해당 의료기관이 한다.

제14조(항공기승조의 구분)

항공기의 승조는 승조장과 해당 승무성원으로 구성한다.

민용항공관리기관은 항공기의 종류와 운행목적, 해당 조건에 맞게 승조의 구성과 인원수, 비행시간을 정하고 그것을 정확히 지키도록 하여야 한다.

제15조(승조장의 의무)

승조장은 비행임무수행과 안전, 항공기에 있는 인원과 재산, 화물을 보호할 의무를 가진다.

승조원과 려객은 승조장에게 복종하여야 한다.

제16조(항공기위험시 승조장의 위치)

승조장은 항공기에 위험이 조성되었을 경우 필요한 대책을 세우고 항공기에서 마지막으로 떠나야 한다.

제17조(조난 시 승조장의 임무)

승조장은 조난신호를 받았거나 조난당한 항공기 또는 배를 발견하면 그 장소를 항해일지에 기록하고 비행지휘소에 통보하며 가능한 방조를 주어야 한다.

제18조(승조장의 권한)

승조장의 권한은 다음과 같다.

1. 승조를 지휘하며 항공기 안의 질서를 세운다.

2. 항공기의 출발, 리착륙, 항로비행의 중지, 리륙한 비행장으로의 귀환, 비상착륙에 대한 결심을 한다.

3. 항공기의 안전에 위험을 주거나 지시에 응하지 않는 자에 대하여 해당한 대책을 세우거나 항공기에서 내리울 수 있다.

제3장 항공기

제19조(항공기의 구분)

항공기는 민용항공사업의 기본수단이다.

항공기에는 민용비행기, 직승기, 활공기 같은 것이 속한다.

제20조(항공기의 등록)

항공기에는 정해진 국적표식과 등록표식을 한다.

항공기를 등록하는 사업은 민용항공관리기관이 한다.

제21조(항공기의 비행유용성 검사)

항공기의 비행유용성 검사는 민용항공관리기관이 한다.

민용항공관리기관은 항공기에 대한 검사를 정확히 하고 비행유용성증명서를 발급하여야 한다.

제22조(항공기의 접수)

항공기를 새로 접수하는 항공회사는 항공기의 기술상태를 담보하는 비행유용성증명서를 넘겨받아야 한다.

항공기를 대수리하였거나 정해진 정비작업을 진행하였을 경우에는 비행유용성증명서를 다시 발급받아야 한다.

제23조(항공기의 무선호출부호)

무선통신수단을 장비한 항공기는 무선호출부호를 받아야 한다.

항공기의 무선호출부호를 정하는 사업은 민용항공관리기관이 한다.

제24조(항공기에 갖추어야 할 문건)

항공회사는 항공기에 항공기등록증명서, 비행유용성증명서, 항행일지와 민용항공관리기관이 정한 문건을 갖추어야 한다.

제25조(항공기의 운행허가)

항공기의 운행허가는 민용항공관리기관이 한다.

민용항공관리기관은 항공기의 국적, 등록표식과 해당 문건의 구비상태, 소음, 방사, 유해물질류출기준이 초과되지 않는가를 검토하고 운행허가를 하여야 한다.

제4장 비행장

제26조(비행장의 소유권과 구분)

조선민주주의인민공화국에서 비행장은 국가의 소유이다.

민용비행장은 국내비행장과 국제비행장으로 나눈다.

제27조(국제비행장에 설치할 검사, 검역기관)

민용항공관리기관은 국제비행장의 운영자료를 항행통보로 공포하여야 한다.

국제비행장에는 통행검사기관, 세관, 검역기관을 설치한다.

제28조(비행장의 등록과 운영허가)

비행장의 등록과 운영허가는 민용항공관리기관이 한다.

민용항공관리기관은 비행장의 건물, 시설물, 비행보장수단의 상태를 정확히 검토하고 등록, 운영허가를 하여야 한다.

제29조(비행장의 운영기준)

해당 기관은 비행장을 항공기의 리착륙, 정박을 보장하며 려객, 손짐, 화물, 우편물의 취급, 항공기와 승무성원들에 대한 봉사를 원만히 할 수 있게 꾸려야 한다.

정해진 기준을 보장하지 못한 비행장은 운영할 수 없다.

제30조(비행장구역 안의 표식)

해당 기관은 비행장구역 안의 건물과 시설물에 항공기의 비행안전을 위한 표식, 신호장치를 하여야 한다.

표식과 신호장치는 비행장식별표식, 신호장치와 구별되어야 한다.

제31조(비행장 주변의 안전보장)

기관, 기업소, 단체는 비행장 주변에 고압송전선, 탑이나 살림집, 목장 같은 것을 건설하려 할 경우 해당 기관의 합의를 받아야 한다.

비행장 주변에서 항공기의 비행안전에 지장을 주는 행위를 할 수 없다.

제5장 항공기의 운행

제32조(항공기운행의 기본요구)

항공기의 운행은 계획에 따라 항공기를 안전하게 비행시키는 중요한 사업이다.

민용항공관리기관은 비행지휘와 통보봉사를 정확히 하여 항공기의 안전한 운행을 보장하여야 한다.

제33조(공중구역의 구분)

조선민주주의인민공화국의 공중구역은 비행지휘구역, 항공로와 항로지점, 비행장구역, 비행훈련구역, 비행금지구역, 비행제한구역, 비행위험구역으로 나눈다.

항공기의 운행은 공중구역관리규칙과 조성된 정황에 따라 금지하거나 시간별, 항공로별로 제한할 수 있다.

제34조(항공기운행의 승인)

항공기를 운행하려는 항공회사는 민용항공관리기관에 운행계획을 내고 승인을 받아야 한다.

운행계획을 변경시키려 할 경우에는 승인을 다시 받아야 한다.

제35조(항공기의 비행허가)

항공기는 비행지휘소의 허가를 받고 비행하여야 한다.

항공기의 리착륙순서와 시간, 비행방식을 정하는 사업은 비행지휘소가 한다.

제36조(항공기의 비행)

항공기는 정해진 항공로 또는 항로지점을 따라 비행하여야 한다.

항공로 또는 항로지점을 변경하거나 우회하여 비행하려 할 경우에는 비행지휘소의 승인을 받아야 한다.

제37조(항공기의 국경통과)

항공기는 국경통과지점상공에 도착하기 전에 비행지휘소의 통과승인을 받아야 한다.

국경을 통과할 경우에는 정확한 시간, 비행제대고도를 비행지휘소에 보고하여야 한다.

제38조(항공기의 비행방조)

항공기는 정해진 항공로나 항로지점에서 벗어났을 경우 즉시 비행지휘소에 알리고 비행지휘소가 지적하는 항공로나 항로지점, 비행구역에 들어가야 한다.

비행지휘소는 항공기가 승인된 운행계획과 정해진 비행규칙대로 비행하도록 가능한 방조를 하여야 한다.

제39조(항공기의 통신)

항공기는 비행과정에 비행지휘소와 통신을 정상적으로 유지하여야 한다.

비행지휘소와의 통신이 끊어졌을 경우에는 정해진 질서대로 비행하여야 한다.

제40조(견시비행, 계기비행규칙의 준수의무)

항공기는 비행지휘소의 승인을 받아 견시비행 또는 계기비행규칙대로 비행하여야 한다.

견시비행, 계기비행규칙을 정하는 사업은 민용항공관리기관이 한다.

제6장 항공영업

제41조(항공영업의 구분)

항공영업은 교통운수의 중요 분야이다.

항공영업에는 항공운수영업과 항공작업 같은 것이 속한다.

제42조(항공운수영업의 허가)

항공운수영업은 영업허가를 받은 항공회사가 한다.

항공회사의 영업허가는 민용항공관리기관이 한다.

제43조(항공운수영업허가의 신청)

영업허가를 받으려는 항공회사는 회사의 규약, 수송규칙, 료금표 같은 문건을 민용항공관리기관에 내야 한다.

민용항공관리기관은 제기된 문건을 검토하고 영업허가를 하여야 한다.

제44조(다른 나라 항공운수영업의 허가)

정부 사이의 협정에 따라 공화국령역에서 정기항로운수영업을 하려는 다른 나라 항공회사는 민용항공관리기관의 허가를 받아야 한다.

비정기항로운수영업을 하려 할 경우에도 민용항공관리기관의 허가를 받아야 한다.

제45조(항공수송계약)

항공수송은 항공회사와 려객 또는 짐임자 사이에 맺은 수송계약에 따라 한다. 수송계약에 따라 항공회사는 비행기표, 돈 무는 손짐표, 화물부침표 같은 것을 발급하며 려객 또는 짐임자는 정해진 료금을 물 의무를 진다.

제46조(항공수송계약리행의 중지)

항공회사는 비행안전담보가 없거나 항공수송이 공화국의 법 또는 출발, 도착하는 나라의 법에 위반되거나 려객의 상태가 항공기의 운행에 지장을 줄 수 있을 경우 해당 수송계약의 리행을 중지할 수 있다.

제47조(비행기표의 물리기)

려객은 산 비행기표를 정해진 기간 안에 물릴 수 있다.

비행기표를 정해진 기간보다 늦게 물릴 경우에는 해당한 수수료를 문다.

제48조(운행이 중지, 취소되는 항공기의 화물처리)

항공회사는 항공기의 운행이 중지되거나 취소되는 경우 화물을 부친 자와 받을 자에게 알리고 그 처리대책을 세워야 한다.

제49조(화물부침표에 지적할 사항)

항공회사는 화물부침표에 출발지점, 도착지점과 경유지점을 밝혀야 한다.

화물부침표에 지적된 사항을 정확히 지켜야 한다.

제50조(부치는 화물의 수속)

화물을 부치는 자는 항공회사에 해당 문건을 내고 수속을 하여야 한다.

항공회사에 화물을 넘겨준 다음 발송되기 전까지는 화물을 부치는 자를 변경할 수 있다.

제51조(화물 부치는 자의 책임)

화물을 부치는 자는 화물부침표의 내용대로 신고하며 정해진 대로 포장한 화물을 항공회사에 넘겨주어야 한다.

화물신고를 정확히 하지 않았거나 정해진 대로 포장하지 않은 화물을 넘겨주어 생긴 손해에 대한 책임은 화물을 부친 자가 진다.

제52조(발송한 화물의 처리)

화물을 부친 자는 발송한 화물을 넘겨받을 자가 없거나 넘겨줄 수 없을 경우 그것을 처리할 수 있다.

제53조(받을 화물의 수속)

항공회사는 화물이 도착하면 화물을 받을 자에게 제때에 알려주어야 한다.

화물의 도착에 대하여 통지받은 화물을 받을 자는 해당한 수속을 하여야 한다.

제54조(항공회사의 책임)

항공회사가 책임을 지는 경우는 다음과 같다.

1. 려객이 항공기에 탑승하기 시작한 때부터 항공기에서 내릴
   때까지의 사이에 사망하였거나 인체에 피해를 입었을 경우
2. 수송지연으로 려객이나 손짐, 화물에 손해를 입혔을 경우
3. 항공기의 사고 또는 항공기에서 떨어진 물체에 의하여 제삼
   자가 사망하였거나 피해, 손해를 입었을 경우

제55조(항공회사가 책임지지 않는 조건)

항공회사는 사망, 피해, 손해, 사고의 원인이 려객이나 짐임자의
허물 또는 어찌할 수 없는 사유에 있을 경우 그에 대하여 책임지
지 않는다. 이 경우 항공회사는 해당 사실에 대하여 증명하여야
한다.

제56조(수송도중 화물의 책임)

수송도중 손짐이나 화물의 손상, 분실에 대한 책임은 신고된 범
위에서만 진다.

짐임자는 손짐이나 화물의 수량 또는 가치를 정확히 신고하여야
한다.

제57조(위험화물의 수송)

항공회사는 위험화물을 정확히 분류하고 정해진 데 따라 수송하
여야 한다.

제58조(항공기의 임대, 전용계약)

항공회사는 항공기의 임대계약이나 전용계약을 맺을 수 있다.

계약서에는 당사자의 명칭, 주소, 항공기의 형, 리용목적, 려객
수, 손짐이나 화물, 우편물의 량, 료금, 항공기의 출발지점과 날자,
시간, 도착지점 같은 것을 밝혀야 한다.

제59조(항공기의 리용계약)

　기관, 기업소, 단체는 항공회사와 항공작업계약 또는 항공기사용계약을 맺고 농업, 건설, 림업, 수산, 탐사부문의 작업과 촬영, 과학연구, 체육문화활동, 의료방조, 조난구조 같은 데 항공기를 리용할 수 있다.

　조난 같은 긴급한 경우에는 항공기사용계약을 맺지 않고 구조작업을 할 수 있다. 이 경우 항공회사는 민용항공관리기관의 승인을 받아야 한다.

제60조(항공작업계약)

　항공회사와 해당 기관, 기업소, 단체는 항공작업계약을 정확히 맺어야 한다.

　계약서에는 작업대상과 량, 작업구역, 항공작업에 리용할 비행장 또는 착륙장, 해당 설비의 리용절차, 료금지불조건 같은 것을 밝혀야 한다.

제61조(계약의 리행의무)

　항공회사는 계약에서 정한 기간에 작업을 끝내며 작업의 질, 작업과정에서 제삼자에게 끼친 피해나 손해에 대하여 책임져야 한다.

　항공작업을 주문한 기관, 기업소, 단체는 계약의무를 성실히 리행하여야 한다.

제62조(항공작업의 지휘)

　민용항공관리기관은 항공작업조직과 진행, 항공기의 리용에 대한 지휘를 바로 하여 작업의 효과성을 높이며 항공작업이나 항공기의 리용과정에 환경, 농작물, 집짐승에 피해를 주지 말아야 한다.

제63조(손해보상청구)

　항공영업과정에 손해를 입은 기관, 기업소, 단체와 공민은 해당 항공회사에 보상을 청구할 수 있다.

손해보상청구는 정해진 기간에 하여야 한다.

제7장 다른 나라 항공기의 운행

제64조(다른 나라 항공기의 착륙, 리륙, 통과비행)

조선민주주의인민공화국에서 다른 나라 항공기는 정부 사이의 협정 또는 국제협약에 따라 착륙, 리륙, 통과비행할 수 있다. 이 경우 공화국의 항공법규를 지켜야 한다.

제65조(정기항로비행의 승인)

정기항로비행을 하려는 다른 나라 항공회사는 민용항공관리기관에 비행계획과 비행시간표를 내고 승인을 받아야 한다.

비행계획과 비행시간표를 변경하려 할 경우에는 승인을 다시 받아야 한다.

제66조(비정기항로비행허가의 신청)

비정기항로비행을 하려는 다른 나라 항공회사는 비행허가신청서를 민용항공관리기관에 내고 승인을 받아야 한다.

비정기항로비행허가신청기간은 항행통보로 공포한다.

제67조(다른 나라 항공기의 리륙 중지)

다른 나라 항공기는 정해진 문건을 정확히 갖추어야 한다.

정해진 문건을 갖추지 않은 다른 나라 항공기의 리륙을 중지시킬 수 있다.

제68조(다른 나라 항공기의 착륙조건)

비행지휘소는 통과비행승인을 받은 다른 나라 항공기가 공화국의 비행규칙을 위반하였거나 항공기에 실은 화물을 검사할 필요가 생겼거나 또는 항공기의 비행에 불리한 일기조건이 조성되었을 경우 착륙시킬 수 있다.

제69조(다른 나라 항공기의 구조)

민용항공관리기관은 공화국의 공중구역에서 다른 나라 항공기에 위험이 조성되었거나 사고가 생긴 경우 구조대책을 세우고 해당 나라의 민용항공기관에 통보하여야 한다.

제70조(다른 나라 항공기의 조사)

다른 나라 항공기가 승인 없이 공화국의 공중구역으로 들어왔거나 비행금지구역, 비행제한구역, 비행위험구역에 들어섰을 경우에는 착륙시키고 그 원인을 조사한다. 이 경우 비용부담과 책임은 항공기의 승조장 또는 해당 항공회사가 진다.

제71조(비행료금)

공화국의 공중구역에서 비행하는 다른 나라 항공기는 정해진 료금을 물어야 한다.

제8장 항공보안

제72조(민용항공보안사업의 기본요구)

공화국령역에서 민용항공보안사업은 민용항공관리기관이 한다.

민용항공관리기관은 항공보안사업질서를 바로 세우고 항공보안사업을 조직진행하여야 한다.

제73조(민용항공보안사업의 관할)

민용항공관리기관은 다음의 행위를 막기 위한 항공보안사업을 한다.

1. 항공기랍치 또는 그와 관련한 행위

2. 항공기에 탑승한 려객에 대한 폭력행위

3. 비행장의 봉사성원에 대한 폭력행위

4. 지상에 있는 항공기를 파손시키는 행위

5. 비행에 위험을 줄 수 있는 장치, 물건 같은 것을 가지고 항공기에 탑승하는 행위

6. 비행장시설을 파손시키는 행위

7. 비행하는 항공기에 거짓통보를 하는 행위

제74조(항공보안질서의 준수의무)

기관, 기업소, 단체와 공민은 항공보안질서를 자각적으로 준수하며 려객과 항공성원의 안전, 항공기의 운행과 비행장, 민용항공시설의 운영에 지장을 주는 행위를 하지 말아야 한다.

제75조(항공보안검사를 받을 의무)

려객, 항공성원은 항공기의 탑승 전에 손짐, 휴대품에 대한 항공보안검사를 받아야 한다.

항공보안검사를 받지 않는 려객, 항공성원은 항공기에 탑승할 수 없다.

제9장 항공기의 조난구조와 사고조사

제76조(항공기 조난구조, 사고조사의 기본요구)

항공기의 조난구조와 사고조사는 조난당한 인원과 재산을 구원하고 항공기사고의 원인을 해명하는 중요한 사업이다.

국가는 항공기의 조난구조, 사고조사를 제때에 하도록 한다.

제77조(항공기의 조난인정)

승조의 힘으로 극복할 수 없는 사태가 생겨 항공기와 인원에게

위험이 조성되었거나 비행지휘소와 통신이 끊어져 위치를 알 수 없는 항공기는 조난 중에 있는 것으로, 충돌 또는 추락하여 파괴되었거나 심한 손상을 입었거나 비행장이 아닌 곳에 불시착륙한 항공기는 조난당한 것으로 인정한다.

제78조(항공기의 조난신호)

항공기는 조난 중에 있거나 조난당하였을 경우 즉시 조난구조지휘소에 보고하며 조난신호를 보내야 한다.

항공기의 조난신호를 받은 비행지휘소 또는 기관, 기업소, 단체와 공민은 조난구조지휘소와 지방정권기관에 제때에 통보하여야 한다.

제79조(항공기의 조난구조작업)

항공기의 조난에 대하여 통보받은 조난구조지휘소는 즉시 조난탐색, 구조작업을 조직진행하여야 한다. 이 경우 인원부터 먼저 구조하여야 한다.

항공기의 조난구조작업은 비상재해극복작업절차대로 한다.

제80조(항공기의 조난자료처리)

조난당사자와 조난탐색, 구조작업에 동원된 성원은 사고현장과 증거물을 보존하며 조난과 관련한 자료를 조난구조지휘소에 내야 한다.

제81조(다른 나라 항공기의 조난작업승인)

다른 나라 민용항공기관은 공화국의 공중구역에서 조난당한 자기 나라 항공기에 대한 탐색, 구조작업을 할 수 있다. 이 경우 민용항공관리기관의 승인을 받아야 한다.

제82조(조난탐색, 구조작업의 비행지휘)

조난탐색, 구조작업을 하는 항공기에 대한 비행지휘는 해당 비행지휘소가 한다.

조난탐색, 구조작업구역은 비행통보구역과 같다.

제83조(항공기사고조사위원회의 조직)

민용항공관리기관은 사고가 발생한 항공기의 조사를 위하여 항공기사고조사위원회를 조직하여야 한다. 이 경우 국가민용항공지도기관의 승인을 받아야 한다.

제84조(항공기사고조사위원회의 임무)

항공기사고조사위원회는 사고가 발생한 항공기와 그 안의 물품, 비행보장수단에 대한 조사를 하고 사고원인을 해명하여야 한다.

지방정권기관과 해당 기관은 항공기사고조사위원회의 사업을 방조하여야 한다.

제10장 항공보험

제85조(항공보험의 구분)

항공보험은 항공회사와 항공운수수단을 리용하는 기관, 기업소, 단체와 공민의 리익을 담보하기 위한 중요조건이다.

항공보험에는 항공기기체보험, 항공려객상해보험, 항공수송보험, 항공화물보상책임보험, 항공기 제삼자보상책임보험 같은 것이 속한다.

제86조(의무적인 항공보험)

항공회사는 항공보험에 들어야 한다.

보험에 들지 않은 항공회사는 영업허가를 받을 수 없다.

제87조(항공보험계약)

항공보험계약의 체결, 리행절차와 방법은 공화국의 보험법규에 따른다.

항공보험금액의 범위는 국제협약에 따라 정할수도 있다.

제11장 민용항공사업에 대한 지도통제 및 분쟁해결

제88조(민용항공사업에 대한 지도통제의 기본요구)

민용항공사업에 대한 지도통제를 강화하는 것은 국가의 민용항공정책을 정확히 집행하기 위한 확고한 담보이다.

국가는 민용항공사업이 발전하는 데 맞게 그에 대한 지도와 통제를 강화하도록 한다.

제89조(민용항공사업의 지도)

민용항공사업에 대한 국가의 통일적 지도는 국가민용항공지도기관의 지도 밑에 민용항공관리기관이 한다.

민용항공관리기관은 민용항공사업을 정확히 장악지도하여야 한다.

제90조(민용항공관리기관의 임무와 권한)

민용항공관리기관은 다음과 같은 임무와 권한을 가진다.

1. 국가의 민용항공정책과 항공법의 집행, 국제협약의 리행을 위한 세칙, 규칙, 지도서를 제정 또는 수정보충한다.

2. 다른 나라와 민용항공 분야의 협정을 체결한다.

3. 공중구역의 리용조직과 비행지휘, 비행보장사업을 한다.

4. 국제, 국내항공로와 그 리용절차를 정하고 공포한다.

5. 새로운 국제, 국내항로운영신청을 접수, 검토하고 허가한다.

6. 항공기 사이의 수평분리표준과 비행제대고도를 정한다.

7. 민용항공시설의 신설, 유지, 관리와 관련한 대책을 세운다.

8. 이 밖에 국가민용항공지도기관이 위임하는 사업을 한다.

제91조(비행과 관련한 자료의 통보)

민용항공관리기관은 비행제한구역, 비행금지구역, 비행위험구역과 관련한 자료를 항행통보와 통신수단을 통하여 해당 항공기들에 미리 알려주어야 한다.

제92조(민용항공사업에 대한 감독통제)

민용항공사업에 대한 감독통제는 민용항공관리기관과 해당 감독통제기관이 한다.

민용항공관리기관과 해당 감독통제기관은 민용항공사업정형을 정상적으로 감독통제하여야 한다.

제93조(행정적 또는 형사적 책임)

이 법을 어겨 민용항공사업에 엄중한 결과를 일으킨 기관, 기업소, 단체의 책임 있는 일군과 개별적 공민에게는 정상에 따라 행정적 또는 형사적 책임을 지운다.

제94조(의견상이의 해결)

민용항공사업과 관련한 의견상이는 협의의 방법으로 해결한다.

협의의 방법으로 해결할 수 없을 경우에는 공화국의 중재, 재판기관에 제기하여 해결한다.

당사자들의 합의에 따라 제3국의 중재, 재판기관에 제기하여 해결할 수도 있다.

김찬규
(金燦奎) ──

▌약력

　서울대학교 법과대학 졸업
　서울대학교 대학원(법학석사)
　경희대학교 대학원(법학박사)
　경희대학교 학생처장·교양학부장·법과대학장·행정대학원장·기획관리실장·대학원장
　대한국제법학회 회장
　세계국제법협회 한국본부 회장
　현, 경희대학교 법과대학 명예교수
　현, 학교법인 경희학원 이사
　현, 상설중재재판소(PCA) 재판관

▌주요논문 및 저서

　국제기구론(박영사)
　미국법정투쟁사(공역)(박영사)
　판례중심 국제법(공편)(경남대)
　법학원론(공저)(법문사)
　국제법개설(공저)(법문사)

이규창
(李揆昌) ──

▌약력

　고려대학교 법과대학 졸업
　고려대학교 대학원(법학석사)
　고려대학교 대학원(법학박사)
　경원대학교·강원대학교·안동대학교·고려대학교 강사
　고려대학교 법학연구원 연구원
　대법원 특수사법제도연구위원회 조사위원
　경기대학교 법과대학 겸임교수
　통일연구원 부연구위원
　현, 통일연구원 연구기획팀장

▌주요논문 및 저서

　추방과 외국인 인권(한국학술정보(주))
　북한의 형사법(공저)(법원행정처)
　북한의 민사법(공저)(법원행정처)
　북한의 국제법관(한국학술정보(주))

북한국제법연구

초판인쇄 | 2009년 5월 25일
초판발행 | 2009년 5월 25일

지은이 | 김찬규, 이규창
펴낸이 | 채종준
펴낸곳 | 한국학술정보㈜
주 소 | 경기도 파주시 교하읍 문발리 파주출판문화정보산업단지 513-5
전 화 | 031) 908-3181(대표)
팩 스 | 031) 908-3189
홈페이지 | http://www.kstudy.com
E-mail | 출판사업부　publish@kstudy.com

등 록 | 제일산-115호(2000. 6. 19)
가 격 | 23,000원

ISBN　978-89-268-0013-3　93360 (Paper Book)
　　　　978-89-268-0014-0　98360 (e-Book)